JN058982

対人コミュニ ケーションの 人間学

エニアグラムによる 自己分析と他者理解

鈴木 秀子 監修

片岡 由加 著
植田 栄子

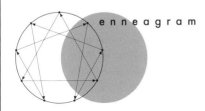

enneagram

丸善出版

まえがき

　日本人はコミュニケーションが苦手と言われて久しい。その理由として、日本という島国では、建前として同一民族同一言語であるという前提のもと、農村社会の共同体の中で、「以心伝心」というコミュニケーションスタイルを是としてきた文化的歴史的背景がある。学校教育でも「読み書き」中心であり、「話す聞く」に関する学びを国語の授業で受けた記憶はあまりない。英語教育ではコミュニケーションの早期教育が始まっているが、なにより「母語である日本語コミュニケーション力」を培う必要が前提であるのはいうまでもない。大多数の大学は、グローバル化とともに英語に力点をおいて English communication skills の習得が優先されている。

　一方、大学生は入学時から就職を意識し、そして社会人も従来の終身雇用制度が終焉し、転職が当たり前の流動的雇用制度に移行していることから、早い段階で自己分析や自己啓発、コミュニケーション能力の向上が同時に求められている。なぜなら、企業の求める人物像は、「コミュニケーション力」があり、自分の長所も短所も把握して、他者を理解しチームワークを組んで協調的に仕事ができるかどうかを問われるからである。

　そのためのコミュニケーション本や自己分析の本は巷にあふれている。しかしながら、コミュニケーションの中でも「対人コミュニケーション」の本質的な意義を追究していくと、表面的な理解や単なる会話のスキルだけでは足りないことは、実は多くの人々が直感的に感じているはずだ。異文化間はもとより日本人同士であっても実に多様である。私たちも同様の思いを抱いていた。そこで邂逅の<ruby>邂逅<rt>かいこう</rt></ruby>の恵みを得たのが、エニアグラムという人間学であり、日本での創始者である鈴木秀子先生による実践的な学びの場であった。

　今回、鈴木先生から頂いた本書のプロローグには、改めて「エニアグラム」を学び続ける本質的な意義がわかりやすく示されている。人間の目に見える世界（性格や行動）を深く理解することはいうまでもなく、さらにその根幹にある目に見えない世界（存在そのもの）を尊重し互いに思いやることがいかに大切か。混迷の現在において、自分の強さも弱さも認め、人への愛を注ぐコミュニケーションのエッセンスは、希望の光を与えてくれる。

　対人コミュニケーションの向上や人間関係の好転だけでなく、広く日本におけるいじめや引きこもりといった様々な社会問題についてもヒントが得られる。ぜひ悩んでいる若者に手に取ってほしい。エニアグラムというやさしくわかりやすいコンパスを携えて、どんな荒海でもその人らしさを生かして、他の9つの性格の人たちと力を合わせながら進んでいける。

　鈴木先生のエニアグラムは、類を見ない本質を突いた別格なものである。100人以上いるワークショップの中で普通にお話をされているだけなのに、皆それぞれ一人ひとりが何かに気づき心が変わる。本書は鈴木秀子先生のお考えを基に、1990年代後半から筆者2人がエニアグラムを学び実践で伝えてきた内容をまとめたものである。なお、第1章〜第11章は植田が、第12章〜第15章は片岡が執筆した。この本が未来を担う皆さんの人生の手引書となってもらえれば、それはこれ以上ない喜びである。

　末筆ながら、本書の編集にあたっては、全面的に松原望先生（東京大学名誉教授）によるご尽力を賜った。ここに記して深謝申し上げる。

2020年8月

片岡由加
植田栄子

出版にあたっての謝辞

　この本は、鈴木秀子先生を筆頭に国際コミュニオン学会第1期ファシリテーターの皆様からのご指導、共に学んだ同朋のお力なくしては刊行することはできなかった。各タイプが突き動かされている、生きる動機を皆様が心からの生の声で惜しみなくわかちあってくださったことからこの本は作り上げられた。ご指導いただいた先輩方と、共に学んだ皆様に心からの感謝の意を込めてここにお名前を記させていただきたい（五十音順敬称略）。

藍原繁樹　浅野裕之　石川あき　石田博英　岩松梨恵　大野木敦　大村義克　尾形英雄
岸本妙子　北島功　木村泉　木村孝　木村秀幸　清田和男　熊田輝司　小池裕子
小島新平　午腸章一朗　午腸素子　後藤節子　後藤陽子　小林映子　佐藤博子　佐藤美穂
渋谷道子　島田貴子　杉山真紀子　鈴木毅　鈴木裕子　須田厳子　高田富美子
田邊裕子　寺沢重光　中関佳子　野口浩子　野村義子　野本佳子　花丘ちぐさ　布川直子
伏屋ひろ美　松崎緑　宮沢テルミ　森香織　森淳子　森優子　矢口紀義　柳瀬啓子
山岸荘太　山崎さち子　吉田久夫　渡瀬裕子

　また開催するワークショップを応援し測り知れない多くの智恵を授けて下さった皆様への感謝は言い尽くせない。

青山菜穂子　飯田尚代　石井貞江　内田美津子　江口英子　岡本尚之　尾花銀太　片岡司
片山美奈子　兼子千賀子　金元佳子　岸本禎子　酒井隆　品田マルクス高志　篠浦伸禎
柴田カツ子　鈴木文一朗　高橋伸生　谷合伸子　東郷正文　中島智江子　中嶋真澄
中田恵子　中村美濃　中屋幸代　長澤有子　西村克彦　則末奈保　菱沼全一郎　平井敦子
平塚真里恵　細越博資　増田理恵　松嶋幸一　松田暁美　松本藤子　丸山昭子
宮本美希代　本橋幸子　森田愛実　善本考香

　ここにもう一人、特にお名前をあげなければならない重要な方がいる。共著者2人を結び付け、一人でも多くの人が幸せになることを願い、鈴木先生のエニアグラムを全世界に広める活動の志半ばで他界した阿片公夫氏なくしてはこの本は存在しなかった。阿片さんへ衷心より哀悼の意を表し深く感謝申し上げる。

　以上、非常に多くの方からの影響を受けているのでここにすべての方のお名前を書くことは不可能であった。紹介できなかった多くの方々には心からのお詫びを申し上げ、そして今後ともお力添えを頂きたく願っている。

目　　　次

15　実践活用編：エニアグラムでいじめをなくす　171

プロローグ

招きのことば：鈴木先生から「エニアグラム」を学ぶ皆さんへ

はじめに

　日本における性格分類による人間学「エニアグラム」の第一人者である鈴木秀子先生が、最初にエニアグラムに偶然出会ったのは1980年代末にスタンフォード大学特別研究員として、日本近代文学の講義をされていたときである。そして、アメリカにおける初めてのエニアグラム研究の中心的メンバー5人の一人として研鑽を積み、その後日本に戻ってからは、日本人のパーソナリティーにより適合したエニアグラムのアプローチを考案[*1]、実践的なワークショップを開催されてきた。本書の執筆者2名は鈴木秀子先生の教え子にあたる。本書の招きのことばとして、鈴木先生にエニアグラムとの邂逅、エニアグラムで大切なこと、ファシリテーターのあり方、エニアグラムの根幹も「本質」について語っていただいた（太字部分や下線部は、特に重要であると片岡・植田が追記したものである）。インタビューの前に、まず、エニアグラムとは何か、エニアグラムを学ぶ目的とは何か、鈴木先生はご著書で次のように示されている。

　　エニアグラムは、「人間の性格の多様性と共通性の両方に着目し、人間の本質には、九つのタイプがあるという事実を導き出している。そしてあなたが、どのタイプの本質を持っているかを知ることで、あなたの人間的な可能性を飛躍的に高めてもらうことがエニアグラムの目的と言える。」（『9つの性格：エニアグラムで見つかる［本当の自分］と最良の人間関係』p.26, 2004年、PHP研究所）

　　エニアグラムの真の目的は、「あなたの人間的な可能性を飛躍的に高めることです。分析によって、あなたの本質を探し出し、それを前提にあなたにまとわりついているこだわりやためらい、恐怖などを自覚して、あなたの『本当の可能性』を伸ばすためのバランスを回復させるのです。」（『イラスト版「9つの性格」入門』PHP研究所、2014年、p.13）

　今回、鈴木先生は初めてインタビューの形で、エニアグラムの真髄をわかりやすく、そして率直に語ってくださった。この貴重なメッセージを折りにふれて読み返してみましょう。

※本インタビューは2020年3月10日に聖心女子大学にて行われた。
＊1　「絵画療法」を応用したもの。

——鈴木先生、まずどのようにしてエニアグラムに出会ったのか教えていただけますか。

鈴木　最初に、私がエニアグラムを知ったのは 1980 年中盤で、スタンフォード大学の日本近代文学の先生が休暇で海外に行くことになり、その代わりで私が学生に 1 年間教えていました。スタンフォード大学は、非常に優秀な学生と先生たちの集まっている場所で、特に私が素晴らしいと感じたのは先生だけのカフェテリアがあり、そこで専門を問わずたくさんの先生が様々な分野の話をしていることでした。そのときに、当時一番話題になっていたのが、エニアグラムだったのです。

——スタンフォード大学の様々な専門の先生が、エニアグラムに注目したのはなぜですか?

鈴木　当時のアメリカは、アメリカの学生運動が終わり、そのあとのヒッピーブーム[*2]が終わり、フロイトが下火になりユングの最盛期でした。スタンフォードのある西海岸で、特にエサレン研究所[*3]が全盛を極めた時代です。エサレン研究所では、「人間性回復運動」をはじめ人間学が非常に進んでいきました。そういう意味では、私は非常に恵まれたときにスタンフォードにいました[*4]。(中略)エニアグラムは、グルジェフ[*5]が 1960 年代、南米に持ち込んだ際、私の親しいシスターが、偶然そこでエニアグラムに触れていて、「人間の性格がよくわかるようになるとても面白い学問がある」ということを話していました。私がスタンフォードに行く 10 年くらい前でしょうか。「人間の性格がよくわかるようになる」という話を聞いて、私は非常に関心を持っていました。そしてスタンフォードで先生たちがその話をしているときに、「ああ、あのシスターが言っていた学問が今注目されているのだ」と非常に興味深く惹かれたのです。

——鈴木先生が国際的に見てエニアグラムの中心的メンバーの 5 名[*6]の一人と

---

*2　保守的なキリスト教文明への批判から哲学、宗教、魂・スピリチュアリティの体験を求める人々が、インドの聖地などを訪ね歩いた。

*3　エサレン研究所（Esalen Institute）は、1962 年スタンフォード大学出身のマイケル・マーフィーとリチャード・プライスによって米国カリフォルニア州に設立された非営利的リトリート施設で、60 年代の「人間性回復運動」（Human Potential Movement）の中心となった。特にエンカウンターグループ、ゲシュタルト療法、ボディワークが開発され、東洋哲学、代替医療、ゲシュタルト療法など「人間性回復運動」（Human Potential Movement）において最も重要な施設となった。

*4　その当時のアメリカの研究者を驚嘆させたエニアグラムの科学に関する詳細な沿革は、『9 つの性格』（2004、pp.35-39）に記載されているので、そちらを参照されたい。「エニアグラムは、イスラム世界を中心に二千年に渡る実践的検証に据え、二十世紀後半に至って、心理学を中心とした科学的検証を経た人間学なのだ」（同上 p.39）と総括されている。

*5　ゲオルギー・イヴァノビッチ・グルジェフは、20 世紀最大の神秘思想家。1910 年代ロシアで初めてエニアグラムを教えた。

*6　鈴木秀子先生のほか、ヘレン・パーマー（Helen Palmar）、パトリック・オリアリー（Patrick H. O'Leary）らがいる。

なっているのは、どのような経緯でしょうか？

　鈴木　先生方のカフェテリアで、「エニアグラムはどのように勉強しているのですか？」と尋ねると、「今まさに勉強が始まったばかりだ」と言うんですね。そうして「中心になっている人たちが、今ちょうど学び始めているから、あなたも関心があるなら入れてもらったらどうか」ということになりヘレン・パーマー[7]を紹介していただきました。ヘレン・パーマーは、エニアグラムが実践的に役に立つのかどうかの研究をしていて、その一環で日本では、上智大学の母体であるイエズス会[8]（修道会）が一人ひとりの人間性を高めるために、エニアグラムを霊的指導の分野に使い始めていたのです。そのように盛り上がっているところに私がちょうどスタンフォードにいたものですから、ヘレン・パーマーを中心に私も一緒に学ぶことになり5人の勉強会が始まりました。最初の5人は「先駆者」といってスタンフォード（内の施設）に私の名前も刻まれています。

　——鈴木先生にとってエニアグラムの魅力や、優れた点というのはどのようなところでしょうか？

　鈴木　エサレン研究所では、「子どものとき、親との関係が悪かった、虐待されていた」それが原因で人間性がゆがんでいる、それをどう矯正するか、立て直したらいいのかを研究するかつてなかった新しい心理学の動きが出てきました。そのような心に深い傷を負った人を一人の人間として成長させていくにはどうしたらいいのか、**人生を前向きに、肯定的に捉える**、彼らを援助する方法に何かないかという意識が高まっていたところにエニアグラムが出てきた、**これは人間性をよくする、輝かせるためにとても役立つものだとみんな直感的に悟った、だからすごく盛り上がった**わけです。アメリカの社会全体が人間性を高めていくには何が必要か、新しい基盤が整ったところだったのですね。スタンフォード大学を中心としながら、イエズス会がエニアグラムの実践を引き受けて10万人の検証をしていた時代です。非常に幸せなときにスタンフォードにいることができました。

　——イエズス会のエニアグラムの実践には、先生以外に、シスターや神父様はいらっしゃったのですか？

---

[7]　ヘレン・パーマーは、The International Enneagram Association（IEA）1994年の創立メンバーの一人であり、中心的指導者。著書は世界で100万部以上のベストセラーとなり22カ国語で翻訳されている。

[8]　イエズス会は、キリスト教、カトリック教会の男子修道会。1534年にイグナチオ・デ・ロヨラやフランシスコ・ザビエルらによって創設された。世界各地への宣教に努め、日本に初めてカトリックをもたらした。活動は宣教・教育・社会正義など広範な分野にわたるが、特に高等教育が有名であり、「人生のモデルとしてのキリスト、生涯教育のスタートとして知的・霊的教育」という教育目標を掲げている。日本では上智大学（1913年創立）、アメリカではジョージタウン大学（1789年創立）などの設立母体である。なお、現在のローマ教皇フランシスコ1世は、史上初のイエズス会出身の教皇である（2013年就任）。

　鈴木　たくさんいました。そしてシスターや神父様は霊的指導をします。今で
もアメリカの修道院に行くと、あなたは何タイプですかとまず聞かれます。み
な、エニアグラムを知っているから。そうしてその人の個性に沿って指導してい
きます。エニアグラムの霊的指導は、かつての「人間はこうあるべき」とかいう
ことから抜けて、一人ひとりとても個性豊かなのだから、その個性に基づいてよ
さを伸ばす。それまでは欠点を直すというのは、マイナスを補うような考え方だ
ったが、ここが画期的に変わった。その人一人ひとりの個性に基づいて、よさを
伸ばす、そこに焦点を合わせていく、するとマイナスの部分も自然に引き上げら
れていく。エニアグラムの人間の成長というのは、自分の弱さを受け入れて、自
分と戦わない、自分の弱さを受け入れていくことに成長があるわけです。なぜ自
己嫌悪に陥るかというと、自分の弱さを受け入れたくないから自己嫌悪になるの
です。
　エニアグラムでは、自分の弱さも、その人の魅力になり得るのだ、ということ
を強調しています。生まれたときに、一人ひとりに、個性とともに、人間として
成長して幸せになっていく素晴らしい力の源を与えられた。それと同時に、その
力とバランスを取るような対局の弱さも、持ち合わせている。でも、その弱さも
自分が受け入れていくと、また自分を守ってくれる力になっていく。そのことを
教えてくれるのがエニアグラムです。エニアグラムは、神様が人間に与えてくだ
さった恵みを大きくしていくものです。私たちは死ぬまで成長していく、それを
助けるのがエニアグラムであり、自分がどういう恵みをもらって生まれてきてい
るのか、と同時に、その力とバランスを取るための弱さが、それぞれの９つの
タイプにはある。でもその弱さを毛嫌いしない、弱さは悪いものではなくて、そ
れをも受け入れたときには、その弱さが自分を守ってくれる、また力になってい
くんですね。
　例えば、タイプ②でいうと、人に親切にするでしょう？　でも行き過ぎになる
と、おせっかいになる。自分のことを大事にしない、そういう弱さがあるわけで
すね。ついおせっかいになったり、自分のことを大切にしない、人にばかりし
て、エネルギーをあげてしまうから、疲れ果ててしまうわけです。そのように弱
さが行き過ぎないように、エニアグラムを知っていれば自分でセーブすることが
できる。どのタイプにもある弱さと見えるものを、本当は自分で気づいて、自分
でバランスを取りなさいよ、ということをエニアグラムは教えてくれるわけなの
です。また、タイプ⑦を取り上げるとするならば、タイプ⑦は明るくて、いいこ
とを見る力がとても恵まれていて、どこにいても明るく、物事を見る力を備えて
いるわけです。でも、弱さとしては、嫌なものには目を向けないところがある。
でも現実には嫌なこともきちんと受け止めなければならない。その嫌なことを受
け止めたときには、明るさと世の中にある現実に備わっている明るくないもの
と、陰・陽バランスよくつかむ力になっていくものですよね。
　そして、もう一つのエニアグラムの優れた点は、国籍も専門も違う、男女も入

り混じった先生方が、エニアグラムを学んでいるときには、それぞれ自分のタイプの傾向をオープンにさらけ出して語り合える、皆が一つになり、国籍は違っても人間は共通で、持っているタイプの特色をどう活かすかによって、人間は違ってくるという点に一致していた、そういう点がとても魅力でした。

——先生がエニアグラムを学ばれたあと、日本ではどのような流れになりましたか？

鈴木　私が日本に帰ってきて、P. H. オリアリーという方たちの書いたエニアグラムの英語の本を、もう一人のシスター堀口委希子さんと一緒に訳して、春秋社から出版しました。『エニアグラム入門』*9 という本です。もう亡くなられましたけれども、当時、東大を出られた優秀な方がフィリピンでイエズス会を通して霊的指導を受けエニアグラムを知り、これは素晴らしい、日本でもどこかで学べないかと探していたころ、『エニアグラム入門』にたどり着き、春秋社を通して私のところに来ました。そのグループにエニアグラムを教えることになりました。

そこからエニアグラムを、ビジネスに使う流れも生まれました。エニアグラムは非常に的確ですから、例えば、エニアグラムを利用して、仕事がうまくいくようにワークショップをするというのもありえるでしょう。ただし、それはエニアグラムの本筋ではないのです。仕事の面だけに焦点を当て性格分類をして、あなたはこういうタイプだからこんな仕事が向いています、とか、こんな仕事の仕方をすると成果が上がります、というのは確かに助けになることもあるでしょう。しかし、**人間として成長するということを抜かして、仕事の上だけで、仕事にだけ適応する**ことばかり考えていると、いつの間にかいびつになってくる可能性があるので、あくまでエニアグラムは人間として成長するものなのだということを忘れてはいけません。

それからもう一つ、**特に日本人が気をつけなければいけない**のは、エニアグラムのタイプを決めつけないことです。あなたはこういう人だから**と決めつけたり、あなたはこのタイプだからと欠点を指摘したりすることが絶対にない**ように注意しなければならない。日本人はタイプを決めつける傾向が非常に多く見られるので、私たちがエニアグラムを学ぶ本筋から外れないよう心に留めておいてくださいね。

話を戻します。当時、私は「コミュニオン学会」*10 というものを以前から主催

---

*9　1998年出版。「人間の性格を決定する『囚われ』を9つに分類し、各タイプに応じた気づきと自己成長の道を教えるエニアグラム。古来の叡智と現代の心理学が統合された、21世紀の人間学」（春秋社 HP より）。

*10　「コミュニオン」とは、「人と人とが深いところで話せる、分かち合える共同の場があることで自然に自分の中から気づきが生まれ人間的に成熟していく」ことを意味し、「国際コミュニオン学会」はその目的のために設立された（ホームページ：https://www.communion.ne.jp/index.html）。

していましたから、そこにエニアグラムを加えることにしました。ビジネス主体になると霊的指導ではなくなってしまう、「知的回心」*11 がエニアグラムの一つの特色だと思うのですね。ビジネスにも、もちろん使えますけれども、**エニアグラムの本質**というのは、その人が**人間として成長し、自分自身を幸せにしていく、弱さも受け入れ、神様から与えられている自分のよさを伸ばして、そうして自分も、周りの人も幸せになっていく、というのがエニアグラムの目的**だと思います。そして、**全人類が9つに分かれていて、それぞれが違う特色を持っていて、助け合うようにするのがエニアグラム**なのです。みんな同じような立派な人になるのではなくて、一人ひとり個性があって、みんな違っていい、その違いを生かしながら自分を輝かせ、協力し合う、それが社会だと。

　——先生はアメリカにはない、絵を使う手法を、日本人向けに開発されましたね。日本でエニアグラムを教えるにあたってどういう点に配慮されたのでしょうか?

　鈴木　アメリカ人は「言葉」の文化(の人々)だから、(エニアグラムのワークショップでは)同じタイプの人が前に並んで自分のことを話すわけですね。自分の生い立ちとか、自分の傾向とか、聞いている側もショックを受けるほどいろいろなことを話すわけです。今でこそ問題ではなくなったけれども、自分は同性愛者だとか、どんな虐待にあってきたかとか、そういうことも洗いざらい話す。このような**アメリカでのエニアグラムのやり方は「パネル式」***12 というヘレン・パーマーが考案した手法で、**タイプ別にグループになって皆の前に並んで自分の体験を発表し、それに対して質疑応答を行う。アメリカ人は臆せず自分のいろいろな経験を話し、その内容が極端であるが故に、タイプがよくわかったのです。そして、教室を出るときには、みんな肩を組んで仲良しになる**。けれども日本にはそういう文化がないですよね。

　「日本でこのやり方は合わない」と私は思ったのです。日本で「あなたのタイプにはどういう弱いところがありますか」と聞いても言えない。**日本人は人の目を気にするので、自分の本当の弱みをさらけ出したら、それが噂になるのではないかと心配になる**。その土壌があるから、日本の社会では「パネル式」はとても無理。では「一番自分が言いたくないことも傷つかないでわかる方法は何だろう」と考えたのです。それには自分の持っている「アンコンシャス」"unconscious"(無意識)の世界から自分を突き動かす、そういう力に触れるのが一番いいだろうと。**世間体を非常に大事にする日本人は、自分を突き動かすことが何かわからないし、自分も気づこうとしない。そんな日本人が、自分が無意識に突き動かされる、自分の傾向みたいなものを知るのにはどうしたらいいか?**

---

*11　知的回心:12 章に詳しく説明。
*12　ヘレン・パーマーが考案した手法で、タイプ別にグループになって皆の前に並んで自分の体験を発表し、それに対して質疑応答を進めながら理解を深める。

　ちょうど私は「絵画療法」*13 に興味を持って勉強していましたので、では「絵で表す」のはどうかと。**絵は思いがけず、自分の本心、本音を表す。**私は忘れもしないのですが、突然ご主人を亡くして、「死にたい、死にたい」と言っている奥さんがいました。その人が、「でも、もう大丈夫になりました。私はもう死にません」と言ったのです。そのときに絵を描いてもらったら、その絵には、火葬場があってご主人が焼かれている。その隣で自分はもう大丈夫ですと言って、彼女は火葬場に背を向けている、それなのに描かれている彼女の足は火葬場の方を向いている。**もう大丈夫だと言いながら、まだ抜け切っていない、それが絵に現れるわけです。絵というのは、その人も気がついていない本心、特性など、今の状態を非常によく表します。**絵は気楽に描けるし、上手、下手は関係ない。絵によって自分のことを描き表すと、色の使い方や、形など、その人の特色をとてもよく表している。そして絵という材料があれば、皆と気楽に分かち合える。

　だから私は日本では、まず絵を描いてお互いに見せ合うことを始めました。**お互いの絵を見せ合うということは、自分の無意識の動き、自分を突き動かしている力を示し、分かち合うことにあります。**絵を元にして、グループで話し合ううちに、「この人、私と似ている」「この人は全く違う」ということをそれぞれが気づき始め、そしてだんだん人間には 9 つのタイプがあって、それぞれのタイプの基本的なものがその人に備えられている、ということがわかるようになる。その段階で、エニアグラムの考え方を教える、導入する、というようにして、初めから知識で分けるやり方ではない方法をとりました。

　——そのときに絵を解釈すると仰いましたけれども、解釈はとても難しいものではないですか？

　鈴木　絵の解釈は、本格的に資格を持っていないと難しいです。ですから、絵の解釈よりも、初めてのときには一つの例を出します。例えば、大阪で行われる重要な会議があるときに、乗ろうとした新幹線に乗れなくて大事な会議に遅刻してしまうことになった、そういうような例を取り上げて、「そのとき自分はどう感じどう行動しますか？」「危機状態に陥ったときに自分がどのように反応し考えていますか？」と題材を出す。それがエニアグラムのタイプによって、各タイプ、パターン化されているわけなのです。真剣に考えるから現実味が出る。最近でいえば、例えば感染症。隣の机の人が感染症になったと言われたらどうするか。すぐに調べに行く人、大丈夫だと言う人、怒り狂う人、人生だめだと考える人、人によっていろいろな反応が出てきます。危機に陥り、反応しなくてはならないときにどうするか？　現実的な質問をぶつけて自分の反応を知る、そういう場面を絵に描いてもらう、するとお互いの違いがよくわかる。**エニアグラムというのは、単に知識ではなく、もっと深く自分を突き動かされるものに触れていく**

---

*13　「絵画療法とは、絵画・描画を媒体として心の病を治す一技法である」（徳田良仁「日本保健医療行動科学会年報」Vol.11、p.67、1996）。

ということですから、いざというときに考える間もなく行動してしまう**直感のようなもの**、そういうところをエニアグラムは見ているわけです。

——「直感のようなもの」というところを言葉で表すと、何といえばわかりやすいでしょうか？

鈴木　その危機状況のときに、どういうふうに行動するか、各タイプのグループによって分かれてきます。人間の中で突き動かす行動の仕方みたいなものが。

——そのぐらいで違和感はないでしょうか？

鈴木　難しいことは言わない方がいいです。エニアグラムはすべての人に役に立つものですから、初めは**どんな人にもわかるような簡単な言葉**で始めた方がいい、身近に感ずるように。わかりやすく。

——私もいろいろなワークに参加しましたが、鈴木先生のファシリテーターの力量というか、ファシリテーションの素晴らしさは、別格です。その秘訣を教えてください。

鈴木　私はやさしい言葉で言うから、ピンと来るんじゃないですか。

——本質を突くけれど、やさしい言葉って一番難しいですよね。

鈴木　**知識を中心に教えるところは、気づきが得られにくい。**

——なるほど。知識だけだと響かない。気づきがあれば、深いところが動かされ、その体験から自分のものの見方や感じ方が変化する。先生のワークは何かが変わるから、別格に感じたわけです。

鈴木　○○タイプの人たちはこのような傾向があり、このように行動します、という知識や判断ではなく、**もっと直感みたいなもの、自分自身を知ることへ、相手を導いていく。本人が「自分自身を知るための導き手」になるのがエニアグラムの指導者**であるわけ。

エニアグラムを教えるとは、**グループでの話し合いを通して、自分から出てくるものを整理していく、それが一番いい**と思うのですね。本を読んでもいいのですが、本は自分の体験、自分が気づいたことの整理のためにあるようなものです。**自分が体験し、気づかなければ人間はよくなるわけはないのです。**

——私はアメリカで、ナラティブ・トラディション[14]というデイヴィッド博士[15]のワークに参加してきたのですけれども、そのときは話をしてよかった、という感覚があったんです。でも、かといって自分の深いところから何かが出るわけではなかった……。

---

[14]　"The Narrative Enneagram"（ヘレン・パーマーとデイヴィッド・ダニエルズ博士が1988年創設）では、各タイプのワークショップ参加者が、それぞれ前に出て「パネル」として自らを語る "Narrative Tradition" というアプローチが中心である。

[15]　David Daniels, MD. スタンフォード大学医学部精神科医学博士．ヘレン・パーマーと共にエニアグラムのトレーニングコースを1988年に立ち上げ、アメリカで初のエニアグラムの会議を1994年スタンフォード大学で開催．アメリカ西海岸を中心に世界的に活躍した、最も信頼されるアメリカのエニアグラム研究者の一人であり、科学的アプローチでエニアグラムの実証研究を行った。

鈴木　うわべだけ話しても、自分の気づきは深まらないのではないですか？ だから例えば絵なんかでね、「私は死にません、もう大丈夫です」と言った人が、足だけが火葬場に向いている絵を描く。こちらは、「この人はまだ危険だ」と感じる。そのときに「なんで足が向こうを向いてるんですか？　あなたは、区切りをつけて積極的に前向きに歩むと言っているのに、足がどうして火葬場に向いてるんでしょうね」と、こちら（ファシリテーター）が問いかけると、「あ、ほんとだ」と、自分で気づくんですよ。ああ、「私にはもう少し時間が必要なんだ」と気づく。

　導き手（ファシリテーター）は、周りから教えたりするのではなくて、気づきを深める援助をし続ける、だからエニアグラムというのは、**自分自身が気づき続けることにある**と思うんですよね。

　——そうすると、ファシリテーターの役割は、目の前の人の話をよく聞き、絵をよく見て気づきを促す、導き手とは終始その人の気づきを促すことなのですね。

　鈴木　そう。**気づきを促すことです**。エニアグラムのファシリテーターというのは、**終始、その人が自分自身に気づくことを促すことにある**と思うのです。

　——話した内容を評価しない、方向性も決めてはいけない……。

　鈴木　はい、そうです。**絶対に言ってはいけない**。だから、エニアグラムのファシリテーターが注意しなければならないこと、危険なことは、**自分が知識があるから教えて導いてあげようとかいうのではないのです**。

　（気づきの促しは）見えますよ、知識があれば。その人が何か言おうとしてモタモタ言ってるときに、「あれは⑨のタイプだから言いたくないんだな」とか、そういうのがわかりますけれども、「**あなたは⑨のタイプだからそういうふうにグズグズしてるんですよ**」なんて言わない。「他の人がどんどん言えるのに、あなたはなかなか言えない、それは何でしょうね」とか、すごい忍耐で、**本人が気づいて、自分のタイプを見つけ、自分のタイプにある素晴らしさと弱さを受け入れ続けていく**ということがエニアグラムの中心課題、ファシリテーターはその後押しですね。

　——やはりファシリテーターはアクティブリスニング*16 が基本で、相手の話を、優しい言葉遣いで共感しながら聞いて、相手がいいところ（タイプの根源的なこと）に気づいたな、というところに、こちらもそこに気がついてキャッチをし、フィードバックする。

　鈴木　そうです。**相手が気づくのを促す**。ちょっとした質問とか、共感とかを使って。共感というのは「そうですね。そういうところが、あなたの中にありますね」と言ったとき、その人が「そうだ、自分にはそんなところがある。この人はわかってくれた」と思えば、自分のことが受け入れやすくなるではありませんか。だから**エニアグラムは自分自身を受け入れること、まずそれが中心**です。

---

*16　アクティブリスニング：12章に詳しく説明。

　——気づきを促すことがファシリテーターの役割なのですね。そしてファシリテーターは相手が、「あ、ここで気づいたな」というところに、気づかなくてはいけない。

　鈴木　そう、**相手が気づいて、それがいい気づきだったとき、それを後押しする**役割。

　——まさにアクティブリスニングと、自分は知識があるからと上から教えるのではなく、一緒に学んでいるという気持ちが大切なのですね。

　鈴木　そうですね、そのときにエニアグラムの知識があれば、**相手が、「ああ、いいことに気がついた」ということに、自分自身も気づく**、でしょう*17。

　——エニアグラムのほかにエゴグラム*18 というものがありますが、2つの違いは何ですか?

　鈴木　エゴグラムは、東大で一緒だった石川中先生が研究されていました。エゴグラムは、自分の環境や習慣によって身についたもの。それは変えることができますが、エニアグラムは、生まれつき備えられたもので、その人を生かす根源的なもの、「男性」、「女性」というように生まれつき変えることができない、その人を生かす生命力の素みたいなものです。

　——一口でいえばエニアグラムは先天的、エゴグラムは後天的な要素に気づくということ……。

　鈴木　そう、エゴグラムは習慣です。

　——エニアグラムを学びながら、エゴグラムも参考にして、足りないところを補えばいいですよね。

　鈴木　いいですね。

　——エゴグラムは医療系などによく使われていますが。

　鈴木　そうですね。すぐに役に立つからね。それに比べると、**エニアグラムは自分自身が気づいて自分の弱さを受け入れる、それには学ぶのに時間もかかるし、なかなかそんなに簡単にはできない**。

　——日本人は最初から、真のタイプを見つけられないとよく言われます。それはなぜでしょうか?

　鈴木　日本は「みんなと一緒がいい」という風潮が強くて、アメリカみたいにオープンではない。世間体に影響されます。**エニアグラムは、「みんなと違っていい」**というところを強調していきますから、日本の風潮にあまり合わないところもありますね。

　——日本の社会が集団主義であり、教育もみな一緒という傾向です。最近になってやっと「みんな違ってみんないい」という流れが出てきましたが、それでもある程度の規範の中で、許される範囲で、というように感じます。

---

*17　エニアグラムはお互いに気づき合い、成長し合う、学び合う学問であるといわれている。
*18　エゴグラム:アメリカの心理学者 J. M. デュセイが作ったもの。アメリカの精神分析学者エリックバーンの開発した交流分析法。

鈴木　「エニアグラムでいう、皆違っていい、というのは、根源的には人間はみな一つの命、人間という命をお互いシェアし合っている、でもその命を生かし合うために、一人ひとりの個性があって、それはみな違っていて、それによって多様性も生まれるし、いいことも生まれるという考え」ですね。

——となると、若者の自己肯定感の低さや幸福感が低い状態から、自分の肯定感を高めるために、どうしたらよいのでしょうか？

鈴木　やはりそれは、**自分は一人の尊い人間だということ、自分の命の尊さ、自分は生かされているのだ**、ということを養う必要があると。日本は自己肯定感というと、「ビーイング」"being"[19]（生きていること）じゃなくて、何かができるからよいという「ドゥーイング」"doing"[20]（何かを為すということ）という部分で、すぐ肯定感をつかもうとしている。でも、一人ひとり、例えば親が生まれてきた子どもを一人ひとりかわいいと思うように、**一人の人間は命を与えられて生きているだけで尊い、という、その「ビーイング」の部分に根底を置かないと、肯定感は出てきません**よね。

——アジア全体にこの傾向があり、特に東アジアの若者たちはみなとても肯定感が低いという調査があります。それは、社会が集団主義であることの影響が大きいのでしょうか？

鈴木　大きいですね。ヨーロッパはやっぱりキリスト教の影響もありますけれども、一人ひとり、命あることが、命というのは、自分でつくることができない、神様から与えられて生かされているもの、という感覚が強いですよね。**日本人にもそういう感覚もあるのですけれども、でも、日本の社会が、やはり「ドゥーイング」の部分中心で、「ビーイング」を大事にするほうが少ないから、そこから肯定感の低さが来ているのではないでしょうか。**

——「ドゥーイング」中心で生きる、というのは、例えば、勉強ができればいい人間だ、とつい思ってしまうことですね？

鈴木　はい。気をつけなければならないことは、**何かが「できる」ということ、例えば、勉強ができることと、人間としていいかどうかというのは、全く別問題**です。温かさがあるとか、人間として優れているかという点が、本当に大切なことなのですね。そして、**自分自身の肯定感を上げるためには、「ドゥーイング」の部分で何かができるとかではなくて、「ビーイング」をもとに生きることがとても重要なのです**。例えば、お菓子屋さんのトモちゃんの例[21]のように、何もできない、でもいるだけで温かさを与えてくれる、ああいうような、人間誰にでもその人のよさがあるから、そこに焦点を当てていく、それがこれからの日本の課題でしょうね。だからそういう意味で、エニアグラムは、みんな平等な基盤に立っている。そしてそこで、一人ひとりにその人らしい、能力、素晴らしさ

＊19　「ビーイング」"being"　13章で詳しく説明。
＊20　「ドゥーイング」"doing"　13章で詳しく説明。
＊21　鈴木秀子『奇跡の人 智ちゃんの光り』講談社、2002年より。

が与えられているということが実感してわかるエニアグラムを学ぶことが、これからの日本にとって必要で、そして素晴らしいことだと思います。

——ビーイングを基盤として、人は皆平等でそれぞれ命をもらって、一人ひとり違う。個性を生かしている、ということを皆がベースにわかっていれば、いじめがなくなり、自分に自信が生まれて、社会全体も違ってくるということになるのですね。

——エニアグラムのタイプの特色は、どのタイプもそれぞれが人にとって本当に必要で素晴らしい力で、一つとして人類全体にとって欠けてはならないものだと感じます。

　鈴木　（ドゥーイング的に）何かできなくても、それぞれの特色、タイプには持って生まれたよさがあるじゃありませんか。多くの場合は何かができないことにコンプレックスを持つ。私たちがコンプレックスを持つのは、**自分の弱さと相手のよさを比べているんですよ**。日本は比べるということが大きいようです。多くの場合、自分はこんなにだめなのに、あの人はあんなにできる、というようなことで肯定感が低くなっていきます。けれども、そうではなくて、**比べる必要はない**、あなたにはあなたのよさを神様が備えていてくれる。お母さんやお父さんが、子どもが生まれたときに「なんてかわいいのだろう！」と、身体が小さかろうが、大きかろうが、そんなことは問題ではなく、「**ああ、生まれてきてくれてよかった**」と思う。それが人の尊さだということ。あなたの中にもたくさんよいところがあるということを周りで認めていき、自分もそれを認める力を育てることですね。

——エニアグラムを通して学ぶことが一番わかりやすいし力になるのですね。

　鈴木　そうです。わかりやすい。でも、褒めて育てようというのとは、違うんですね。褒めて育てるやり方は、褒められないと自分はだめだ、となる。そうではなくて、**もう生まれたときからよいものを神様が入れてくださっているから、それを伸ばすように**、ということを後押しする、そして自分自身も肯定することです。

——先生のご著書『9つの性格に贈る言葉』[22] はとても素晴らしく、励みになり、自分のよさがはっきりと確信できる、エニアグラムを学ぶ人たちには是非読んでもらいたいと思っています。

——学校生活では深刻な「いじめの問題」が根強くあり、学校に行けなくなったり、またいじめを苦にしての自殺など大きな社会問題になったりしています。大人社会でもいじめはあります。いじめがなくならないのはなぜなのでしょうか？　どうしたらいじめのない世の中をつくっていけるでしょうか？　また現在いじめに巻き込まれている人たちにメッセージをお願いします。

　鈴木　はい。それも結局同じことになりますけれども、いじめの問題は、ドゥ

---

*22　鈴木秀子『9つの性格に贈る言葉』PHP研究所、1999年。

ーイングの部分で生きていれば、いくらでもエスカレートしていきます。ですから、**いじめの問題はビーイングから考える**。人間の基本的人権というのは、日本には人権の感覚が少ないですけれども、**命があって生かされていること、それ自体が人権だから、それを大事にする**。その与えられた命の素晴らしさにふさわしく生きる。それが一番の人間の成長である。命というものは、他の人を生かすために与えられ、**自分をも愛するために与えられている**。愛に生きることが本当の意味で、**自分を生かし周りを生かすこと**。だから、そのときに、人をいじめるとか、自分はだめな人間だと自分をいじめたり、「**他人も自分もいじめること**」それは本来人間として避ける必要がある。「なぜ人をいじめちゃいけないのですか？」とか、「いじめるのは悪いことですか？」などということではなく、**人間の深いところに立ち戻って見れば、人間の本質**[23] **に背くことだからなのです**。

　　——愛とは、例えばキリスト教でいうなら神様の愛を伝えること……。

　　鈴木　結局、エニアグラムをやる意義というのは、そこを伝えることじゃないですか。

　　エニアグラムでね、ほんとうの愛というのは、その人の心棒（軸）になるものを、その人が気づいて学んで、そうして自分の心棒（軸）をしっかり保ちながら、人に頼ったりするのではなく、自分らしく生きる。そして他の人と協力し合う。自分と全く違う人とも協力できること、それが本当の愛じゃないですか。だから自分を愛するというのは、自分の中に嫌なものはあるんですけれども、それを受け入れながら、それに引っ張られないようにする。私たちは祈りで「（弱い）心に合わせないでください[24]」というのがあるのですけども、そのような心の弱さはある。しかし、その弱さに負けないで、自分の中の一番尊い心棒、命ですね。それにふさわしく生きるように、他の人も自分も生かすように、というのが愛じゃないですか。

　　——日本は少子化で、今後は今よりも外国からの人々を数多く受け入れることになります。その一方で日本人側は、まだ受け入れる意識があまりできていない。外国人と共生していくためにエニアグラムを学ぶことは、どんな効果がありますか？

　　鈴木　外国人がたくさん来るというのは、**今の日本人の社会からもっと多様性が広がっていく**わけです。日本人は自分たちと同じものは仲良しになる。似た人同士ばかりで集まる。そうしていじめが始まったりする。

　　エニアグラムについて、**国籍を問わず皆で一緒に学び、それぞれ９つのタイプに分かれて、お互いに自分の弱さを受け入れ、協力し合うために命が与えられ**

＊23　人間の心の奥底には一人残らず「人間の本質」がある。鈴木先生は神様の愛、村上和雄教授は"something great"、稲盛和夫氏は真我、仏教では仏性、**エニアグラムでは本質**と呼ばれている。

＊24　「（弱い）心に合わせないでください」とは、「悪いものからの声に惑わされませんように」というカトリックの祈りの言葉である。

ている、そしてそれにふさわしく、命を輝かせるために9つのタイプがある、というようなことを皆で分かち合いながら学ぶことによって、似た者同士、同類だけが集まることがいいのではない、違いこそ力ということが実感できれば、日本人の固まりやすい傾向から抜け出せるいいチャンスとなるでしょう。エニアグラムの目的は、自分自身への気づきを深め、他の人を理解するために学ぶことです。そして、互いの違いを受け入れ合い、理解し合って、お互いが深く愛し合い大切にし合うために学ぶのです。外国の人が来て、いろんな刺激を受ける。初めはやりやすくないかもしれないけれども、それがまたチャレンジになって、自分の枠を壊していける、いいチャンスになってくれるのではないですか。

　　——先生がスタンフォードで実感された、国籍が違っても、エニアグラムを学ぶ機会があれば、双方が心から打ち解け、皆が一つになるという体験ですね。

　　鈴木　日本に来る外国の人も、感覚は同じなのではないですか？　こちらが外国の人を迎えるのとね。お互いに違いを排除するのではなく、そこから学び合う。違って当たり前。それをどういうふうにお互いに生かし合うかですね。

　　——この本は主に教科書として出版され、これからの未来を担う学生たちが悩んだときに読み返し、また希望を持って、自分の魅力を輝かせ、幸せに豊かに歩むための本になればと考えています。先生からメッセージをお願いいたします。

　　鈴木　あなたは神様から生かされている尊い存在です。自分の尊さを認めて、自分を自分で育てて生きなさい、ということではないでしょうか。それには助けもいるから、エニアグラムはその一つの大きな助けになる、エニアグラムを学ぶ最大の意義は、私たちが人間として成長していくことを助けるためにあるのです。なぜなら、人間は死ぬまで成長する、というのが私たちのこの世界に生きるミッションであり本質なのですから。

初夏に開花するが聖書の地でも希少種。キリスト教ではゆりは精神的純潔、神聖（聖潔）、復活の象徴となっている。旧約聖書「雅歌」では「野のゆり」とあるので、「野の花」の一つと考えられる。このゆりは聖書の地に自生する

この本の使い方

　本書のプロローグでは、鈴木秀子先生が人間学エニアグラムでもっとも大切なことをわかりやすいことばで読者の皆さんに語りかけています。基礎編（第1章〜第11章）を学ぶ人は、まずこのメッセージを読んで、エニアグラムを学ぶ目的とめざす方向を心に刻みましょう。

　次に、活用初級編（第12章）、中級編（第13章）、上級編（第14章）、実践編（第15章）と学びを深めていきますが、どの段階でも最初に、何を目指して私たちは学んでいくのかを確認するために、鈴木秀子先生のメッセージを読み返すことをお勧めします。

　学びの各段階で、原点に戻りエニアグラムを学ぶ真の目的と意義を確認しておきましょう。

　まず基礎編ですが、第1章「輝く自分への自己分析第一歩」で日本人一特に若者の自信のなさについて分析しています。第2章は「輝く自分への自己分析」＜基礎編＞としてエニアグラムのキーワードを解説し、第3章から第11章までが9つの性格タイプに関する概要と基本情報を説明しています。

　基礎編の学び方ですが、第2章のチェック表「性格タイプを想定する方法」（2.3.1）を用いて、まず自分の性格タイプを9つの種類から1つ決定して下さい。

　第12章からは、活用編で実践的にエニアグラムを使っていく方法を示しています。自分のタイプの囚われと落とし穴を理解して、落とし穴の時点で気づき、囚われまでいかないように自分で微調整していくことを学びます。また持って生まれた良さ、素晴らしさは自分の美質であり、使命でもあるということを認識し、誇りをもって伸ばしていきましょう。

　第12章（活用初級編）のワークでは、各タイプの感じ方が、どんなに違うのかを皆さんで分かち合ってみてください。

　第13章（活用中級編）は、自分のタイプを確定するための章です。ここでは、さまざまな角度から自分を見つめなおす章です。自分が思っているタイプをとりあえずいったん脇に置いて、新たな気持ちでもう一度自分について考えてみてください。

　第14章（活用上級編）は自己変容、霊的成長の章です。言葉はむずかしいかもしれませんが、13章まで学んできたことの集大成の章となっています。

　第15章（活用実践編）は、日常生活における実践として「いじめ」を取り上げ、どう対処したらよいか具体的に示しています。

16

ワークシートの使い方

　第3章から第11章までの各章末のそれぞれのワークシートにその進め方が書かれています。ワークの大切さは、お互いに話し合いを深めていくことです。コミュニケーションを繰り返すことで、グループのメンバーどうしで共感し、自己分析を深め、他者の視点から多くのことを学べるのです。ペアワークや4〜6人のグループ（類似タイプや異なるタイプ）を入れ替えるなどして進めます。

　ワークシートで用いられている対象者分類A、B、C、Dは、次の方たちを想定しています。
　A：初めてエニアグラムを学ぶ方、タイプがまだわからない
　B：12章までの内容を理解し、タイプがおおよそわかっている
　C：エニアグラムを学び深めている
　D：エニアグラムを使って指導する立場である、現在「ファシリテーター」の
　　　認定がある、または「ファシリテーター」を目指している

輝く自分への自己分析第一歩

自分と他人との関係について学ぶ：まず自分をみつめてみよう

　あなたは、これまでに家族以外でどのぐらいの人々と接してきたのだろうか。小・中・高、そして大学と進み、数多くのクラスメイトや先生、周囲の人々と交流してきたはずである。友達に恵まれた人もいれば、思わぬ人間関係のトラブルに悩んだ人もいるだろう。自分を見つめ他人の考えに耳を傾け、自分の個性と他人の性格、他人との関わり方について、より深く探求して自己の成長に役立てることが本書で学ぶ目的である。

　これまでの自分を振り返って客観的に捉え分析することで、もっと自分らしく輝くにはどうしたらよいかこのテキストで学んでいこう。自分がいつも悩んでしまいがちな落とし穴はどこにあるのか、他の人のことを深く理解できるように発想や反応の違いを生む根源の違いにはどのようなものがあるのか、思考・感情・行動のパターンを確かめていこう。

1.1　自己分析からわかる

　私たちは、どの程度、自分の性格を理解しているのだろうか。就職活動の準備段階で、自己分析が取り入れられているのは、よく知られていると思う。確かに、企業に対して自分のよさをアピールするために、自分の特徴を他人に伝える分析や、明確な言葉で表現するトレーニングが必要である。そのためこのテキストでは話し合いや発表の場を多く取り入れている。でも、自分の性格を理解することの意味は、ただ就職活動に役立つというだけなのだろうか。

　皆さんがこれまで小・中・高校時代を過ごす中で、先生や友達といつもいい関係でいたかどうか振り返ってみよう。おそらく誰もが、どこかで理解してもらえない、または、いじめられる側・いじめる側になったり、自分自身と他人のことで悩んだり、なんとなく日常生活が楽しくないなど、漠然とした生きづらさを感じたことが、実はあるのではないだろうか。

　大学に入ると、自立した生活が始まり自己決定の選択肢が大幅に自分の手に委ねられる。自分の性格、自分の好みや価値観、長所や短所について事前に把握していれば、自分が落ち込んだときや、人間関係で悩むときに、どう考えて問題解決したらよいか、見通しを立てやすくなるのだろう。また、何かの前兆を感じることができたら、未然に問題を回避することも可能なはずである。それは、さら

に社会に出てからも、同じように悩む場面で自分の無意識の反応や感じ方の傾向がわかっていれば、ずっと早く賢明な対応を取ることができるようになる。

1.2　自己肯定感とは

　図1.1のデータを見てほしい。一般的に日本人の若者の傾向として、自己肯定感が低いとよく言われる。実際に、国際比較の調査結果を見ると、日本の若者・子どもたちの自己評価の低さが顕著に示されている。「自己肯定感」(self-esteem)の概念には、「自信」(pride, self-confidence)、「自尊心」(self-respect)、「自己効力感」(self-efficacy)が含まれるが、簡単に「自分を肯定的に捉える意識や感情」と定義する。

　まず、日本・米国・中国・韓国で行った「高校生の生活と意識に関する調査報告書」(国立青少年教育振興機構、2015年)(4段階尺度)を見てみよう。「自分はダメな人間だと思うことがある」という問いに対して、日本は「とてもそう思う」(25.5%)・「まあそう思う」(47.0%)と実に7割の学生が自己肯定感を低いと答えている。他の3カ国は、中国56.4%、米国45.1%、韓国35.2%にとどまっており、明らかに日本の若者の自己肯定感の低さが際立つ結果を示している(図1.1)。

　次に、小学生に対する国際調査(「学習基本調査・国際6都市調査報告書[2006年〜2007年]」ベネッセ教育総合研究所)は東京と世界の主要5都市を比較したものである(図1.2)。こちらも成績の自己評価として上位を選択した小学生の比率(「1(上のほう)」＋「2」の%)は、東京が一番低い結果となった(22.3%)。その次が、ソウル29.9%、北京34.8%と東アジアが続く。対照的に欧米3都市では、ヘルシンキ(40.3%)、ロンドン(43.2%)、ワシントンDC(54.9%)と、小学生の自己評価は高い結果となった。以上から、日本の若者や子どもたちは、世界的に見て自己肯定感の低い傾向にあるといえる。

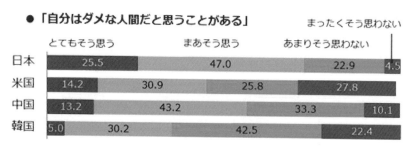

●「自分はダメな人間だと思うことがある」

図1.1　自己肯定感の国際比較

(出典：国立青少年教育振興機構「高校生の生活と意識に関する調査報告書−日本・米国・中国・韓国の比較」2015年)

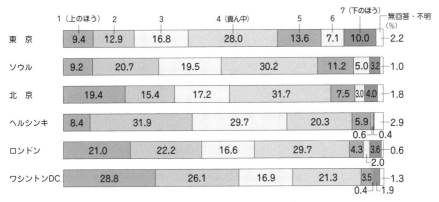

図 1.2　小学生の成績に対する自己評価
（出典：ベネッセ教育総合研究所「学習基本調査・国際 6 都市調査 [2006 年〜 2007 年]」）

1.3　自己肯定感が低いと

　では、自己肯定感が低いことでどんな問題が生じるのだろうか。いろいろの研究成果は、ある行動に対する自信が強いほど、人間はその行動に対して努力すると指摘している。自己肯定感と類似する自己効力感を指標として、ある目標に対して自分がそれを達成する能力があるかどうかの可能性に関する意識を調べたところ、自己効力感が高いと学習意欲が向上し、学習者の目標選択、努力、粘り強さ、感情の反応についても、積極的になったことが報告されている（Bandura,

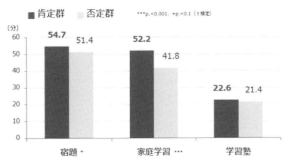

図 1.3　学習時間（自己肯定感別、高校生）
対象：高校生 3,129 名（出典：東京大学社会科学研究所・ベネッセ教育総合研究所「子どもの生活と学びに関する親子調査 2017」）

1999)。

　では、日本でも同様の傾向が見られるのだろうか。「子どもの生活と学びに関する親子調査 2017」（東京大学社会科学研究所・ベネッセ教育総合研究所）では、自己肯定感の高い群と低い群を比較して、学習意欲や行動がどう異なるか分析している（図 1.3）。これによると、高校生の性別や学年を問わず、自己肯定感の高い群の方が「勉強が好き」を示したのである。高校生の肯定群で平均学習時間が 43.0 分、否定群 29.7 分と大きく差が出た。つまり、子どもや若者の自己肯定感が高いと、学習意欲も高くなることが日本の調査でも示唆されている。

　皆さんの自己肯定感はどうだろう。自分のことをどう思っているのか、どのように認識しているのか。この「認識そのもの」を改めて意識的に「認識」することを、「メタ認知」と呼ぶ。例えば、自分で、自分自身のことをどのように認識しているか自問自答を行い、自己分析をすることで、自分の長所も短所もより正確に把握できるようになっていく。自分の無意識の囚われや決めつけ、思い込みから解放されることができる。自分をもっと認めてあげていくと、結果的に、自己肯定感が高まっていく。また、自分を突き動かす根源的なエネルギー（第 2 章、第 12 章）を知っておけば、コントロールが必要なときに事前に賢明な判断を行うことができるようになる。そうやって自分自身を受容できるようになると、他の人の言葉や行動、その根底にある価値観についても、余裕を持って受け入れられるようになっていくのである。

　このように、自己と他者についての理解を相互に循環させていくことで、あなたの人間的成長やコミュニケーション能力は徐々に高まり、自分が自分らしく輝ける環境が整えられていくことになる。

1.4　他者理解からわかる

　他人がどう考えどう感じているか、自分でどんなに想像しても限界がある。少しずつはずれることから人間関係のトラブルが生じている。本書ではエニアグラムによる 9 つの性格タイプの世界観・価値観を紹介し、様々なタイプの参加者で行うグループ討論を通して、他者に対する理解を深めたり共感したりして自己の視野を広げていく。自分では全く想像しない発想に触れることで、これまでの自分の悩みや否定的に捉える思い込み、自信喪失の囚われから脱却するきっかけになるかもしれない。なぜなら、「自分の価値観や感受性は、他者と異なる部分がある」ということ、そして「人にはそれぞれ個性があり、その人を動かしているエネルギーのタイプがどのようなものか認識する」ことで、自分自身の無意識の反応を自覚でき、他者への理解が深められるからである。

　もっと自分の長所を認め、短所も含めて自分の個性を複眼的に捉えることが必要である。そのためにも、自分の性格を分析しながら、自分自身へのメタ認知を深め、また、他者の性格タイプについても深く知ることで、自分自身を成長さ

せ、他人との人間関係や周囲の環境との関係性を向上させていくヒントをつかんでいこう。

1.5　メタ認知能力を生かそう

　性格分類で自己と他者を客観的に見るためには、「メタ認知能力」を用いると、正確に観察することができる。メタ認知の定義については、いろいろな文献があるが、それらに基づき、「人が何かを学ぶ場面で省察する（reflect）、理解する（understand）、そしてコントロール（control）する能力」とする。ここでいうと、自分の行動や気持ちを振り返り（省察）、自分の認識のプロセスや状況を理解しているか（理解）、そして自分の間違いに気づいて訂正したり、改善したりできる（コントロール）という一連の認知能力を意味する。

　「メタ認知能力」を測る8項目がある（巻末の「資料 アンケート」参照）。このチェック項目が多いほど、メタ認知能力をあなたは持っている。逆にチェックがつかなかった項目は、世界に対する自分の捉え方の不足を示している。心に余裕があれば、他人を見る目も広がる。許容範囲を広げることで、他者を思いやり、異なる価値観も受け入れ、より大局的な視野で状況を捉えて問題解決に進んでいけるのである。未チェック項目に気をつけていけば、あなたのメタ認知能力は向上し、もっと自由に物事を理解し行動していくことが容易になる。

　これらのメタ認知能力を使って自己を見つめることで他者との状況を客観的に捉え、性格分類による人間学「エニアグラム」を活用して自分と他者に関する洞察を行うことができる。

　では、第2章から「性格人間学」（エニアグラム）の基本的な概念と9つの性格タイプについて具体例を挙げて、説明していこう。

関連論文

Bandura（1997）（Bandura, A.（1994）. Self-efficacy. In V. S. Ramachaudran（Ed.）, Encyclopedia of human behavior（Vol. 4, pp.71-81）. New York: Academic Press.（Reprinted in H. Friedman［Ed.］, Encyclopedia of mental health. San Diego: Academic Press, 1998）.

Bandura（1999）Self-Efficacy: An Essential Motive to Learn. Contemporary Educational Psychology（Vol. 25, 1, pp.82-91）.

Schraw & Dennison（1994）（Schraw, G., & Dennison, R. S.（1994）. Assessing Metacognitive Awareness. Contemporary Educational Psychology, 19, pp.460-475）.

➡「資料 アンケート」で自分のメタ認知について確認してみましょう

輝く自分への自己分析〈基礎編〉

✖-✖-✖-✖-✖-✖-✖-✖-✖-✖-✖

2.1 エニアグラムとは何か

2.1.1 基本となる考え方

　「9つの性格分類によるエニアグラム」は、9つの本質的に異なる考え方、感じ方、行動を体系的に示すものである。"Ennea" とは、ギリシャ語で「9」を意味し、"gram" は「図形や書かれたもの」を意味する。つまり、「9つの性格分類による人間学：エニアグラム」は、円の中に9つの星を描いた図によって表現される（図2.1）。9つの性格タイプは、私たちの外界に対する認識と、それで引き起こされる感情の織りなす流れによって形成される。

　この9つの性格パターンを知ることによって、一人ひとりが自分の何に注意を向け、どこに向かってエネルギーと行動を導いたらよいのかを決められるようになる。

　このように、9つの性格タイプの根底には、その人の基本的な命題や信念が置かれ、明確に知ることで、私たちは人生を生き抜き、周りとの関係性、親子、兄弟、大学や社会に出た後での人間関係を良好に育んでいけるのだ。

　私たちはそれぞれ、自分の本来の性格が発揮されて、9つのタイプの一つを発展させてきた。もし、あなたが自分本来のエニアグラムの性格タイプを確認できれば、あなた自身の真の「セルフ」に関する全体像を見出すことができる。そして、あなたの振る舞い、感情の変化、周囲との摩擦や問題にも影響している無意識の衝動について、より正確に関係性を理解することができるだろう。

　図2.1 がエニアグラムとその説明である。本来エニアグラムは図形しかなかった。この図ではわかりやすいように数字の上に各タイプの性格、数字の横には各タイプがそれぞれ大切にしている価値観を記した。タイプの人物像が固定概念にならないように12章からは価値観だけを記した。図の中の矢は、それぞれのエニアグラムの性格から連想されるストレスを与える性格タイプと安心できる性格タイプを示している。ストレスを感じるタイプは矢が向かう方向であり、安心できるタイプは矢が飛んで来る方向のものである。

2.1.2 エニアグラムにおける「センター」の概念

　自分の本質となるエニアグラムの性格タイプ発見は、あなたの人生にポジティブな変化をもたらしてくれる。何をどのようにしたらよいか、例えば人と接する

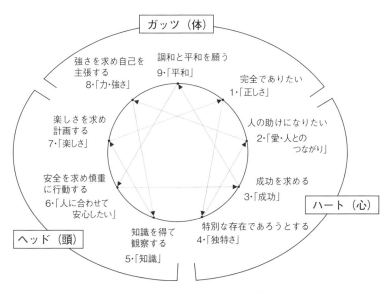

図2.1　エニアグラムの9つのタイプの性格と価値観

とき、人とコミュニケーションを取るとき、どのようなことに気をつけたらよい
か、自分の捉え方や振る舞いの傾向がわかれば、調子のいいとき、悪いときでの
対処の仕方の指針となる。

　そして、自分自身や他人への関わり方を変えること、同様にあなたが直面する
状況や事柄についてより広く理解することを助けてくれる。さらに、あなたの人
生において自分の人間性と高いスピリチュアリティを意識させ、感情、頭脳、本
能のそれぞれのバランスを取ることは非常に重要である。

　自分の本質である「センター」を考えるとき、次の3つのうち、どれを最優
先とするか、それによってタイプ分けがより正確になってくる。3つのセンター
とは、次のガッツ（体）、ハート（心）、ヘッド（頭）のことである。

2.1.3　3つのセンター：「ガッツ（体）」・「ハート（心）」・「ヘッド（頭）」

　1・「体」ガッツセンター……身体の感覚、本能を優先に生きている

　2・「心」ハートセンター……心、気持ちを優先に生きている

　3・「頭」ヘッドセンター……頭で考えることを優先に生きている

　自分自身が、どの部分を中心にしてものを考えたり、行動したりしているのか
について、3分類を紹介した。この概念を頭に入れておいてほしい。

2.2　エニアグラムの目的

　「人間の性格は9つに分けられる」というエニアグラムの考えを、信じがたい人もいるだろう。しかしそれが事実であることは、すでにアメリカを中心に世界各国で科学的に検証されている。「あなたはどんな性格ですか？」と聞かれたときに、100％納得するような答えができる人は多くはない。自分の性格でもなかなか把握できないものである。この把握しがたい人間の性格を解き明かし、自分の人間性を明確に描き出す方法がエニアグラムである。エニアグラムが血液型診断などと決定的に違うのは、「どのように生きるか」を自分で見つけることができる心理学、人間学なのである。「人生を価値あるものにしたい」誰もがそう思うのではないだろうか。そのためには自分を知り、深く理解して、自分を生かすことが必要になる。エニアグラムでは「人間にとって必要な力が9種類ある。その中の一つを与えられてこの世に生を受ける」という考えに基づいている。人間には、大切な価値が9つあり、自分にとって一番よいと思う価値に、動機づけられている。それが自分のタイプ、傾向を決めていく。エニアグラムは科学的な裏づけもされた人間の成長を促すための学問である。

　また、エニアグラムは、ただ性格を分類し、自分を知るだけのものではない。エニアグラムが目指すのは、自分で、よりよく生き、自分の能力や個性を最大限に生かすための知恵を提供することである。自分のよい部分、よくない部分をすべて受け入れ、自分自身と仲良くなる実感を得られるはずである。そして自分を受け入れるのと同じように、他の人も受け入れることができるようになれば、人間関係は劇的に改善する。エニアグラムは自分がどういう人間で、これからどう生きていくとよいのかを示す地図である。この地図を知ることによって、一人でも多くの人の人生が、よりよいものになるようにエニアグラムを伝えてきた先人たちは祈っている。

2.3　自分のタイプを探そう

2.3.1　性格タイプを想定する方法

　これから、それぞれ20の質問に答えてください。考え込まないで、直感的にどんどん答えることが大切です。すべての項目に答えないと正確な分析ができません。少々答えに迷っても、とりあえずとしてかまわないのでどんどん答えていきましょう。一番チェックが多かったタイプを現段階でのタイプとします。タイプが決まったら、タイプ 1 からタイプ 9 まで、それぞれどんな考え方、感じ方、コミュニケーション、行動パターンを取るのか、順次見ていきます。その後にお互いのタイプを確認するための話し合いを、同じ傾向のタイプで構成するチームと、多様なタイプで構成されるチーム、4～6人の小グループで話し合っていきます。まずは、自分が当てはまると思う項目にチェックを入れてください。

■ 性格タイプ分析法「20の質問」[*1]

タイプ① 　　　　　　　　　　　　　　／20

上の四角の左上に、チェックした個数を入れましょう。

- □ ① 自分の欠点を改めるために努力する。
- □ ② 物事が、きちんとしていないと、いらいらすることがしばしばある。
- □ ③ 時間の浪費と思われることをしたり、付き合ったりすることを避けようとする。
- □ ④ もっとよくやれるはずなのに、どうしてやれないのかと、しばしば自分も、周囲の人々も責める。
- □ ⑤ 小さいミスや欠点でも気にかかる。
- □ ⑥ くつろぐのが下手で、冗談や洒落が簡単に言えない。
- □ ⑦ 頭の中で自分の物差しを自分にも他人にも当てて批判する。
- □ ⑧ 他の人よりも取り越し苦労で、心配性だ。
- □ ⑨ すべてのことに率直で正直でありたいと思っている。
- □ ⑩ ウソやごまかしなど、人の道に外れたことはしたくないと思う。
- □ ⑪ 物事は正しくあることが大切だ。
- □ ⑫ することがたくさんあるのに時間が足りず、いつも急き立てられている。
- □ ⑬ 自分はどのように時間を使ったか、細かくチェックしてしまう。
- □ ⑭ 几帳面で実直だが、小心者だと思う。
- □ ⑮ 悪いことは、どうしても許せないと、すぐ思い込んでしまう。
- □ ⑯ 物事が公正でないと悩み、当惑する。
- □ ⑰ 向上心が強く、もっと向上しなければいけないと思っている。
- □ ⑱ 他人に求められる前に、まず自分が完全でなければならないと思う。
- □ ⑲ しばしば欲求不満に駆られる。今の自分も他人も、まだ完全ではないからだ。
- □ ⑳ 正しいか誤っているか、あるいはよいか悪いか、という基準で物事を見ようとする。

タイプ② 　　　　　　　　　　　　　　／20

- □ ① 自分は多くの人に頼られていると感じる。
- □ ② 他人に奉仕することを大切に感じている。
- □ ③ 「他人にとって必要な存在でありたい」といつも思っている。
- □ ④ 多くの人々に親近感を持たれていると思う。
- □ ⑤ 他人を喜ばせるような言葉をかけることがよくある。
- □ ⑥ 人が困ったり、苦しい立場に立たされたとき、助けたくなる。

[*1] 鈴木秀子『9つの性格：エニアグラムで見つかる本当の自分と最良の人間関係』PHP研究所、2004年に依拠する。

- [ ] ⑦ 好き嫌いにかかわらず、自分の目の前にいる人の世話をしてしまう。
- [ ] ⑧ 人々が慰めと助言を求めて、私のところにやって来てほしいと思っている。
- [ ] ⑨ 人に頼られることはうれしいが、ときどき頼られ過ぎて重荷に感じる。
- [ ] ⑩ 自分自身のことは後回しにしがちだ。
- [ ] ⑪ 人のためにしたことなのに、感謝されていないと思うことがときどきある。
- [ ] ⑫ いつも誰かの"近く"にいることを感じていたい。
- [ ] ⑬ 当然感謝されると思ったのに、感謝されないとき、自分が犠牲者になったような気がする。
- [ ] ⑭ 「愛し、愛されることこそ、人生でもっとも大切なことだ」と強く感じている。
- [ ] ⑮ 気持ちと気持ちが通じ合うとき、喜びを感じる。
- [ ] ⑯ 人のために尽くすことによって、その人の人生に自分が大切な存在でありたいと思う。
- [ ] ⑰ 人が私の力で成長してくれるのがうれしい。
- [ ] ⑱ 困っている人を助けるために、自分の自由な時間をしばしば使う。
- [ ] ⑲ 人が自分を気づかってくれる以上に、人のために気づかっている。
- [ ] ⑳ 周囲の人々の反応に敏感だ。

タイプ3 　　　　　　　　 ／20

- [ ] ① いつも何かしていることを好む。
- [ ] ② 仲間と一緒に働くのが好きで、自分自身、よい仲間でありたいと感じている。
- [ ] ③ 仕事に対しては、正確で専門的でありたい。
- [ ] ④ 物事を達成するには、組織化して、無駄なく効率的にやることを重視している。
- [ ] ⑤ 自分は成功していると、いつも思っていたい。
- [ ] ⑥ 明確に目標を定め、その成果に向かって、今、自分が何をしたらよいかをよく知っている。
- [ ] ⑦ 達成表や点数など、自分がやり遂げた実績を示すものを好む。
- [ ] ⑧ 私の物事をなし遂げる行動力を、他人はうらやましがる。
- [ ] ⑨ 他人に対して、自分は成功しているというイメージを与えていたい。
- [ ] ⑩ 自ら決断することを好むが、臨機応変に意見を変えることもある。
- [ ] ⑪ 目標を達成するためには、時には相手に合わせて妥協する。
- [ ] ⑫ 過去の失敗や間違いより、やり遂げたことを感じていたい。
- [ ] ⑬ 自分のしていることが、うまくいっていないと言われることが大嫌いだ。
- [ ] ⑭ 何かを続けていくよりも、新しく何かを始める方が好きだ。
- [ ] ⑮ 人から説得力があると言われる。

□ ⑯ 自分の仕事、役割を大切に思っており、有能な自分を感じていたい。
□ ⑰ 何事も具体化し、認められるように努力する。
□ ⑱ 他人と相対するときには、多くの成果をあげているイメージが大切だ。
□ ⑲ 物事を達成し、自己主張する人間と思われている。
□ ⑳ 第一印象は特に大切だ。

タイプ④ 　　　　　／20

□ ① 多くの人々は、人生の本当の美しさとよさを味わっていないと思う。
□ ② 自分の過去に強い哀愁を感じる。
□ ③ いつも自然に、ありのままに振る舞いたいが、それは難しい。
□ ④ 象徴的なものに心がひかれる。
□ ⑤ 他の人は、自分が感じるように深くは感じていない。
□ ⑥ 私がどのように感じているか、他の人はなかなか理解できない。
□ ⑦ 礼儀正しく、いつも品位を保ち続けたい。
□ ⑧ 自分にとって周囲の雰囲気は大切だ。
□ ⑨ 人生は劇場で、自分はその舞台で演じているような気持ちだ。
□ ⑩ マナーのよさ、よい趣味は、私にとって大切だ。
□ ⑪ 自分を平凡な人間だと思いたくない。
□ ⑫ 失われたもの、死、苦しみを思うとき、つい深い思いに沈んでしまう。
□ ⑬ 時々自分の感情をありきたりの形で表現したのでは十分ではないと思う。
□ ⑭ あまりにも自分の感じ方に囚われて感情が増幅し、一体どこまでが自分
　　 の感じ方なのかわからなくなる。
□ ⑮ 人間関係がうまくいかないことに、他人よりも困惑する。
□ ⑯ 自分自身を悲劇の主人公のように感じることがある。
□ ⑰ なんとなくお高くとまっていると、人から非難されることがある。
□ ⑱ 感情の起伏が激しく、気分が高揚したり沈んだりするが、どっちつかず
　　 だとかえって生き生きとした感じがしない。
□ ⑲ 人々は私が芝居がかっていると言うが、彼らは私が実はどのように物事
　　 を感じているか、何も理解してはいないのだと思う。
□ ⑳ 芸術や美的表現は、私の感情を表す手段として非常に大切である。

タイプ⑤ 　　　　　／20

□ ① 自分の感情を表現することは苦手だ。
□ ② いつか役に立つものと思って、ため込む傾向がある。
□ ③ 何ということもない会話をするのが苦手である。
□ ④ 総合的にものを見たり、いろいろな意見をまとめるのが得意だ。

□ ⑤ いきなり人から「今どのように感じているか」と聞かれても答えようがない。

□ ⑥ 日常生活で、プライベートな時間と場所があるとくつろげる。

□ ⑦ 自分が率先して行うよりも、他の人に任せる。

□ ⑧ 自分が直接関わる前に、他人のしていることを観察する傾向がある。

□ ⑨ 他人を避けて、一人でいる時間が好きだ。

□ ⑩ 自分は他の人々と比べて物静かだと思う。

□ ⑪ 自分から他人の方に出向くのが苦手で、頼み事も言いにくい。

□ ⑫ 問題が起きたら、自分で解決する方が楽だ。

□ ⑬ 自己主張することが下手だと思う。

□ ⑭ 考えることで問題を解決しようとする。

□ ⑮ 全体を見渡して状況をつかんで判断したい。何か見落としていたら、自分自身が軽率だったとして自分のミスを責める。

□ ⑯ 自分の時間やお金に関してケチだと思う。

□ ⑰ 支払ったお金に見合うものが得られないときは不満だ。

□ ⑱ 自分でやっかいなことを引き起こすと、自分を"馬鹿だな"と思う。

□ ⑲ 話し声が静かなので「大きな声で話してほしい」と言われることがある。

□ ⑳ 人に「与える情報」よりも、人から「受け取る情報」の方が多い。

タイプ6   ／20

□ ① 常に安全なポジションにいたいと思う。

□ ② 人の言葉の裏を読む能力には自信がある。

□ ③ 取り越し苦労やいらぬ心配をよくする。

□ ④ 行動の枠組みがあり、その中での位置がはっきりしていると安心する。

□ ⑤ 先の予測できない状況は、不安で怖い。

□ ⑥ 一般的に見れば、忠実な働き者だと思う。

□ ⑦ 基本的に中庸をとる人間である。

□ ⑧ 自分を操作しようとしている人の思いはすぐわかる。

□ ⑨ 物事の否定的な面は敏感に察知する。

□ ⑩ 権威ある存在は、よくも悪くも無視できない。

□ ⑪ いつでも最悪の事態を想定している。

□ ⑫ ジョークやユーモアのセンスがある。

□ ⑬ 順調に進んでいても、結果が怖くて、先延ばしにしてしまうことがある。

□ ⑭ 究極的に追い詰められれば、反撃に転じる。

□ ⑮ なるべく目立たないでいたい。

□ ⑯ 自分の問題点を指摘されると攻撃されているような気がする。

□ ⑰ 社会的なルールは、忠実に守る。

□ ⑱ 困っている人や弱者に同情し、支えてあげたいと思う。
□ ⑲ トップに立つことに興味はあるが、補佐役の方が性に合っている。
□ ⑳ 信頼する人の思いや考えが推し量れないととても不安だ。

タイプ⑦　　／20

□ ① 他の人と比べて、人を疑ったり、動機を詮索したりしない方だ。
□ ② 何でも楽しいことが好きだ。
□ ③ 物事は、いつもよい方へ展開していくはずである。
□ ④ 他の人々が、私同様にもっと明るい気持ちでいればいいのにと思う。
□ ⑤ 他の人が、どう思うのかにはあまり関心がなく、自分はいつも幸福だと思っている。
□ ⑥ いつも物事の明るい面を見る。人生の暗い面には目を向けたくない。
□ ⑦ 出会う人にあまり敵意を感じない。
□ ⑧ ジョークや明るい話が好きで、暗い話は聞きたくない。
□ ⑨ 私は子どもっぽく、陽気な人間だと思う。
□ ⑩ パーティーなどでは目立ちたがり屋の方だ。
□ ⑪ 「木を見て森を見ざる」なのは困ったものだ。物事は広い視野で捉えるべきだ。
□ ⑫ 「よいもの」は、「もっとよく」と強く思う。
□ ⑬ 悲しみは早く忘れよう。
□ ⑭ 何事も、暗い現実に目をつぶってでも「すてき」と言えるようなものにしたい。
□ ⑮ 苦労を生み出す「味わいのある人生」より「楽しさいっぱいの人生」を過ごしたい。
□ ⑯ 未来に対して情熱を失うことはない。
□ ⑰ 人々を朗らかにして、喜ばせるのを好む。
□ ⑱ 無理してでも、「嫌なこと」はできるだけ避けて通りたい。
□ ⑲ 一つのことに集中するよりも、次から次へと関心が移っていく。
□ ⑳ 自分の子ども時代を幸福なものだったと思い出すことができる。

タイプ⑧　　／20

□ ① 自分が必要とするもののために戦い、必要とするものを断固として守り抜く。
□ ② 他人の弱点を素早く見つけ、相手が挑戦してきたら、その弱点を攻撃する。
□ ③ 物事について不満を表明することはなんでもない。

- □ ④ 他人と対決するのを恐れないし、実際よく対決する。
- □ ⑤ 力を行使するのは痛快だ。
- □ ⑥ グループの誰が権力を握っているのか、すぐ見分けがつく。
- □ ⑦ 攻撃的で自己主張の強い人間だ。
- □ ⑧ 物事がどのようになされるべきかを知っている。
- □ ⑨ 自分の優しく、上品で、柔和な"内面的な面"を容認することも、表現することもむずかしい。
- □ ⑩ すぐに退屈する。動いているのが好きだ。
- □ ⑪ 仁義と筋を通すことは、私にとって重要な問題だ。
- □ ⑫ 自分の権威や権限の下にある者をかばう。
- □ ⑬ 自分は竹を割ったようにシンプルな人間だと思う。
- □ ⑭ 一般に自己反省や自己分析にはあまり関心がない。
- □ ⑮ 自分は順応しにくい人間だと思う。
- □ ⑯ よけいな世話をやかれるのが嫌いだ。
- □ ⑰ 他人からとやかく言われて、自分を正すのは嫌だ。
- □ ⑱ 挑戦するものがある方がエネルギーが出る。
- □ ⑲ 物事をただ成り行きに任せることに抵抗がある。
- □ ⑳ 他の人々は、それぞれ自分の問題をつくり出すと考える。

タイプ⑨　　　　　　／20

- □ ① 多くの人々は、物事にあまりに力を使い過ぎている。
- □ ② 狼狽しなければならないような出来事など、人生にそうあるものではない。
- □ ③ たいていの場合、私は平穏平静だ。
- □ ④ 何もしていないときが一番好きだ。
- □ ⑤ 私は極めてのんきな人間だ。
- □ ⑥ この前、眠れなかった夜がいつだったか思い出せない。
- □ ⑦ 多少の差はあっても、ほとんどの人はみんな同じだと思う。
- □ ⑧ 通常、物事についてあまり興奮しない。
- □ ⑨ 明日まで待てないというような、せっぱつまった気持ちになることがない。
- □ ⑩ 何かを始めるのに外部からの刺激が必要だ。
- □ ⑪ 何事によらず力を浪費するのが嫌だ。物事を行う際、力の節約を考慮する。
- □ ⑫ 「そんなことで、わずらわせないでほしい」というのが私の態度だ。
- □ ⑬ 私は感情に動かされない冷静な仲裁者だ。私にとっては、どちら側も同じことなのだ。
- □ ⑭ 中途半端で落ち着かないことが嫌いだ。
- □ ⑮ 通常もっとも抵抗が少ない道を選ぶ。
- □ ⑯ 自分が安定した人間であることを誇りとしている。

□　⑰　人々を落ち着かせるために、相手に合わせて行動しようとする。
□　⑱　自分自身をそんなに重要な人間だと考えていない。
□　⑲　人の話を聞いたり、注意を払ったりするのが苦手だ。
□　⑳　「座れるのになぜ立つのか、寝ていられるのになぜ座るのか」という考え
　　　方に賛成だ。

　結果が出たら、p.32 〜 p.67 の各タイプの基本性格を読み、そのタイプが本当
に自分と合っているのかを確認します。合っていると思う人はそのまま読み進め
てください。結果に違和感を持った人は、次の方法を試してみましょう。

「チェックが多いタイプにしっくりこない」

　チェックの数が 2 番目、3 番目と、多い順に他の可能性を考えてみましょう。

「結果にどうしても納得できない」

　自分の本心を反映させていない可能性があります。小さいときにどういう傾向
があったかを振り返りながら、もう一度チェックをやり直してみましょう。

3

タイプ①
「完全でありたい」

3.1　基本的性格

> 物事を正しく行う。完全無欠であるべきだ。大切かどうかを判断してそのスタンダードを維持したい。強い責任感と自尊心を持って、個人的な欲求や自然の欲望を抑えることが多い。

　　……私は、何事においても完璧を目指していてそのための努力は惜しみません。自分の中に「こうあるべき」という理想があり、一つずつきちんと成し遂げていくよう心がけています。何事にも正しいか正しくないかが基準なので、間違っていないか細かくチェックします。嘘が嫌いで正義感、倫理観が強いのか妥協ができず、周りからはもっとリラックスした方がいいとか、もう少し肩の力を抜いてなどと言われます。一生懸命努力しているので、周りの人たちにも同じことを期待してしまいます。本当に思っていない限りは、他の人を褒めたり、お世辞やその場しのぎの軽い言動が苦手です。自分は不器用だと思います。物事がきちんとなっていると安心します。

3.2　概　要

(1)　タイプ①と関連性の高いタイプ
　　タイプ①のウイング*2　　　　➡タイプ⑨「調和と平和を願う」
　　タイプ①のウイング　　　　　➡タイプ②「人の助けになりたい」
　　タイプ①の統合の方向　　　　➡タイプ⑦「楽しさを求め計画する」
　　タイプ①がストレスを感じると➡タイプ④「特別な存在であろうとする」
(2)　タイプ①とよく間違えられやすいのは：タイプ③「成功を追い求める」
(3)　タイプ①に該当する確率*3

---

*2　「ウィング」"wing"とは、あるタイプの両側に隣接する2つのタイプを指す。隣り合っていることから、感じ方、考え方、行動に類似の傾向が見られる。
*3　最初に決定したタイプが、最終的にどの程度一致するか、または他のタイプになるかに関する確率は、デイビッド博士らの研究による。David N. Daniels and Virginia A. Prince. "The Essential Enneagram: The Definitive Personality Test and Self-Discovery Guide-Revised and Updated " HarperCollins Publishers. 2009 参照、以下同じ。
　　なお、確率は全表記ではないので合計100%にはならない。アメリカでの実証研究に基づく。

　最初にタイプ①「完全でありたい」を選択した人が、最終的にどのタイプだったのか。

66%	タイプ①「完全でありたい」
8%	タイプ④「特別な存在であろうとする」
8%	タイプ⑥「安全を求め慎重に行動する」
7%	タイプ②「人の助けになりたい」
5%	タイプ⑨「調和と平和を願う」

　もし、あなたが最初にタイプ①を選んだのであれば、66%の確率でタイプ①と予測される。タイプ①「完全でありたい」の特徴について読んで、あなたの性格とどのぐらい合致しているか確かめてほしい。あなたがどのように世界を受け止めているか、人間的成長のために何ができるかについて内省を助けてくれるだろう。タイプ①「完全でありたい」の特徴と必ずしも一致しないと思ったら、あなたが選んだ他の2番目、3番目についての可能性を考えてみよう。

(4)　タイプ①を表す形容詞・表現*4

よい状態のとき…整理能力がある、克己心がある、正直、批評眼が鋭い、理想に向かって努力する、努力家、精度が高い、良心的、責任感が強い、自分の信念に進む、変わらない、自律的、几帳面，望みが高い、確信的、細かいことにこだわる

悪い状態のとき…批判的、融通が効かない、主張が強い、決めつける、憤慨、自己批判的、神経質、片意地、独り善がり、押しつけがましい、嫉妬心が強い、道徳を振りかざす、小心

(5)　タイプ①の陥りやすい囚われ

タイプ①が陥りやすい考え

　みな一つであり、あるがままでいても同じように完璧な存在だということを忘れてしまう。その代わり、人々はありのままのことは受け入れにくいと考えている。よい振る舞いは期待されていて、それは当然のことである。だから、悪しき振る舞いや衝動は、必ずあとでよくない結果となり罰せられると思っている。

タイプ①の根源的欲求

　自分がよき存在であり、責任感があって良心的で正しいと考える方法で物事を進める。自己の高いスタンダードに合致させることができる。正しい規範に従えば、自尊心を得られると思う。「怒り」を抑え込んでしまって、かえって緊張と憤りを発散させることがある。

(6)　タイプ①が成長するために注意すること

　他人の行いの正しさと過ちについて批判をしない。自己批判をしない。自分と人の成長のプロセスを見ていく。

---

*4　鈴木秀子『9つの性格』PHP文庫、2004年およびDavid Daniels and Virginia A. Prince. "The Essential Enneagram: The Definitive Personality Test and Self-Discovery Guide-Revised and Updated" 2009を併せて参照、以下同じ。

(7)　タイプ１が回避したいこと

　セルフ・コントロールを失うこと。社会規範から外れること。信念として、自分が非常に間違っていたり、よくない状態になったりすること。

(8)　タイプ１の強み

　完璧であり、向上することへの意識が高い。努力を惜しまない。理想主義で仕事や物事を進める。独立独歩で進んでいける。勤勉。高い理想を持って、非常に責任感が強い。

(9)　タイプ１のコミュニケーションスタイル

　詳しく説明するが、詳し過ぎるときも。明確な言い方をして、はっきり述べる。正しいか正しくないかをはっきり言う。簡単に決めつけがちな点がある。批判的な言い方をする。細かい点を気にするので、融通が利かないと見られる傾向がある。

(10)　タイプ１のストレスの原因

　自分の内面からの批判に冷静でいることができず、恐れや心配を抱いてしまう。他人の責任感や良心の持ち方について過度に責めてしまう。訂正すべきエラーが多過ぎるときや正しく行うべきことが多過ぎるときにイライラしてしまう。緊張をやり過ごすことが得意ではない。人が自分のミスに対して責任を取らなかったりすることがあると怒りを覚える。

(11)　タイプ１の怒りの原因

　フェアでないこと。無責任なこと。物事が間違って行われること。ルールや基準を無視すること、または背くこと。

(12)　タイプ１が人間性を高めるために

　自分も含めて、みんなそのままでいいというよさを認めよう。あるがままでいることのよさをまず大切にしよう。私たちが大切にする価値やよき状態というのは、自分自身に内在するものであって、正しいか正しくないかということには左右されない。

　そして、物事には一つ以上の正しい方法があるということを十分尊重して、「間違った方法」と考えるのではなく、一つの違いであると認識しよう。自分と他人の「不完全さ」を認めよう。自分と他人に対して許すことを学ぼう。自分も他人に対する裁きも手放す。自由な時間を楽しみやリラクゼーションに向けること。厳しいルールや自分自身の厳格さを問い直すこと。自分の欲求や自然の衝動に敏感になって、自分の人生に取り入れよう。

　気をつけることは、自分の内側からの批判の目を、自分自身にも他者にもあまり厳しく向けないこと。正しく導こうとするあまり、細かいところにこだわり過ぎないようにしよう。働き過ぎで息抜きを忘れてしまうので自分で気をつけて気持ちを休めたり、自然ともっと親しんだりする機会をつくろう。

3.3　タイプ①へのアドバイスの仕方

　自分自身に対して気楽になるように、また自分に時間を使うようにアドバイスする。評価的ではないものの見方、視点があることに気づいてもらう。人生のゴールというのは、人間性に富んだ豊かなものだと気づけるようにする。

タイプ①【グループ話し合いの仕方】対象者：ABCD[*5]
質問1　**タイプ①は次のことを書いて、グループ発表してください。**
（i）　タイプ①の＜よい状態＞のときを参考にして3つ以上書いて下さい。
　　（　　　　　　　）（　　　　　　　　）（　　　　　　　　）
（ii）　次に、具体的なエピソードを紹介しながら、他のメンバーに説明してください。
質問2　**タイプ①は次のことを書いて、グループ発表してください。**
（i）　タイプ①の＜悪い状態＞のときを参考にして3つ以上書いて下さい。
　　（　　　　　　　）（　　　　　　　　）（　　　　　　　　）
（ii）　次に、具体的なエピソードを紹介しながら、他のメンバーに説明してください。
質問3　**タイプ①は次のことを書いて、グループ発表してください。**
（i）　(9)のコミュニケーションスタイルを参考にして自分のスタイルを客観的に見てみましょう。気づいたことを3つ書いて下さい。
　　（　　　　　　　）（　　　　　　　　）（　　　　　　　　）
（ii）　次に、具体的なエピソードを紹介しながら、グループメンバーに説明してみましょう。
（iii）　ケーススタディ
　　＊大事な授業（会議）に遅刻してしまった。部屋に入ると、どうして遅れたのかと先生（または上司）に強く聞かれてしまった。
　　さて、あなたはどのように理由を述べて、どう対応しますか。

＊5　「この本の使い方」(p.15)参照。

4

タイプ2
「人の助けになりたい」

❂✕❂✕❂✕❂✕❂✕❂✕❂✕❂✕❂

4.1 基本的性格

他人のニーズを察して、喜ばせたいと思う。他人の要求を満足させられることを、自分がやれるということで満足感を得る。他人志向で、自分を満そうとする。人が自分を受け入れて認めてくれることを強く願う。ロマンティックな愛情を抱きやすい。

……私は、人の気持ちに敏感で他の人たちが何を必要としているかがわかります。自分を必要としている人のためには、大変なことでも嫌だとは思いません。困っている人がいると放っておけなくなります。人の気持ちがわかるので、喜ばせる言葉をかけるのが好きです。愛情豊かだと言われます。人との付き合いを大事に思い、人間関係をよくすることに努力します。人の気持ちがわかることから、相手を優先してしまうので自分を犠牲にするところがあります。自分の親切に対して、相手が感謝の意を表さないと、失礼だと感じます。人が何を必要としているのかはわかるのに自分が本当に何をしたいかは気づきにくいです。どちらかというと私は与える方で、他人からの助けや援助は何か借りがあるように感じ受け取ることが苦手です。「親切で心温かい人」と言われると嬉しく、自分がしてあげたことで相手が成長したり、成功したりして「ありがとう」と言われると本当に嬉しいです。「人の助けになっている」「人と気持ちが通じている」ということが私の喜びです。

4.2 概　要

(1) タイプ2と関連性の高いタイプ

　　タイプ2のウイング　　　　　　➡タイプ1「完全でありたい」
　　タイプ2のウイング　　　　　　➡タイプ3「成功を求める」
　　タイプ2の統合の方向　　　　　➡タイプ4「特別な存在であろうとする」
　　タイプ2がストレスを感じると➡タイプ8「強さを求め自己を主張する」

(2) タイプ2とよく間違えられやすいのは：タイプ7「楽しさを求め計画する」
　　　　　　　　　　　　　　　　　　　　　　　タイプ9「調和と平和を願う」

(3) タイプ2に該当する確率

　　最初にタイプ2「人の助けになりたい人」を選択した人が、最終的にどのタイ

プだったのか。

- 65%　タイプ②「人の助けになりたい」
- 8%　タイプ⑦「楽しさを求め計画する」
- 8%　タイプ⑨「調和と平和を願う」
- 7%　タイプ④「特別な存在であろうとする」
- 5%　タイプ①「完全でありたい」

　もし、あなたが最初に「タイプ②」を選択した場合、その確率は65%と予想される。タイプ②に関する特徴について読んで、あなたの性格とどのぐらい一致するか確認しよう。あなたが世界をどのように受け止めているか、人間的成長のために必要な糧を与えてくれる。

⑷　タイプ②を表す形容詞・表現

よい状態のとき…愛情細やか、適応力に富む、行動力がある、心が広く温かい、親切、情報収集力がある、思考に柔軟性がある、勘が鋭い、愛情深い、手助けをする、支えとなる、人間関係志向、他の人の気持ちに寄り添う、寛大、好かれやすい、温かく助言する、責任感が強い

悪い状態のとき…おせっかい焼き、他人に対して操作的、八方美人、嫉妬心、独占欲が強い、被害者意識が強い、論理性に欠ける、独り善がり、やや高慢、押しつけがましい、オーバー、はっきり「ノー」と言えない、自分の要求は遠慮がち、過度に相手に合わせ過ぎる

⑸　タイプ②の陥りやすい囚われ

タイプ②が陥りやすい考え

　人が必要とするように自分にも助けが必要だ。人に何かを与えたりするように、自分も受け取ることは自然なやりとりである。そして、自分が何かを受け取るためには、まず相手に与えなければならない。愛されるためには、まず自分が他人から必要とされなければいけない。

タイプ②の根源的欲求

　自分の欲求を叶えるには、相手が必要として望んでいることを予想するのが大切だ。そして、相手も私に対して同様のことをしてくれるだろうと期待してしまう。自分はかけがえのない存在だという自信がある。

⑹　タイプ②が成長するために注意すること

　他の人の求めていることだけでなく、自分が大切に思っていることや、大切にしてもらいたいと思っていることに敏感になること。自分の盲点は、自分自身の欲求について気がついていないということに、まず気がつく。他人に親切にすることが行き過ぎると、他人の人生に介入してしまうことに注意する。

⑺　タイプ②が回避したいこと

　他の人を落胆させること。感謝されていないことを感じること。拒絶されて役に立たないとか必要とされていないとなる状態。

⑻　タイプ②の強み

　与えること、人助けをすること。気前がよい。他人の気持ちに敏感。人に寄り添っていける。感謝されることが多い。ロマンティックなこと。高いエネルギー。表現力が豊か。

⑼　タイプ②のコミュニケーションスタイル

　フレンドリーで、オープンで、表現力がある。人の感情に細やかに気がつくので、素早くサポートしたりアドバイスしたりするのが得意である。ただ時として行き過ぎて、おせっかいとかコントロールしていると感じさせることがある。

⑽　タイプ②のストレスの原因

　たくさんの人々やプロジェクトから自分は必要とされているという感情に押しつぶされて、自分の欲求に気づいていない。自分が必要としていることと、求められてやっていることがマッチしていないのだ。人間関係の特に難しい関係に時間・努力を注ぎ込むあまり、感情が高ぶったり乱れたりしてしまう。

⑾　タイプ②の怒りの原因

　感謝されていない、または大切にされていないと感じるとき、人からコントロールされていると感じるときは怒りを覚える。個人的な欲求や必要が満たされていないことで実はイライラしている。他人を大切に思いやらず、サポートしない人間に対して腹立たしく思う。強烈な、時としていきなり感情を爆発させる。他の人に何を与えるべきかということを主張して、時にその人を非難する。

⑿　タイプ②の人間性を高めるには

　私たちはすべてあるがままで愛されていることに気がつくことが大切だ。つまりどのぐらい人に与えるのか、人から必要とされるのかということにこだわらない。何かをしなくても、何か人の役に立とうとしなくても、一緒にいたり寄り添ったりすることでかまわない。ありのままでいい。与えることと受け取ることは、自然な流れでその時々に生じることを受け入れよう。

　気がついたらよいことは、「愛されるというのは、人のために自分を変えるということに拠っているわけではない」ということ。本当の自分はどう感じているのか、自分の欲求や必要について明確につかんでおこう。自分の怒りや湧き上がる苦痛というのは、自分が必要としていることを知らせるシグナルと捉えてほしい。自分がかけがえのないものであるということを認め、これでいいのだと思うことが大切である。いろいろな期待を持たずに、何かを与えるばかりでなく、人から受け取る大切さも認めてあげよう。自分が与えることに対して、限度や境界を置くことを意識したらよい。人を助けるというのは、実はその人にとっておせっかいであったり、コントロールしていることにもなったりするのだから。

　自分自身のニーズを認めにくいとしたら、それは小さなプライドが邪魔をしている。自分勝手でもその罪悪感を感じる必要はない。もっと人に弱みを見せてもよいのだから。

4.3　タイプ②へのアドバイスの仕方

　タイプ②の価値を伝えよう。タイプ②の人の本当のニーズに注意を払い、そのことに気がつくよう問いかけてみる。適切なときにしっかり「NO」と言えているか時々確かめてみる。人からの厚意や親切を遠慮せず受け入れるようアドバイスする。

タイプ②【グループ話し合いの仕方】対象者：ABCD
質問1　タイプ②は次のことを書いて、グループ発表してください。
(i)　タイプ②の＜よい状態＞のときを参考にして3つ以上書いて下さい。
　（　　　　　　　　）（　　　　　　　　　）（　　　　　　　　　）
(ii)　次に、具体的なエピソードを紹介しながら、他のメンバーに説明してください。
質問2　タイプ②は次のことを書いて、グループ発表してください。
(i)　タイプ②の＜悪い状態＞のときを参考にして3つ以上書いて下さい。
　（　　　　　　　　）（　　　　　　　　　）（　　　　　　　　　）
(ii)　次に、具体的なエピソードを紹介しながら、他のメンバーに説明してください。
質問3　タイプ②は次のことを書いて、グループ発表してください。
(i)　(9)のコミュニケーションスタイルを参考にして自分のスタイルを客観的に見てみましょう。気づいたことを3つ書いて下さい。
　（　　　　　　　　）（　　　　　　　　　）（　　　　　　　　　）
(ii)　次に、具体的なエピソードを紹介しながら、グループメンバーに説明してみましょう。
(iii)　ケーススタディ
　　＊大事な授業（会議）に遅刻してしまった。部屋に入ると、どうして遅れたのかと先生（または上司）に強く聞かれてしまった。
　　さて、あなたはどのように理由を述べて、どう対応しますか。

5

タイプ③ 「成功を追い求める」

×-×-×-×-×-×-×-×-×-×

5.1 基本的性格

> 何がなされるかというのは、当然、個人の努力によるものである。人の価値は、どんな人であるか（ビーイング；being）というより、何をするか（ドゥーイング；doing）によって決まってくる。何をなすかということが大切である。成果を上げるための努力を惜しまない。自分のゴールや効率性やイメージだけを大切にしていると思われがちだが、実は、前向きで他人のために献身的な人に対しては、非常に好感を持って接している。すべての事柄は、普遍的な決まりに従って自然に働き落ち着くということはあまり考えない。

　　……私は効率を重んじています。そして何事にも成功を目指し、そのための努力は惜しみません。周囲の評価が気になるので好印象は大切、外見にも気を配ります。成功しなければ価値がないと思っているので、つい仕事（主婦なら自分の役割）中心になってしまい、周りからはワーカホリックだと言われます。無意識のうちに自分が成功しているヒーロー（ヒロイン）像をイメージしていて、格好悪いことは好きではありません。目標の実現のため周りの人を巻き込みやる気にさせる能力はあると思います。根性で努力して成し遂げるような泥臭い感じが好きではないので、人には努力を見せません。成功していなければと思うので、失敗がとても怖いです。目標達成のためには臨機応変に対応し、一つの方法に固執しません。柔軟性があると思います。自分のやったことを評価してくれる成績表や目標達成表、表彰されることが大好きです。周囲から「有能な人」「素敵な人」と評価され褒められるととても嬉しいです。

5.2 概　要

(1) タイプ③と関連性の高いタイプ

　　タイプ③のウイング　　　　　➡タイプ②「人の助けになりたい」
　　タイプ③のウイング　　　　　➡タイプ④「特別な存在であろうとする」
　　タイプ③の統合の方向　　　　➡タイプ⑥「安全を求め慎重に行動する」
　　タイプ③がストレスを感じると➡タイプ⑨「調和と平和を願う」

(2) タイプ③とよく間違えられやすいのは：タイプ⑦「楽しさを求めて計画する」

　　　　　　　　　　　　　　タイプ1「完全でありたい」
　　　　　　　　　　　　タイプ8「強さを求め自己を主張する」

(3)　タイプ3に該当する確率

　最初にタイプ3「実行する」を選択した人が、最終的にどのタイプだったのか

　　54%　タイプ3「成功を追い求める」
　　13%　タイプ7「楽しさを求め計画する」
　　9%　タイプ1「完全でありたい」
　　7%　タイプ2「人を助けたい」
　　5%　タイプ8「強さを求め自己を主張する」
　　5%　タイプ9「調和と平和を願う」

　もし、タイプ3「成功を追い求める」を最初に選んだのであれば、最終的なタイプ3の確率は54%とされる。タイプ3に関する特徴を確認して、自分の性格とどの程度あっているか確認してほしい。もしタイプの記述が自分に合わないと感じたら、他の可能性がありそうなタイプも試してみるとよい。

(4)　タイプ3を表す形容詞・表現

よい状態のとき…積極的、明るい、行動力に富む、勉強家、明確な目標がある、能率がよい、チームプレーが得意、自立心が強い、勤勉、ペースが速い、目標への集中力が高い、結果と成功を強く願う、効率的、自信満々、熱意、高いエネルギー、行動による愛情表現、野心家、積極的に勝ちに行く

悪い状態のとき…自己中心的、スタンドプレーが多い、不誠実、生意気、冷たい、自慢好き、自己過信、過度の競争心、性急、気持ちや人間関係に無頓着、競争心旺盛、突進型、自分を売り込むタイプ、衝動的、過度にやり過ぎ

(5)　タイプ3の陥りやすい囚われ

タイプ3が陥りやすい考え

　何がなされるかというのは、各個人の努力によるものである。人々は、どんな人であるかというのではなく、何をするかによって価値が決まる。

タイプ3の根源的欲求

　成功を獲得すること、ベストを目指してがむしゃらに向かうこと、そして、よいイメージを維持することで、人から愛され認められるのだと思う。自己啓発の前向きのエネルギーを発揮することで、自分の本当の気持ちにはあまり気がつかない。

(6)　タイプ3が成長するために注意すること

　成功することだけが正しいわけではない。自分の本当の気持ちに気づくことが大切である。ありのままの自分——ビーイングの大切さを知る。

(7)　タイプ3が回避したいこと

　失敗すること。他人によって自分の存在が陰になると考えてしまうこと。自分のメンツがつぶれることを恐れる。不愉快な感情を避けたいと思ってしまう。怠惰やペースが遅いことに対して、強く非難したり、不信感を抱いたりしないよう

にする。

(8) **タイプ③の強み**

好感度の高い外見。情熱的でリーダーシップに富んでいる。自信があって、問題解決に向けて、実践的で有能で効率的に処理していける。明るい希望を与えられる。バランス感覚に富んでいる。

(9) **タイプ③のコミュニケーションスタイル**

直接的で、トピックを明確に述べる。速いペースの口調で、自信満々に話す。他人は私のことをせっかちに思うこともある。時として、不機嫌になり、過剰に効率を重視したり、狭量になったりする。他人の視点に対して過剰反応することがある。

(10) **タイプ③のストレスの原因**

自分が地位、名声、権力においてどのぐらい達成できるかで気分のよし悪しが決まる。それを達成しなければという思いからプレッシャーを感じる。自分の本当の感情や価値を見出しているものに、気がついていない。

(11) **タイプ③の怒りの原因**

自分のゴール達成にとって障害となるいかなる人、事柄が怒りの対象となる。無能であることは許しがたい。優柔不断や非効率であることも許しがたい。せっかちで、怒りっぽいところがある。時として感情が爆発してしまう。

(12) **タイプ③「成功を追い求める」が人間性を高めるために**

私たちは、あるがままで生きていることそのもの（ビーイング；being）が尊い。何かをなすこと（ドゥーイング；doing）に価値があるのではない、と気がつくことが必要である。そして、皆すべて自然の流れで物事が成り立ち、私たち個人の努力で何かが達成していくというわけではないことに気づいて受け入れよう。目標を達成するということがすべてではないと気がつくこと。

受け入れることは、忍耐を学び事柄があるがままになされるということである。自分のペースをもう少し穏やかにするとよいだろう。自分の感情を見つめて受け入れる。何が本当に問題なのか自問自答する時間を持とう。他人の成功や期待とは別に、自分のアイデンティティについて内省する時間を持つ。仕事に関してリミットや境界を定めるとよい。また、人に対する共感力や理解力をもっと養おう。愛というのはあるがままから生まれるもので、何かをしたり所持したりするものから生まれるのではないことに気づいてほしい。

自分自身、そして他人の気持ちにゆったり向き合う忍耐力を養っていく。極度の疲労や消耗しているときに働くこと、やり過ぎることを控えよう。

5.3　タイプ③へのアドバイスの仕方

自分の気持ちと人間関係に、注意を払うことを促す。何かを達成したからというのではなく、あるがままでいることが大切であり、愛されるのだということに

気づくようアドバイスする。自分にとって何が本当の真実かを話そうとするときは、アクティブリスニングでしっかり傾聴してあげる。ペースを落とすこと、たまにはバラの花の香りをかぐといったゆとりの時間を思い出させてあげるとよい。

タイプ③【グループ話し合いの仕方】対象者：ABCD
質問1　**タイプ③は次のことを書いて、グループ発表してください。**
　(i)　タイプ③の＜よい状態＞のときを参考にして3つ以上書いて下さい。
　　（　　　　　　　　　）（　　　　　　　　　　）（　　　　　　　　　）
　(ii)　次に、具体的なエピソードを紹介しながら、他のメンバーに説明してください。
質問2　**タイプ③は次のことを書いて、グループ発表してください。**
　(i)　タイプ③の＜悪い状態＞のときを参考にして3つ以上書いて下さい。
　　（　　　　　　　　　）（　　　　　　　　　　）（　　　　　　　　　）
　(ii)　次に、具体的なエピソードを紹介しながら、他のメンバーに説明してください。
質問3　**タイプ③は次のことを書いて、グループ発表してください。**
　(i)　(9)のコミュニケーションスタイルを参考にして自分のスタイルを客観的に見てみましょう。気づいたことを3つ書いて下さい。
　　（　　　　　　　　　）（　　　　　　　　　　）（　　　　　　　　　）
　(ii)　次に、具体的なエピソードを紹介しながら、グループメンバーに説明してみましょう。
　(iii)　ケーススタディ
　　＊大事な授業（会議）に遅刻してしまった。部屋に入ると、どうして遅れたのかと先生（または上司）に強く聞かれてしまった。
　　さて、あなたはどのように理由を述べて、どう対応しますか。

タイプ④
「特別な存在であろうとする」

✳━✳━✳━✳━✳━✳━✳━✳━✳

6.1　基本的性格

　　自分の感情に支配されてしまって冷静に考慮できないと思われることが多い。事実、自分の強い感情にもかかわらず、びくともしないで献身的に大きなことを達成することができる。ごく普通のことでも特別なことにしてしまうぐらい大きなパワーを秘めている。

　　自己表現をすることで、愛、意味、そして充実感を見つけようとしている。ユニークな個性であろうと努力する。

　　……自分は、子どものころから他の人とは違うという意識があります。だからなのか、普通の人と同じようにするのは好きではありません。感受性が豊か、繊細だとか言われ、そのことでよかったこともありますが、嫌だったこともあります。独特の美意識があると言われることは嬉しいです。人生の孤独や悲しみを深く感じてしまい、この深い感情は誰にもわからない、自分は他人には理解してもらえないと思っています。感情の起伏が激しい状態にいた方が感動を味わえるので、刺激のない穏やかな状態ばかりだと物足りなくなってしまいます。悲しみや苦しみ、報われない映画や本など、心の奥底に染み入るようなものに共鳴します。共感する能力に優れていて、苦しむ人や悲しむ人の気持ちがわかるので、相談に乗り助けたいと思います。品位は大切、上品で洗練された雰囲気が好きです。周りの人には「深い感動を味わっている」「特別な存在」というように、一目置かれるとわかってくれたと思います。

6.2　概　要

(1)　タイプ④と関連性の高いタイプ

　　タイプ④のウイング　　　　　　➡タイプ③「成功を追い求める」
　　タイプ④のウイング　　　　　　➡タイプ⑤「知識を得て観察する」
　　タイプ④の統合の方向　　　　　➡タイプ①「完全でありたい」
　　タイプ④がストレスを感じると➡タイプ②「人の助けになりたい」

(2)　タイプ④によく間違えられやすいのは：タイプ⑥「安全を求め慎重に行動する」
　　　　　　　　　　　　　　　　　　　　　　タイプ⑨「調和と平和を願う」

タイプ7「楽しさを求め計画する」

(3)　タイプ4に該当する該当する確率

　最初にタイプ4「特別な存在であろうとする」を選択した人が最終的にどのタイプだったのか

　　61%　タイプ4「特別な存在であろうとする」
　　11%　タイプ1「完全でありたい」
　　7%　タイプ6「安全を求め慎重に行動する」
　　7%　タイプ9「調和と平和を願う」
　　5%　タイプ7「楽しさを求め計画する」

　もしタイプ4「特別な存在であろうとする」が最初の選択だったら、最終的にそうなる確率は61%だが、タイプ4の特徴と合致するか確認してほしい。自分が世界をどのように受け止めているか、また人間的に成長するには何を高めたらよいか考えるチャンスである。

　もしタイプ4「特別な存在であろうとする」の特徴がしっくりこなかったら、他の可能性がありそうなタイプで考えてみよう。

(4)　タイプ4を表す形容詞・表現

よい状態のとき…創造的、ユニーク、感受性が豊か、ロマンティスト、芸術的洞察力が鋭い、人を忍耐強く支える、センスがよい、理想主義者、深い感情、繊細、共感的、思いやりのある、情熱的な、特別であることを目指す、自分に忠実、内省的、表現力に富む

悪い状態のとき…感情の浮き沈みが激しい、自分勝手、依存的、被害者意識が強い、嫉妬心・独占欲が強い、独善的、自分の想いにこだわり過ぎる、すぐに引きこもる、芝居がかって大げさ、気分屋、移り気、自意識過剰、自己陶酔的

(5)　タイプ4の陥りやすい囚われ

タイプ4が陥りやすい考え

　人々は、根本の絆やつながりを失う痛みを経験しているが、そんな感情はどこかに置いてきてしまって、何か大切なものをなくしてしまったのではないか。

タイプ4の根源的欲求

　自分が愛されて大きく包まれ、完全であると再び感じられるために、理想的な愛や完全な環境を探し続ける。失われた何かを求めることとうらやましいという気持ちをずっと持っている。

(6)　タイプ4が成長するために注意すること

　未来と過去に対して前向きで魅力的なものとして捉える。美的で心を深く動かされたり、意義深いと思われるものを大切にする。タイプ4にとっての「盲点」は、現在のことや平凡なことをおざなりにする。

(7)　タイプ4が回避したいこと

　拒否されること、見捨てられること、耳を傾けてもらえないこと、無意味でいること。自分が何か間違っているという感情。日常のありふれた俗事、感情の深

みを欠いている人々を見下す。見捨てられることを恐れる。

(8) **タイプ4の強み**

　繊細さ。創造的志向。様々な感情を感じ取れること。苦しみに対する共感の容量が大きいこと。集中力がある。情熱的。ロマンティックな理想主義。深い感情。本質を求める。内省的であること。

(9) **タイプ4のコミュニケーションスタイル**

　いろいろな感情表現が豊かで、あらゆる可能性を求めようとする。魅力的で自分を中心に考える。人はおそらく自分のことを過剰にドラマティックだと感じるだろう。自分に興味が集中していて、感情的に激しいと感じる傾向にある。

(10) **タイプ4のストレスの原因**

　自分のロマンティックな理想や強烈な望みに合致しない人がいること。日常の味気ない生活。自分が得られる以上に望んでしまう。他人が持っていて自分にはないもの、または他人はそうであって自分はそうではないことをうらやむ気持ちが強い。コントロールできない気持ちが生まれたり、特に感情的に危機に瀕したりすることがある。

(11) **タイプ4の怒りの原因**

　自分を失望させたり、意気消沈させたり、見捨てるような人々に怒りを覚える。過去からそんな人々の思い出がよみがえり、現在のことのように感情を追体験する。軽視されたり、拒否されたり、見捨てられることは耐えられない。誤解されているという感情も耐えがたい。特別な存在や、ユニークな存在として扱われないことは、最も好まない。火のように激怒したり、沈んでいく感情を涙で解消する。ひどく落ち込むことがある。

(12) **タイプ4が人間性を高めるために**

　私たちは愛され、完全に必要なものをすべて備えていて、何も本質的な価値や要素を欠いていることはないと気づくことが大切だ。人々はお互いつながっており、すべての命と一つにつながっているということを認識できるようにする。

　今という時間を大切に、失ったことではなくポジティブなことに焦点を当てる。感情に振り回されないように、一度決めた行動を続けてみよう。自分自身へ関心を寄せるのではなく、人の幸福感に目を向けよう。激しい感情が収まるまで、反射的な行動にすぐ出るのを深呼吸して待とう。ごく当たり前の日々の体験、日常の中の普通だと思っていることのかけがえのなさに気づき、大切に思うこと。特別な存在であるということや、他の人と違って際立っているということで、自尊心を満たすのではないということを考えてみよう。

　気をつけることは、自分の強い感情にふり回されてしまうこと。世界が私を拒絶しているという感情を持ってしまうこと。自分自身のことだけに関心を持つ。人から愛されるために、究極の理想的なルックスを追究し、行き過ぎることがある。

6.3　タイプ④へのアドバイスの仕方

　今、ポジティブと思われることを継続するよう励ます。本当の気持ちを話してほしいと伝える。本当に理解しようとしていることがわかるように話す。

タイプ④【グループ話し合いの仕方】対象者：ABCD

質問1　**タイプ④は次のことを書いて、グループ発表してください。**
　(i)　タイプ④の＜よい状態＞のときを参考にして3つ以上書いて下さい。
　　（　　　　　　　　）（　　　　　　　　）（　　　　　　　　）
　(ii)　次に、具体的なエピソードを紹介しながら、他のメンバーに説明してください。

質問2　**タイプ④は次のことを書いて、グループ発表してください。**
　(i)　タイプ④の＜悪い状態＞のときを参考にして3つ以上書いて下さい。
　　（　　　　　　　　）（　　　　　　　　）（　　　　　　　　）
　(ii)　次に、具体的なエピソードを紹介しながら、他のメンバーに説明してください。

質問3　**タイプ④は次のことを書いて、グループ発表してください。**
　(i)　(9)のコミュニケーションスタイルを参考にして自分のスタイルを客観的に見てみましょう。気づいたことを3つ書いて下さい。
　　（　　　　　　　　）（　　　　　　　　）（　　　　　　　　）
　(ii)　次に、具体的なエピソードを紹介しながら、グループメンバーに説明してみましょう。
　(iii)　ケーススタディ
　　　＊大事な授業（会議）に遅刻してしまった。部屋に入ると、どうして遅れたのかと先生（または上司）に強く聞かれてしまった。
　　　さて、あなたはどのように理由を述べて、どう対応しますか。

7
タイプ⑤
「知識を得て観察する」

❊❊❊❊❊❊❊❊❊❊

7.1 基本的性格

> 自分の知識を外に出さず、非常に慎重で用心深い。世界は人々に多くのことを要求し過ぎていると感じている。それでエネルギーが枯渇してしまうことを恐れる。人見知りで、後ろに引っ込んで相手の様子を観察する。ある問題に関する知識を徹底的に調べる。事前に考えたり分析したりするのが好きだし得意。エネルギーを温存するために、自分を抑える。人との境界や、エネルギーの限界を保つ。本来、人に与えることについては優れているし、熱心である。しかし、聞かれない限りはその姿を見せない。

　　……私は物事の本質が知りたいと思っています。そのために知識や情報を収集し蓄えます。観察し分析することが好きです。何事にも客観的な傍観者でいるので、冷静だと言われます。噂話や無駄話には全く興味がありません。周りからは「もう少し話して」と言われます。状況を把握して熟慮した結果でなければ自分の意見は言いたくありません。人には賢さが必要、知的にものを考えれば大体のことがわかると思っています。一人の時間が大切で、長時間他の人といるとストレスを感じます。自分の感情を切り離して考えられるので、冷静で的確だと言われます。内面の空虚感を埋めるためには世の中のことを知ることだと思っています。人間関係は、大勢よりも信頼のおける少ない人々でよいと思っています。人は「物静か」という印象を持つようです。自分が「知っている」「賢くある」と思えればOKです。

7.2 概　要

(1) タイプ⑤と関連性の高いタイプ

　　タイプ⑤のウイング　　　　　➡タイプ④「特別な存在であろうとする」
　　タイプ⑤のウイング　　　　　➡タイプ⑥「安全を求め慎重に行動する」
　　タイプ⑤の統合の方向　　　　➡タイプ⑧「強さを求め自己を主張する」
　　タイプ⑤がストレスを感じると➡タイプ⑦「楽しさを求め計画する」

(2) タイプ⑤とよく間違えられやすいのは：タイプ①「完全でありたい」
　　　　　　　　　　　　　　　　　　　　　タイプ⑨「調和と平和を願う」

(3) タイプ⑤に該当する確率

最初にタイプ⑤「知識を得て観察する」を選択した人が、最終的にどのタイプだったのか。

　　65%　タイプ⑤「知識を得て観察する」
　　11%　タイプ⑥「完全を求め慎重に行動する」
　　11%　タイプ⑨「調和と平和を願う」

　タイプ⑤「知識を得て観察する」を最初に選んで、最終的にその通りである確率は65%とされている。タイプ5の特徴について書かれたこの後のページを読んで、確かめてほしい。確認をしていく中で、自分自身が世界をどのように受け止めているか、そして人間的に成長するには何を高めたらよいか内省できるだろう。

⑷　タイプ⑤を表す形容詞・表現

よい状態のとき…分析力に優れている、聡明、忍耐力がある、独立独歩、冷静沈着、視野が広い、人の助けを借りない、あまり要求しない、静かに考えることを好む、研究熱心、知識欲があり客観的、思慮深い、難局に強い、目立たないことを好む

悪い状態のとき…極端に消極的、知性への慢心、知識にこだわり過ぎる、順応しない、他人行儀、愛想がなさ過ぎる、抑制的、人と分かち合いが苦手・好まない、超然としている、素っ気ない、感情表現に乏しい、過度に一人を好む

⑸　タイプ⑤が陥りやすい囚われ

タイプ⑤が陥りやすい考え

　自分を取り囲む世界は、自分に対して多くを要求し過ぎている。もしくは、与えてくれるものは少しで、潜在的に枯渇させられてしまっているように思う。被害者意識が強い。

タイプ⑤の根源的欲求

　周囲からの押しつけがましい要求から、自分をまず守りたい。しっかり自立することで、自分の資源を使い果たさないようにしたい。

⑹　タイプ⑤が成長するために注意すること

　分析と分類的思考だけに偏ってしまう。私に対する押しつけや要求を回避しようとする。人から遠ざかろうとする。

⑺　タイプ⑤が回避したいこと

　自分が無知であること。無知であることは絶対的な問題として避けたい。

⑻　タイプ⑤の強み

　学問的。知識豊か。思慮深い。危機における冷静さ。シンプルさを大切にする。

⑼　タイプ⑤のコミュニケーションスタイル

　内容重視。感情的にならない、事実中心、明確、分析的、得意分野においては時として饒舌。他の人々からは、おそらく、感情的に乏しく、過剰な分析家、または感情のない人間と見られることもある。

⑽　タイプ5のストレスの原因

　十分なプライバシーや、境界を保つことがうまくいかないと、極度に疲れる。必要なことをすべて学ぼうとするが、無理と思って失望する。

⑾　タイプ5の怒りの原因

　要求されたり、押しつけられたりすることを嫌う。自分のエネルギーを復活させるために、十分なプライベートの時間を持てないこと。感情を刺激されることを好まない。

⑿　タイプ5の人間性を高めるために

　自分の人生を支えていくために必要とされる、天賦のものが十分に自分にもう内在していると気がつくことが大切だ。その時々の人生の諸問題に対してチャレンジしていれば、必ず必要な力やいたわり、エネルギーが用意されていることに気がつけるようにしよう。

　自分の心の中の感情から距離を置いたり、やり過ごしたりするのではなく、自分の様々な感情を味わう経験を進んで持つようにする。放置したり、逃げたりすることが、かえって問題解決の妨げになるのだ。自分にはやり切るだけの大きなエネルギーとサポートがあるということを認識して行動を取るよう、まず一歩踏み出そう。

　人との会話にも最初は聞き役でいいのだから、会話に加わることを怖がらないでほしい。自分に自信を持って自分という人間を表現していこう。知らないことは何も恥ずかしいことではない。それより、知ったかぶりをして何も聞かない方がずっと恥ずべきことである。

　気をつけることは、他人との関わりの機会を失うこと。自分の気持ちと他の人々との関係性から自分自身を切り離そうとすること。自分の中にある恐れや怒りに気がつかないこと。過剰に分析的になること。本質として、多くを与え過ぎたり、十分ではない外界から消耗されたりしないように、自分を守る殻を破ってほしい。

7.3　タイプ5へのアドバイスの仕方

　自分のプライバシーや空間は必要だという思いを尊重する。タイプ5が抱いている感情や興味に対して、穏やかにフィードバックする。今、ここで自分の気持ちを表現するような場をつくる。

　生きること、そして生かされているという、本来の命の力を大切に思えるような気づきを分かち合おう。

タイプ⑤【グループ話し合いの仕方】対象者：ABCD

質問1 タイプ⑤は次のことを書いて、グループ発表してください。

（ⅰ） タイプ⑤の＜よい状態＞のときを参考にして3つ以上書いて下さい。

（　　　　　　　）（　　　　　　　　　）（　　　　　　　）

（ⅱ） 次に、具体的なエピソードを紹介しながら、他のメンバーに説明してください。

質問2 タイプ⑤は次のことを書いて、グループ発表してください。

（ⅰ） タイプ⑤の＜悪い状態＞のときを参考にして3つ以上書いて下さい。

（　　　　　　　）（　　　　　　　　　）（　　　　　　　）

（ⅱ） 次に、具体的なエピソードを紹介しながら、他のメンバーに説明してください。

質問3 タイプ⑤は次のことを書いて、グループ発表してください。

（ⅰ） (9)のコミュニケーションスタイルを参考にして自分のスタイルを客観的に見てみましょう。気づいたことを3つ書いて下さい。

（　　　　　　　）（　　　　　　　　　）（　　　　　　　）

（ⅱ） 次に、具体的なエピソードを紹介しながら、グループメンバーに説明してみましょう。

（ⅲ） ケーススタディ

＊大事な授業（会議）に遅刻してしまった。部屋に入ると、どうして遅れたのかと先生（または上司）に強く聞かれてしまった。

さて、あなたはどのように理由を述べて、どう対応しますか。

タイプ⑥
「安全を求め慎重に行動する」

XX✻XX✻XX✻XX✻XX✻XX

8.1 基本的性格

　　用心深く相手のことをすぐ信用せず、悲観的。人の言ったことに対して、疑ったり、試したり、その中のダブル・メッセージを探したりすることが多い。論理的分析で物事を考える。他人の善意を獲得することで安全を確保し、他人に対しては慎重に振る舞う。価値ある対象に自分を捧げるがだんだんその理由が自分でも曖昧になってくる。

　　そうかと思えば、悲観ではなく人生で経験する危険に対して、ポジティブな解決策を見出し頼りになる側面もある。二面性がある。

　　……私は人との調和が大切だと思っています。皆と協力し合って一緒であれば、安心、安全だと思うからです。社会のルールに従って義務や責任を果たそうとしているので責任感が強いのだと思います。極端なことは好きではなくバランス感覚があると思います。強いリーダーに頼りたい半面、理不尽な圧力や、納得がいかない権力に対しては、反抗してしまう二面性があると思います。小さな心配事を自分の中で大きくしてしまうところがあり、何かあると最悪を想像します。出かける前にカギをかけたかどうかチェックしたのに、途中で不安になり引き返したりするなどです。妄想が膨らむので友人からは過度の心配性と言われます。人に気配りをし、皆と仲良く一緒にいると安心するので、仲間外れはとても怖いです。ですから自分が人にどう思われているかが気になります。周りの人から「誠実な人」と言われると嬉しいし安心します。

8.2 概　要

(1)　タイプ⑥と関連性の高いタイプ

　　タイプ⑥のウイング　　　　　　➡タイプ⑤「知識を得て観察する」

　　タイプ⑥のウイング　　　　　　➡タイプ⑦「楽しさを求め計画する」

　　タイプ⑥の統合の方向　　　　　➡タイプ⑨「調和と平和を願う」

　　タイプ⑥がストレスを感じると➡タイプ③「成功を追い求める」

(2)　タイプ⑥とよく間違えられやすいのは：タイプ④「特別な存在であろうとする人」

　　　　　　　　　　　　　　　　　　　タイプ⑧「調和と平和を願う人」

(3)　タイプ⑥に該当する確率

　最初にタイプ⑥「安全を求め慎重に行動する人」を選択した人が最終的にどのタイプだったのか

　　　66%　タイプ⑥「安全を求め慎重に行動する人」
　　　8%　　タイプ⑤「知識を得て観察する人」
　　　8%　　タイプ⑨「調和と平和を願う人」
　　　5%　　タイプ④「特別な存在であろうとする人」
　　　5%　　タイプ⑦「楽しさを求め計画する人」

　最初に、タイプ⑥「安全を求め慎重に行動する人」を選択して、最終的にそうである確率は66%とされる。タイプ⑥の特徴について以下のページを読み、自分の性格を正確に描写しているか確かめよう。これらのページはあなた自身が世界をどのように受け止めているか、あなたが人間的に成長するには何を高めたらよいか洞察を与えてくれる。違うと感じたら、他の可能性がありそうなタイプを考えてみよう。その他の該当しそうなタイプを検討してみよう。

(4)　タイプ⑥を表現する形容詞・表現

よい状態のとき…温かい、情愛深い、忠実・誠実、洞察力に優れる、面倒見がよい、論理的で聡明、ユーモアやウイットに富む、責任感がある、信頼できる、頼りになる、研究熱心、義務に忠実、よき友人、愛情深い、協力的、分析的、辛抱強い

悪い状態のとき…疑り深い、怒りっぽい、決断力がない、自己不信が強まる、被害者意識が強い、感情が不安定、極度に保守的、詮索好き、懐疑的、不確実、心配性、用心深い、時として挑戦的、臆病、過度に注意深くなる、過度にリスクを負う、非難されると疑義を唱える

(5)　タイプ⑥の陥りやすい囚われ

タイプ⑥が陥りやすい考え

　世界は予測不能で危険に満ちている。人々はお互いを信じることができないと思い込んでいる。

タイプ⑥の根源的欲求

　安全と確実性を求める。恐怖心から逃れるために、危険を感じたら人との間に距離を置く。または人に対して攻撃的にふるまう。

(6)　タイプ⑥が成長するために注意すること

　困難、不調和、言外の意味、推測、隠れた意味を頭の中で考え過ぎない。否定的なものや、一見して肯定的には見えないことに注意を向け過ぎない。そして行動すること。

(7)　タイプ⑥が回避したいこと

　危険や危害に直面したときににじむ無力感。仲間はずれになって一人ぼっちになること。

(8)　タイプ⑥の強み

信頼できること。忠誠心が強く、また忍耐強い。責任感が強い。温かみがある。守りが堅い。ユーモアのセンスがある。繊細さを持っている。

(9) タイプ6のコミュニケーションスタイル

控え目な思慮深さで、十分な説明、質問といった対応を取るが、時に相手に対して疑い深く問いただすこともある。そのため、過剰な心配性で、攻撃的で疑り深く、時として悲観的になるという多面的印象を与える。

(10) タイプ6のストレスの原因

自分の不安や自信のなさに対して、どう対処するか。権威に対する抵抗を感じ、他人に対する不信や、相反する感情を感じながらも、相手からの信頼や好意を保とうと努力することがストレスとなる。

(11) タイプ6の怒りの原因

コントロールされている、またはプレッシャーを受けていることを嫌う。かなり要求が多いと感じる他人とのやりとりが耐えられない。他人の責任感のなさを見ていると怒りがこみ上げてくる。

(12) タイプ6が人間性を高めるために

自分に、そして人に対して信頼感を持つことは自然だと感じることが大切。それで、私たちは疑いや不信感なく人生を受け入れ、支えることができるということに気づいてほしい。

自分の尊厳をもっと強く持って、そのように振る舞おう。自分自身に、他人に、宇宙に対する信頼を取り戻そう。いくつかの不確実性や不安は人生の自然な部分であることを受け入れることも大切である。他人に対する恐れや心配を認める。不安感を軽減させるために行動することが大切だ。攻撃も逃避も恐れに対する反応であることに気がつくこと。恐れのままで閉じこもる代わりに、ポジティブな行動を進めていこう。そして勇気を高めていこう。

気をつけることは、疑いやすい点と優柔不断な面である。自分の能力や決定したことに不信感を抱かない。最悪のシナリオで、自分の考えをいっぱいにしてしまうことがないようにしよう。どんなにつらい世界でも、確かさと安全というものを手に入れられると信じよう。

8.3 タイプ6へのアドバイスの仕方

安心の場をつくってタイプ6が自己開示するよう勇気づける。疑いや恐れの気持ちを傾聴してあげるととても力になる。聞く側は現実的で代替となる考えを出して分かち合おう。

タイプ⑥【グループ話し合いの仕方】対象者：ABCD

質問1　タイプ⑥は次のことを書いて、グループ発表してください。

(ⅰ)　タイプ⑥の＜よい状態＞のときを参考にして3つ以上書いて下さい。

（　　　　　　　　　）（　　　　　　　　　）（　　　　　　　　　）

(ⅱ)　次に、具体的なエピソードを紹介しながら、他のメンバーに説明してください。

質問2　タイプ⑥は次のことを書いて、グループ発表してください。

(ⅰ)　タイプ⑥の＜悪い状態＞のときを参考にして3つ以上書いて下さい。

（　　　　　　　　　）（　　　　　　　　　）（　　　　　　　　　）

(ⅱ)　次に、具体的なエピソードを紹介しながら、他のメンバーに説明してください。

質問3　タイプ⑥は次のことを書いて、グループ発表してください。

(ⅰ)　(9)のコミュニケーションスタイルを参考にして自分のスタイルを客観的に見てみましょう。気づいたことを3つ書いて下さい。

（　　　　　　　　　）（　　　　　　　　　）（　　　　　　　　　）

(ⅱ)　次に、具体的なエピソードを紹介しながら、グループメンバーに説明してみましょう。

(ⅲ)　ケーススタディ

＊大事な授業（会議）に遅刻してしまった。部屋に入ると、どうして遅れたのかと先生（または上司）に強く聞かれてしまった。
さて、あなたはどのように理由を述べて、どう対応しますか。

9

タイプ7
「楽しさを求め計画する」

❧❧❧❧❧❧❧❧❧❧❧

9.1 基本的性格

　　最高に人生を楽しむこと、経験することが大切と思う。選択肢を常にオープンにして人生を快活にし続けることが重要だ。生き生きとした想像力や、チャーミングで気取りなくいることで好かれることをよしとしている。特権的地位を維持したいと考えている。

　　いつもポジティブな可能性を感じさせる相手でないと、関係を持ち続けることを時にやめてしまうことがある。

　　……私はいつも楽しそうだと皆から言われます。あまり楽しそうでないところからでも楽しい面を見ることができ、楽しささえ感じられれば何の見返りがなくても物事に情熱を傾けられます。明るさと元気が取り柄、好奇心が強くいろいろなことをやってみます。人生は楽しくなければ意味がない、過去の失敗よりは、明るい未来、困難な現状には「何とかなるさ」と考えるので楽天家だと言われます。想像力があり、新しいアイディアを考えるのが得意で、そんなときはわくわくしてエネルギーが湧き上がります。人と話をするのが好きで、すぐに打ち解け盛り上がります。いつも快適な心地よさを求めてしまうので、つまらないこと面白くなさそうなことには気が向かず、よっぽど好きでなければ一つのことを長くやり続けるようなことは向いていません。

9.2 概　要

(1)　タイプ7と関連性の高いタイプ
　　タイプ7のウイング　　　　　　➡タイプ6「安全を求め慎重に行動する」
　　タイプ7のウイング　　　　　　➡タイプ8「強さを求め自己を主張する」
　　タイプ7の統合の方向　　　　　➡タイプ5「知識を得て観察する」
　　タイプ7がストレスを感じると➡タイプ1「完全でありたい」
(2)　タイプ7とよく間違えられやすいのは：タイプ2「人の助けになりたい」
　　　　　　　　　　　　　　　　　　　　　　タイプ3「成功を追い求める」
　　　　　　　　　　　　　　　　　　　　　　タイプ9「調和と平和を願う」
(3)　タイプ7に該当する確率

最初にタイプ7「楽しさを求め計画する」を選択した人が最終的にどのタイプだったのか

- 52%　タイプ7「楽しさを求め計画する」
- 8.5%　タイプ8「強さを求め自己を主張する」
- 7%　　タイプ2「人の助けになりたい」
- 7%　　タイプ5「知識を得て観察する」
- 7%　　タイプ6「完全を求め慎重に行動する」
- 6%　　タイプ9「調和と平和を願う」
- 5.5%　タイプ1「完全でありたい」

もしタイプ7「楽しさを求め計画する人」が最初の選択だったら、最終的にもタイプ7となる確率は52%と予想される。タイプ7の特徴について書かれたこの後のページを読んで、あなたの性格を正確に描写しているか確かめてもらいたい。これらのページは自分が世界をどのように受け止めているか、人間的に成長するには何を高めたらよいか洞察を与えてくれる。あなたがどのように世界を受け止めているか、人間的成長のために何ができるかについて内省を助けてくれるだろう。

(4)　タイプ7を表現する形容詞・表現

よい状態のとき…発想力に富む、明るくて楽天的、集中力がある、行動力がある、自立心が旺盛、困難にくじけない、好奇心が旺盛、ロマンティスト、楽観主義、快活、チャーミング、元気旺盛、自発的、気まぐれ、喜びにあふれている、楽しみを追い求める、アイディアの塊、チャンスを逃さない、頭の回転が速い、冒険心に満ちている

悪い状態のとき…集中力がない、忍耐力がない、考えにまとまりがない、怒りっぽい、無責任、自己陶酔的、場当たり的、協調性がない、痛みや苦労からなるべく逃げる、考えが浅い、焦点が定まらないで分散しがち、せっかち、性急、権威を拒否、利己的

(5)　タイプ7の陥りやすい囚われ

タイプ7が陥りやすい考え

　人生は、自由な可能性に満ちていて、その流れにずっと乗っていたい。世界は、人間に限界とフラストレーションを与え痛みのもととなっているが避けることはできる。

タイプ7の根源的欲求

　私は、限界や痛みから自分自身を守るため、未来のために楽しい行動を行ったり、たくさんのワクワクする可能性を創造する。面白い考えや経験に対して貪欲。

(6)　タイプ7が成長するために注意すること

　一つのことに対して、集中して継続する。一つのことを掘り下げ、調べ上げる。もっと直視するべきことは、現実世界やその中での限界といった、人生のつ

58

らいことや苦しいことから目をそむけない。

(7)　**タイプ⑦が回避したいこと**

　挫折、制約、限界。つらい状況や感情に身を置くのを好まない。退屈は嫌。苦しみや痛みに取り込まれること。

(8)　**タイプ⑦の強み**

　陽気で、革新的。いつも楽しく快活でいること。高いエネルギーを持っている。楽観主義で、熱しやすい。想像力が豊かである。

(9)　**タイプ⑦のコミュニケーションスタイル**

　生き生きとして、話すペースが速い。伸び伸びとした態度で分析的に話すことに優れている。創意工夫と可能性に満ちている。トピックがコロコロ変わると思われやすい。自己中心的と感じるのは、他の人からの話にはあまり関心を示さないからだ。移り気で、言い訳をいう傾向が強いと思われやすい。

(10)　**タイプ⑦のストレスの原因**

　痛みを回避しようとする。そのため同じ過ちを何度も繰り返す。約束を決めて、またそれに縛られることがストレスになっている。

(11)　**タイプ⑦の怒りの原因**

　欲しいものを手に入れることを妨げる制約や限界に怒りを覚える。悩んで行き詰まっていたり、不幸せだったり、落ち込んでいる人を見るのは好まない。特に自分を引きずり下ろすような人たちには怒りを感じる。気まぐれな面があり、せっかちである。

(12)　**タイプ⑦が人間性を高めるために**

　人生をフルに経験するためには意識的に「今、ここにいる」こと。今、ここでの存在を示すようにしよう。自分自身や他人をサポートすることで、成長していく。

　一つのことを完了させるまでは、それ以外のことには取りかからないようにする。自分に対して、そして他人に対しても責任を果たし、それを守ることを心がけたい。気をつけることは、自分自身に没頭し過ぎない、また自分が欲しいものに夢中になり過ぎない。

9.3　タイプ⑦へのアドバイスの仕方

　今、ここにおいて、より全力で生きることが大切だと分かち合おう。そして、他の人の感情や関心事に対して、もっと興味を持つように聞いてみたらよいだろう。ポジティブなことだけを求めるというのは、だんだん限界があるということに気づいてもらう。また痛みや喪失、苦しみから逃れることにも、限界があるということを知ってもらい、現実をもっと見る大切さを話し合おう。

タイプ⑦【グループ話し合いの仕方】対象者：ABCD

質問1　タイプ⑦は次のことを書いて、グループ発表してください。

（ⅰ）タイプ⑦の＜よい状態＞のときを参考にして３つ以上書いて下さい。

　（　　　　　　　　）（　　　　　　　　　）（　　　　　　　　　　）

（ⅱ）次に、具体的なエピソードを紹介しながら、他のメンバーに説明してください。

質問2　タイプ⑦は次のことを書いて、グループ発表してください。

（ⅰ）タイプ⑦の＜悪い状態＞のときを参考にして３つ以上書いて下さい。

　（　　　　　　　　）（　　　　　　　　　）（　　　　　　　　　　）

（ⅱ）次に、具体的なエピソードを紹介しながら、他のメンバーに説明してください。

質問3　タイプ⑦は次のことを書いて、グループ発表してください。

（ⅰ）(9)のコミュニケーションスタイルを参考にして自分のスタイルを客観的に見てみましょう。気づいたことを３つ書いて下さい。

　（　　　　　　　　）（　　　　　　　　　）（　　　　　　　　　　）

（ⅱ）次に、具体的なエピソードを紹介しながら、グループメンバーに説明してみましょう。

（ⅲ）ケーススタディ

　＊大事な授業（会議）に遅刻してしまった。部屋に入ると、どうして遅れたのかと先生（または上司）に強く聞かれてしまった。

　　さて、あなたはどのように理由を述べて、どう対応しますか。

タイプ⑧
「強さを求め自己を主張する」

❊❈❊❈❊❈❊❈❊❈❊❈❊

10.1　基本的性格

　攻撃的で、タフで、極端なところがある。親分肌で、献身的で、気前がよく、心優しい。ゼロかオールかといった両極端なところが人間関係でも見られる。直接的な行動を取り、衝突が生じることがある。弱さと無知を見せないように自分を守る。強くて正義感を示すことで周囲からの尊敬を得ようとする。

　強力な怒りを表すが、直接的で挑戦的なスタイルを取るか、または慎重に撤回するようなやり方にする。状況に合わせて態度を決める。

　……私は、困難なときほどチャレンジ精神が湧き上がり人生七転び八起き、自分の力で何とかするぞとエネルギーがあふれ出ます。自分が正しいと思うことのためには全力で戦います。不正や怠惰、虚栄心などが見えるので、それらには猛然と立ち向かいます。誰が権力者か、力を持っているのかがなぜか直感でわかります。自分の力を発揮できるポジションは確保します。お世話になった恩人にはとことん尽くし、また自分に頼って来る後輩は必ず守る、なので敵に回すと怖いと言われます。瞬間的に怒っても、あとは忘れて引きずらないので竹を割ったようなさっぱりした性格だと言われます。優柔不断な態度や、弱さを見せる者は嫌いです。他人からとやかく言われたり、指図されたりすると、ごちゃごちゃ言うなと腹が立ちます。中途半端ではなく、人生に挑戦していくような潔い生き方が好きです。

10.2　概　要

(1)　タイプ⑧と関連性の高いタイプ

　　タイプ⑧のウイング　　　　　➡タイプ⑦「楽しさを求め計画する」
　　タイプ⑧のウイング　　　　　➡タイプ⑨「調和と平和を願う」
　　タイプ⑧の統合の方向　　　　➡タイプ②「人の助けになりたい」
　　タイプ⑧がストレスを感じると➡タイプ⑤「知識を得て観察する」

(2)　タイプ⑧とよく間違えられやすいのは：タイプ①「完全でありたい」
　　　　　　　　　　　　　　　　　　　　　タイプ④「特別な存在であろうとする」
　　　　　　　　　　　　　　　　　　　　　タイプ⑥「安全を求め計画する人」

(3)　タイプ⑧に該当する確率

　最初にタイプ⑧を選択した人が最終的にどのタイプだったのか

　　37%　　　タイプ⑧「強さを求め自己を主張する」
　　16.5%　　タイプ⑥「完全を求め慎重に行動する」
　　16%　　　タイプ①「調和と平和を願う」
　　8%　　　タイプ④「特別な存在であろうとする」
　　7%　　　タイプ⑦「楽しさを求め計画する」
　　6%　　　タイプ⑨「調和と平和を願う」

　もしタイプ⑧「強さを求め自己を主張する」を選んでいて、最終的にその確率となるのは37%と予想され、比較的低い。タイプ⑧の特徴について書かれたこの後のページで自分自身と合致するか確認しよう。

　自分がこの世界をどのように受け止めているか、人間的に成長するには何を高めたらよいか洞察を与えてくれる。あなたがどのように世界を受け止めているか、人間的成長のために何ができるかについての洞察を促してくれるだろう。

(4)　タイプ⑧を表現する形容詞・表現

よい状態のとき…パワーにあふれている、正義を重んじる、勇気がある、本能的直感力に富む、独立心旺盛、率直で飾らない、面倒見がよい、自信にあふれている、直接的、強靭、度量の大きい、有言実行、はっきりした自己主張、独立独歩、自信家、熱烈、責任感が強い、実行優先

悪い状態のとき…ケンカ腰、柔軟性がない、鈍感で無礼、人を人とも思わない、自己中心的、猜疑心が強い、傲慢で生意気、命令的、強引、威嚇的、極端、要求が多い、短気、威圧的、衝動的

(5)　タイプ⑧の陥りやすい囚われ

タイプ⑧が陥りやすい考え

　弱肉強食のこの世界は困難で不公平なものであり、それに対して抵抗しなければならない。

タイプ⑧の根源的欲求

　力強く、自分も他人も守り尊敬をかちとりたい。

(6)　タイプ⑧が成長するために注意すること

　強権的な面に気をつけよう。自分の弱さを認めること。そして優しい感情を人に伝える。

(7)　タイプ⑧が回避したいこと

　弱いこと、不正義。依頼心。完全に脆弱で無力なものとして終わってしまうことは回避したい。

(8)　タイプ⑧の強み

　勇気があり、忍耐強く、公平性や決断力に富んでいる。防御する力が強い。明確な自己主張ができ、集中力に優れている。友情に厚く、度量が大きい。他人を元気にさせる能力がある。

⑼ タイプ⑧のコミュニケーションスタイル

直接的で権威主義的なところがある。明確に発言して、エネルギッシュで熱のこもった話し方をする。強硬な一方で、誠実・正義を志向するスタイルでもある。人は時として、過剰に挑戦的・威嚇的と感じるだろう。人から何か言われることを好まず、支配的なスタイルを取る。

⑽ タイプ⑧のストレスの原因

不正を見過ごすこと。全力を出し切らないこと。上からおさえつけられること。

⑾ タイプ⑧の怒りの原因

虚偽、不正行為、騙しに対して怒りを覚える。また、それらに対して立ち向かおうとしない人々に対して怒る。自分に対して答えようとしない人、もしくはやらなければならないのに対応しない人に対して腹立たしく思う。自分をコントロールしようという考えに反発する。

⑿ タイプ⑧が人間性を高めるために

私たちは誰もが内在的に純粋で、偏見を持たず、自然に真実を感知することが大切だ。いろいろな状況に向かって、新鮮な視点で、個人的な偏見を持たず、対処していくことで、真実を認めることができる。

気がつくべきことは、自分の集中力と他者に対して与えるインパクトの大きさである。弱点として考えず、自分自身の優しい気持ちを出していこう。

自分の衝動性を緩和させるための方法は、まず一呼吸置いて待つこと。そして行動に移す前に、人の話を聞く。冷静で物静かな感覚をもっと大切にしたらよい。

どちらも win-win になる解決策を求めること。妥協を学ぼう。多様であるという真実に価値を認めていくことが大切である。

10.3 タイプ⑧へのアドバイスの仕方

他の人々に与えているインパクトについて、それがどんなものか、どのぐらい影響しているかざっくばらんに話してみよう。タイプ⑧の人が、感情的な繊細さや弱さを示すときがあったらその時は寄り添って傾聴する。それはとても信頼されている証拠だ。

タイプ8【グループ話し合いの仕方】対象者：ABCD

質問1　**タイプ8は次のことを書いて、グループ発表してください。**

（ⅰ）　タイプ8の＜よい状態＞のときを参考にして3つ以上書いて下さい。
　　（　　　　　　　　　）（　　　　　　　　　）（　　　　　　　　　）

（ⅱ）　次に、具体的なエピソードを紹介しながら、他のメンバーに説明してください。

質問2　**タイプ8は次のことを書いて、グループ発表してください。**

（ⅰ）　タイプ8の＜悪い状態＞のときを参考にして3つ以上書いて下さい。
　　（　　　　　　　　　）（　　　　　　　　　）（　　　　　　　　　）

（ⅱ）　次に、具体的なエピソードを紹介しながら、他のメンバーに説明してください。

質問3　**タイプ8は次のことを書いて、グループ発表してください。**

（ⅰ）　(9)のコミュニケーションスタイルを参考にして自分のスタイルを客観的に見てみましょう。気づいたことを3つ書いて下さい。
　　（　　　　　　　　　）（　　　　　　　　　）（　　　　　　　　　）

（ⅱ）　次に、具体的なエピソードを紹介しながら、グループメンバーに説明してみましょう。

（ⅲ）　ケーススタディ

　　＊大事な授業（会議）に遅刻してしまった。部屋に入ると、どうして遅れたのかと先生（または上司）に強く聞かれてしまった。
　　　さて、あなたはどのように理由を述べて、どう対応しますか。

タイプ⑨
「調和と平和を願う」

X=*=X=*=X=*=X=*=X=*=X=*=X

11.1　基本的性格

> 人から、のんびりしている、回りがあせっていてもどっしりしていると見られる。リーダーシップをとるのは苦手。と見られることが多い。
> 事実、タイプ⑨の無気力というのは、自分自身をおろそかにするからである。つまり、タイプ⑨は、他人の意見や問題の方に関心を向けてしまうから。
> 他人に対して繊細に接し、自分ではなく他人を喜ばせようとする。人生を居心地よくそして気楽なものにしておきたい。調和、慣習のルーティーンを維持して人生を予測できるものにしたい。怒りは内在しているがそれを見せないし、自覚をしていない人が多い。

　……私は穏やかで、みんなが仲良く平和に暮らしている状態が大好きです。平和が一番。どうして皆は、あんな小さなことで喧嘩したり、揉めたりするんだろうと不思議に思います。戦争なんかなくなればいいのに。あまり自己主張をするのはよくないと思います。波風を立てることが嫌いなのでそれよりは周囲の意見に合わせた方がよいと思っています。来る者は拒まず、去る者は追わずのところがあるので、気がつくと、人の悩み事を聞いて、気がついたら何時間も経っていたりします。また、揉め事も、見ていてどちらの言い分もよくわかるので、どちらか一方に非があるとは思えません。自分で何がやりたいのかよくわからないのだけれども、何かのきっかけでいったんやり始めると今度はずっと継続してやり続けます。めったに怒りませんが、これは受け入れられないと思うとそのまま変えずに動きません。「明日できることは明日すればよい」と思います。存在感があるとか、そこにいるだけでほっとする、癒やされるとか言われると嬉しくなります。

11.2　概　要

(1)　タイプ⑨と関連性の高いタイプ

タイプ⑨のウイング　　　　　➡タイプ⑧「強さを求め自己を主張する」

タイプ⑨のウイング　　　　　➡タイプ①「完全でありたい」

タイプ⑨の統合の方向　　　　➡タイプ③「成功を追い求める」

タイプ⑨がストレスを感じると➡タイプ⑥「安全を求め慎重に行動する」

(2)　タイプ⑨とよく間違えられやすいのは：タイプ②「人の助けになりたい」
　　　　　　　　　　　　　　　　　　タイプ④「特別な存在であろうとする」
　　　　　　　　　　　　　　　　　　タイプ⑦「楽しさを求め計画する」

(3)　タイプ⑨に該当する確率
　　最初にタイプ⑨を選択した人が最終的にどのタイプだったのか
　　　68%　タイプ⑨「調和と平和を願う」
　　　7%　　タイプ①「完全でありたい」
　　　6%　　タイプ②「人の助けになりたい」
　　　5%　　タイプ⑥「安全を求め慎重に行動する」
　　　5%　　タイプ⑦「楽しさを求め計画する」

　もしタイプ⑨「調和と平和を願う人」が最初の選択だったら、そうである確率は68%と見込まれる。タイプ⑨の特徴について書かれたこの後のページを読んであなたの性格が示されているか確認しよう。人間的に成長するには何を高めたらよいか、確認を通して洞察が養われる。

(4)　タイプ⑨を表現する形容詞・表現
よい状態のとき…穏やかで寛大、人の気持ちを理解できる、協調性に富む、平和と調和を保つ、偏見を持たない、忍耐力がある、飾らず自然、動揺しない、受容的、調和志向、謙虚、のんびりしている、愛情深い、誠実
悪い状態のとき…自信がない、面倒臭がりで怠け者、現実逃避的、無神経、意地っ張り、ことなかれ主義、消極的、対決回避型、頑固、優柔不断

(5)　タイプ⑨の陥りやすい囚われ
タイプ⑨が陥りやすい考え
　消極的でいること、平和であることが一番望ましい。
タイプ⑨の根源的欲求
　自分も、人も、世界も穏やかであたたかく平和であってほしい。

(6)　タイプ⑨が成長するために注意すること
　他人のことより自分の予定、要望、要求を優先させる。他人を大切にするように自分をもっと大切にする。自分のワクワクする目的を見つけよう。行動しよう。

(7)　タイプ⑨が回避したいこと
　葛藤、衝突、対立、居心地よくない感情や環境。

(8)　タイプ⑨の強み
　他者への注意深さ、人への共感に富んでいる。人に対して協力的。責任感が強い。堅実で順応性が高い。従順で、受容力がある。思いやり深い。

(9)　タイプ⑨のコミュニケーションスタイル
　実直で穏やかな言い方をする。対決的でなく、愛想よくて親しみやすい。他人志向型なので、他者に注意を払う。衝突を回避し、優柔不断。取りとめもない説明が続くことがある。

⑽　タイプ 9 のストレスの原因

　誰かに「NO」ということ、そしてその人を怒らせてしまうこと。タイムリーに決定しなければならないこと、そしてその優先順位をつけること。自分が本当はやりたくないのに約束したことを何とかうまくやろうとしてそれがストレスとなる。

⑾　タイプ 9 の怒りの原因

　大切に扱われないこと。他人にコントロールされていると感じること。板ばさみの状態に直面させられて、何かを決定しないといけなくなること。時として「怒り」が爆発する。

⑿　タイプ 9 が人間性を高めるために

　私たちはみな、無条件に等しく愛されている（私たちはありのままで受け入れられ尊重されている）ということを認識しよう。そして、私たちの価値と幸せな状態はありのままの自分にあるのだ。

　自分自身が必要としていること、そして幸せな状態に注意を向けよう。怒ったり反抗したりするのは何かのシグナルだから、そういう自分の感情に気がつくように内省しよう。もしかして、自分の本当の優先事項を封じ、テレビ、食べ物、買い物や雑用を代わりのものとしているのかもしれない。自分自身を優しく愛することが大切である。

　気をつけることは、自分自身の問題を解決することに、価値を見出していないこと。他人と同じように自分にも十分価値がある。

　自分のありのままで価値があるということ、そのままの自分が愛されていることを信じる。

11.3　タイプ 9 へのアドバイスの仕方

　自分自身を表現することを応援する。何を望んでいるのか、何が自分にとっていいのかじっくり傾聴する。そして、その時間は急がずたっぷりとる。

　特に自分自身の境界、優先事項を傾聴して、それを勇気づける。

タイプ⑨【グループ話し合いの仕方】対象者：ABCD

質問1　タイプ⑨は次のことを書いて、グループ発表してください。
（ⅰ）タイプ⑨の＜よい状態＞のときを参考にして3つ以上書いて下さい。
　　（　　　　　　　）（　　　　　　　　　）（　　　　　　　　）
（ⅱ）次に、具体的なエピソードを紹介しながら、他のメンバーに説明してください。

質問2　タイプ⑨は次のことを書いて、グループ発表してください。
（ⅰ）タイプ⑨の＜悪い状態＞のときを参考にして3つ以上書いて下さい。
　　（　　　　　　　）（　　　　　　　　　）（　　　　　　　　）
（ⅱ）次に、具体的なエピソードを紹介しながら、他のメンバーに説明してください。

質問3　タイプ⑨は次のことを書いて、グループ発表してください。
（ⅰ）（9）のコミュニケーションスタイルを参考にして自分のスタイルを客観的に見てみましょう。気づいたことを3つ書いて下さい。
　　（　　　　　　　）（　　　　　　　　　）（　　　　　　　　）
（ⅱ）次に、具体的なエピソードを紹介しながら、グループメンバーに説明してみましょう。
（ⅲ）ケーススタディ
　　＊大事な授業（会議）に遅刻してしまった。部屋に入ると、どうして遅れたのかと先生（または上司）に強く聞かれてしまった。
　　　さて、あなたはどのように理由を述べて、どう対応しますか。

12

活用初級編[*1]
囚われを知り振り回されないで生きる

❋❋❋❋❋❋❋❋❋

12.1　各タイプが突き動かされているもの

　この章からは、皆さんがエニアグラムを実践で使える内容を解説する。**実践で使えるようになると、物の見方が変わり、人間関係が抜群にスムーズになる。**人間のストレスの大半が人間関係にあるといわれるが、エニアグラムはそのストレスを解消してくれる。エニアグラムのタイプを、以下のように考えると、わかりやすくなりはしないだろうか。人にとって、必要なエネルギーが9種類ある。それは、「正しさ」「愛・人とのつながり」「成功」「独特さ」「知識」「調和・人に合わせて安心したい」「楽しさ」「力・強さ」「平和」の9種類である。9種類すべてを持ち合わせると完璧になる。これを読むと、自分はこの中のどれも多かれ少なかれ持っている、少なくとも3つはある、というように感じる方がほとんどである。確かに人は皆これらの気持ちを持ち合わせている。しかし気持ちではなく、もっと核のようなものを考えてもらいたい。

　エニアグラムでは、人としてこの世に生まれるとき、この中からたった一つのエネルギーを与えられて生まれてくる、と言われている。そのエネルギー、核のようなものはその人の価値観となり、その力に突き動かされて、ものを見、考え、行動する。例にたとえると、昔でいうと「里見八犬伝」、今でいうと「ドラゴンボール」などの物語のように、大切な球がバラバラになってしまい、それぞれ一つずつ、一人の人間が持っている、と考えてもらうとわかりやすいだろうか。自分には人にとって必要な9種類の中の一つの球を与えられている。このエネルギーがプラスに生かされると長所、魅力、素晴らしさとなり、マイナスに現れると短所となり、自分の輝く人生の足を

図12.1　各タイプの価値観

9.平和
8.力・強さ
1.正しさ
7.楽しさ
2.愛・人とのつながり
6.人に合わせて安心したい
3.成功
5.知識
4.独特さ

＊1　本章は鈴木秀子『9つの性格に贈る言葉』PHP研究所、1999年と『イラスト版「9つの性格」入門』PHP研究所、2014年を参考としている。

引っ張るようになる。しかし往々にして本人はそのことに気がついていない。

12.2　自分を苦しめる「囚われ」を知る

12.2.1　囚われとは

　人は誰でも魅力や能力と同時に短所や欠点を持っている。エニアグラムから考えると与えられた根源のエネルギーがプラスに働けば長所になり、マイナスに働けば欠点になる。なぜあんなに「非難めいた口調でしゃべるんだろう」「なんでこんな簡単な決定を下すことをためらうのだろう」など、様々な人間関係から、こうした思いを持つことは少なくない。しかもこうした問題点は苦境に置かれたときほど強調される。心にゆとりがあるとき、私たちは様々な行動を取ることができる。仕事が順調で職場の人間関係が好ましい状態で、健康や私生活にも問題がないなら、他者を思いやることも、広い視野からものを見ることも、新しい価値を受け入れることも容易にできる。しかし苦境に陥った場合、その行動や信条は非常に限定されたものになり、往々にして好ましくないものになりやすい。そして苦境に立たされたときの姿の方がよりエニアグラムのタイプを反映しやすくなる。

　持って生まれたタイプの根源からから生じる、悪い傾向を強める原動力を、エニアグラムでは囚われと呼ぶ。エニアグラムの最重要テーマの一つがこの囚われを知ることである。囚われは各タイプの突き動かされるエネルギーから生まれるものなので、囚われ自体がタイプごとに独特なものになる。各タイプの囚われは、内面の深い部分に隠れていることが多く、自分にも周囲にも見えにくい。しかし、エニアグラムは各タイプの囚われを非常に明確に指摘してくれる。**自分のタイプを正確に把握していれば、自分の魅力や素晴らしさを輝かせることを阻む囚われを理解し、解き放たれる道筋をつけることができる。**タイプ④の場合、エネルギーがプラスに働いていると「独特さ」が魅力となる。持って生まれた感性から、日々の些細なことにも美しさや素晴らしさを見出し、日常を味わい深いものにできるが、エネルギーがマイナスに傾くと、自分には持っていない魅力を持つ他人が羨ましくなり、そのことが頭から離れず妬みは自分自身をも蝕んでいく。これは「独特さ」が一番大切、自分は他の人とは違う人間だ、そうでなければ自分には価値がない、という考えからくるもので、それは自分でも、意識できるかできないかくらいのところから突き動かされるエネルギーである。自分が大切に、特別に扱われない場所では、人から無視されていると感じて傷つく。特別な存在であると感じられないと、自分は置いてきぼりにあったような焦りが出る。人生がうまくいっていないと感じる。過剰な自意識が自分の人生の邪魔をする。これこそが「独特さ」が生み出すタイプ④の囚われである。

　エニアグラムを知り、誰にも言えなかったこの苦しみは、同じ価値観を持つタイプ④なら、誰しも陥る苦しみであること、またこのことは他の8タイプにと

っては「どうでもよい」ことであることを知り、「目からうろこ」体験をする。そして、他のタイプも、そのタイプなりの特有の囚われに苦しめられていることが見えるようになり、**この気づきは根底から大きく何かが変化する**。このように自分自身で自分がマイナスに働くとどうなるか、その傾向を知ることで、自らを深く認識できるようになり、**自分にはこういう傾向があるということを知れば自分の内面をよい方向に向かわせることができる**。自分の嫌な部分を知るのは愉快なことでもないし、各タイプの囚われを読んで、自分はここまでひどくないと憤慨する人もいると思うが、自分を変えるためには自分の悪い傾向を知る必要がある。エニアグラムでは「気づきこそ癒やし」という言葉でこうした負の要素の認識の重要さを説いている。また**自分のマイナス点を知ることは自己嫌悪の解消に**つながる。多くの人は自分の性格上のマイナス面にうすうす気がついていて、得体のしれないもやもやとした不満やもどかしさを抱えている。しかし**自分のマイナス面、問題点がクリアになれば対策を立てることができる。マイナス面はプラスに生かせば自分の輝く素晴らしい面**となる。

〈**客観的に自分を見る視点が育つ**〉またこの例からも気づきが生まれないだろうか。タイプの違う男女が結婚する。普段はお互いの価値観を尊重し合うが、子どもを教育する立場になると、自分がよかれと思うことを子どもに伝えたい。自分の価値観が正しいと考えているからである。「成功」が一番大切というタイプ③の女性と、「平和」が一番大切だと思っているタイプ⑨の男性が結婚した場合、妻が子どもに、「成功」しやすくなる「よい学校」に入学させるために躍起になる姿を見て「平和」が一番と思う夫は、「エリートになれる学校よりも、自然な環境で友達と切磋琢磨しながら普通に育ってほしい。妻は自分の見栄のためによい学校に入れたいのではないか」とパートナーに不信感を抱いたりする。このようにタイプが違うと子育てなどの真剣にならざるを得ない場面では、二人の価値観の違いから喧嘩にもなる。**自分の価値観だけが正しいと思い込むこと、また自分の価値観以外は間違っていると理解を示さず自分を変えないこと、それらがいき過ぎると人間関係は悪化する。**

エニアグラムを知り、自分とパートナーのタイプが理解でき、9つすべての価値観からものを見、考えられるようになると夫婦喧嘩が激減する。「自分も正しいけれど、夫も正しい。そしてそれ以外にも7通りの正しさがある。自分の価値観は大事だけれども9分の1の価値観にしかすぎない。」すると視野が広くなり、自分にも他人にもおおらかになり、楽に生きられるようになる。**自分のタイプの価値観、考え方は「丸いチーズケーキの9分の1、チーズケーキの一片でしかない」と思うとよい。自分のタイプの価値観も素晴らしいけれど、チーズケーキの残りの9分の8は持ち合わせていない、それを実感すると謙虚になっていく。**

12.2.2　囚われたときの人物像

　それでは各タイプの囚われた状態を見ていく。タイプの数字の隣には各タイプの価値観、大切にしていることを記した。

タイプ１「正しさ」　囚われ＝自分や周囲に憤りを感じる

　タイプ１の囚われの傾向は、「人生のすべてに完全」を求めてしまうことである。物事を完全にしようと懸命に努力するあまり、周囲にもそれを期待するが、現実の社会に完全なものはそうないため、自分にも周囲にも憤りを感じる。その憤りを自覚していないため、心の中にため込んでしまう傾向がある。安易に怒りを表すことは「完全」ではないと思うからである。タイプ１の多くは、幼くして大きな責任を期待された記憶があり、子どものころから自分の正しさを監視するシステムを発達させたと考えられる。心の中に批判者がいて、その批判者が示す「正しさ」を守ろうとし過ぎるために、自分の欲求を抑え込もうとしているかのようである。自分自身の本当の感情に気づく心の余裕を持とうとしないところがある。しかし、ため込む感情の量に限界があるため、イライラしたり、激しい怒りを感じたときについ爆発させてしまったりする傾向がある。
　「完璧でなければ社会は受け入れてくれない」という思い込みがあるため、他人が気にしていない部分でも自己批判や自己弁護を行ってしまいがちである。また周囲への要求の高さから、すでに終わったことまで蒸し返して、周りの人をうんざりさせてしまうこともある。問題があると考える同僚や部下に対して、瑣末なことにまで目を向けて注意したり、改善の取り組みが甘いと責めてしまったりして同僚や部下から「押しつけだ」と思われてしまう一面もある。その一方で自分の過ちを認めてしまえば、それを謙虚に受け止めて、辛抱強く過ちを償うという面もある。

タイプ２「愛・人とのつながり」　囚われ＝他者の愛の必要を認めない

　タイプ２は「他者を援助する自己犠牲の精神が何よりも大切」と信じて一心に他人に愛情を注ぐ。一方で自身の心の中にある「他者から愛情や助力を受けたい」という願望を否定する傾向がある。「自分が他人の愛情を必要としていることに気づいていない」これがタイプ２の囚われである。他人の役に立ちたいと誠意を尽くしながらも、無意識のうちに相手からの感謝や恩返しを求めて、相手を操作してしまうところがある。本当は自分こそが他者の愛を強く求めているのに、それを認められないためにそうしてしまう。また他者からの拒絶を恐れるあまりに、精神的にも嗜好の面でも他者に合わせようとして、本当の自分を見失いやすい面がある。他人の機嫌をとることに必死になり自分の欲求を忘れてしまう。しかし相手に合わせることに疲れきると、人のために何もしたくないという通常と全く逆の状態に陥ることもある。普段はとても優しい人なのに、自分の思い通りに物事が進まなかったり、周囲が自分を理解してくれなかったりすると、

それが大きなストレスとなって、つい人を責めたり、ちょっとしたことで怒ったりするということがある。

　子ども時代は、優しく愉快な子どもとしてかわいがられてきた人が多いが、これは大人たちが自分のどこをかわいいと思っているか把握できていたからだと考えられる。タイプ②の中には、この相手のニーズを把握する能力で、相手を操ろうとする傾向もあるが、これは「見返り」を求める無意識の欲求の表れと考えられる。本当は自分が相手にとって特別な存在になり愛情を注いでもらうことを求めている。

タイプ③「成功」　囚われ＝目標達成しか考えない

　タイプ③の囚われの傾向は「人生において最も重要なのは、目的を達成し、成功を収めること」という考え方にあるといえる。「目的を達成することだけが自分の価値を証明すること」と信じているために、人生の価値をすべて《成功》という尺度で測り、失敗や実績や地位を失って、自尊心をなくすことを何よりも恐れる。仕事の部下を、成功のための道具と捉えがちなので、優秀な人材しか目に入らず、能力の低い人間や思索型の非生産的な人間を嫌ってしまうところがある。有能なビジネスマンという理想のイメージと自分自身を同一化して、他人ばかりでなく自分をだます傾向がある。よほどのことがない限り悩みなどのマイナス要素には目を向けないので、自分の内面と向き合うことが少ない。子ども時代は、よい成績や聞き分けのよさなど褒められたという手柄話に満ちている場合が多く、こうした成功体験によって自分の感情を放置し、大人たちの愛情を得ることに意識を集中するようになったと考えられる。

　「重要なのは実績や能力であり自分の感情ではない」というこのワーカホリック的な価値観が、失敗を極端に恐れ成功に固執させていく。家庭生活などの内面的葛藤を伴う行為をおろそかにしやすいので得てして仕事人間になりがちである。家族や恋人と過ごすときも、リラックスした時間を共有するのではなく、スポーツなどの活動をともにしたがる傾向がある。心の交流ではなく何かをすることで愛情を表現しようとする。なぜなら心の交流には葛藤が伴うため、それに振り回されて自分の生産性が低下するのを避けたいと思うからである。

タイプ④「独特さ」　囚われ＝平凡さを避ける

　タイプ④の囚われは「平凡であることを避けたい」「自分と他人とは違った特別な人間だと思いたい」という思いにあると考えられる。自分の感受性に自信を持っているので、感性の世界に入り込み過ぎて、現実を無視する傾向がある。現実に満足することができず、いつでも「本当の人生はこれから始まる」と感じているようである。また「周囲から理解されにくい人間だ」という思い込みがあるために、他人をひきつけておきながら、自分の内面まで入り込むことを拒否するようなところがある。その半面周囲に対して疎外感を感じることもあり、それが

強くなると、うつ状態になって引きこもろうとする。さらに「私は人より物事を
わきまえている」と考えるところがあるため、友人との交流の中でも優越的に振
る舞ってしまいがちである。

　「理解されにくい存在」という思いの背景には、子ども時代に親から見捨てら
れたという悲劇の記憶があり、それが自分は苦しみや孤独感を経験しているとい
う思い込みにつながっていると考えられる。しかしこの見捨てられた記憶とは、
ほかのタイプならそう考えないようなありふれた体験であることがほとんどであ
る。実は優越感や特異性に固執するのは、コンプレックスの裏返しともいえる。
本当は「自分は小さい存在である」と自覚しているために自尊心が低い。高尚な
趣味や、ドラマチックなイメージづくりは、自尊心を回復するための切実な努力
と言える。また自分らしい仕事やユニークな仕事をすることに情熱を傾けるが、
これも自尊心を失わないための防御的行為と考えられる。

タイプ⑤「知識」　囚われ＝空虚さを避ける

　タイプ⑤の囚われの傾向は「空虚さを避ける」である。自分の空虚さの原因を
「周囲の人間が軽薄なため」と考える癖があって、その空虚さを埋めるために他
者から離れて知識を吸収しようとする。「愚か者」と呼ばれることを最も嫌うた
め、豊富な知識や熟考、丹念な観察をすることが重要だと考えている。タイプ⑤
にとって現実は観察の対象と言える。現実を自分の目で観察し、独自の意味づ
け、体系づけをしようとする。思考によるバーチャル（仮想）の世界に遊ぶこと
で、現実の社会での喜びを味わおうとするため、現実に関わることよりも孤独な
時間を好む傾向があり、周囲から引きこもりがちになってしまう。また知識に基
づく正確な判断に自信があるので、どんなことも自分一人で考え、一人で物事を
追求していくことが肝心だと信じているところがある。

　子ども時代に家族にあまり構われない寂しさか、過干渉のための煩わしさを感
じ、感情的な渇望感や動揺が重荷になった経験があると考えられる。感情的なも
のから遠ざかろうとし、自分の気持ちと直接向き合わないようにしたと思われ
る。感情のしがらみに巻き込まれないためには、欲しがったり期待したりしない
のが賢明と思い、消極性と孤独癖を身につけたといえる。しかし自分の感情を切
り離しているという自覚はないので、周囲から「感情が乏しい」などと言われる
と心外だと感じることがある。それほどまでに無自覚である。周囲からは寂しそ
うで、社会から孤立しているように見えるが、極端な孤独状態でない限り、寂し
さとは無縁で一人でいても退屈することはない。

タイプ⑥「人に合わせて安心したい」　囚われ＝権力への不信感

　タイプ⑥は「権力への不信感」に囚われ、心に恐怖心を秘める傾向がある。不
信感と恐怖心から逃れるために、「強い保護者に守られて、その人に忠誠を尽く
したい」気持ちと、怖れにあえて立ち向かうことで安全を得ようとする「自分を

奮い立たせる姿勢で権力に反抗し不安を和らげたい」気持ちが共存している。この二つは全く異なる人間性に見えるが、行動の動機になるのが恐怖であり、安全を求めることを目的としている点では共通している。この二面性は同じ人間の中にあって、紙の表裏のように出てくる。この点でタイプ⑥は、外から見える言動だけでは把握しきれない複雑な人間性を秘めているといえる。

またタイプ⑥には、子どもを正当な理由もなしに叱ったりする「信頼できない親」に育てられた記憶のある人が多くいる。育てる側に一貫性がないので、常に観察して脅威を事前に察知する必要があるため、他者の心情を読む能力を身につけたと思われる。そして同時に他者の真意への疑いを常に抱くようになったと考えられる。また自分の意志で行動することを怖いと考え、物事を成し遂げるのが苦手なところがある。なぜならあるアイディアを名案だと思っても、それを疑問視する考えに囚われて行動がおろそかになってしまうからである。周囲から期待されることに応えようと懸命になるが、同時に多くの気遣いや不安に悩まされることがあるため、責任のある立場になることを避けがちである。例えば社長のようにナンバー１になりたいと思っているのに、責任の重さにしり込みしてあえてナンバー２でいようとする。しかし自分が世間一般より怖がりだとは思っていないようで、それだけ慢性的に不安や恐怖を感じているようである。

タイプ⑦「楽しさ」囚われ＝苦しみを避ける

タイプ⑦の囚われの傾向は「人生は楽しいものでなければならない」と信じ、苦しいこと、つらいことを避けようとする点にあるといえる。仕事でも私生活でも、いつも多くの楽しい計画を用意していて、それを同時進行させたがり、一つのことに専念するのを嫌う傾向がある。なぜなら一つのことに意識を集中してしまうと、興味を失ったときに楽しみがなくなるからである。また一つのことに、意識を集中してしまうと、自分の能力のなさを知ってしまうからともいえる。自分の優秀さを確信している強烈なナルシストの面があるので、優秀でない自分を知りたくない。一つのことに専念すれば、ひどい挫折感を味わう可能性もあるため、このような行動に出るのだと考えられる。また人間関係は薄情なところがあり、ある人と一緒にいても自分の関心はその人ではなく「自分と過ごす楽しい時間」にある。好ましいのは多くの人と楽しみを分かち合うことであり、一人の人間と深く関わることではないと考えている。しかしこのスタンスが相手に理解されず、しばしば「移り気」「嘘つき」といったレッテルを張られることもある。

自分の価値を評価してくれる人を求めるところがあるが自分の素晴らしさが理解されないと「拒絶されたのは自分のせいではない」と自己正当化してしまいがち。その背景には強烈な楽観主義がある。タイプ⑦の子ども時代は楽しい思い出ばかり。よくない思い出には無意識にふたをしていて、悲しいことやつらいことには不自然なほどに目を向けないところがある。そうした楽しい意識の蓄積によって、自分の人生は常にうまくいくものだと確信していると考えられる。

タイプ⑧「力・強さ」　囚われ＝強さを誇示し弱さを隠す

　タイプ⑧の囚われの傾向は、「強さを誇示し、自分の弱さを隠そうとする」ことである。自分の価値を証明し、自分の尊厳を守ってくれるものは、ひとえに力であると信じている。自分で場を仕切りたいというリーダー志向が強く、他者を自分の意見に従わせることに安心感を覚える。自分を「保護者」として自覚しているため、敵と認識したものが侵略しようとしてきたときは体を張って弱者を守る。子ども時代の思い出には、闘争的なものが多く、強者が尊敬され弱者が軽蔑される価値観を早くから身につけていて、自分自身が強者でないという不安感から護身の方法を学び他者の悪意への敏感さを育てたようなことがあると考えられる。自分が何を望んでいるかを人に告げることができるが、自分の真の願望を表現するのは意外と苦手である。自分の内面に目を向けたくないと思うからだと考えられる。

　タイプ⑧の注意がいつも外に向かい、正義の執行人として攻めるべき相手を探してしまいがちなのは、内面を見つめることで他者と同様の卑怯さや弱さなどの脆弱さに気づかないようにするためといえる。だから自分の見方を疑問視しようとはしない。自分の意見を吟味したり、自分の真意を詮索しても態度が弱腰になるだけと考えるからだと推測する。自分がリードして状況を支配し、それに周囲が従うということに安心感を得るため、しばしば他者の設けたルールを破ることがある。自分がルールを破ることで、自分の強さを確認しようとしているからではないだろうか。またいつでも戦う身構えができていて、喧嘩をいとわないために周囲の人々を怯えさせてしまうところがある。

タイプ⑨「平和」　囚われ＝葛藤を避ける

　タイプ⑨の囚われの傾向は「葛藤を避けようとする」ことといえる。平和を乱すことを避け、周囲の人々に適合して、穏やかな人生を送ることを第一に考えるため、ともすると無気力で怠惰になりがちである。自分のことを忘れて他人に合わせることに抵抗がないため、人の関心を自分の関心だと思うことができるが、その一方で新しいプロジェクトのスタートの段階などで自分の意思を決定することは苦手で、成り行き任せにしてしまいがちである。また途中まで来たところで、不本意だということに気づいても、ノーとはなかなか言いづらい。相手の視点に同化しやすいため、どんな対象にも正しいところが見えてしまい、態度を決めかねてしまう。圧力がかかり、どうしても決めなければいけなくなったときには「相手に合わせるか」「完全に拒絶するか」という二者択一の決断をする。

　拒絶を選んだ場合は、どんなリアクションもせず問題が消えるのを待つ、という受け身の戦法をとりがちである。これは「決断によって他者から軽視や批判をされるのでは？」という不安があるために、自分の意見を持たないことで安全を確保しようという心の動きによるものと考えられる。子ども時代に疎外感を味わった思い出を持っていることが多く、自分の関心事など誰にも考慮されないと思

い込んで、自分の本当の願望を意識から遠ざけるようになった経験がある。そして自分を無感覚にし、自分を忘れることを覚え、自分の欲求など取るに足りないものだと思うようにしたと考えられる。この習性によって優先順位をつけることが苦手になり、すぐにやらなければならない仕事があっても、どうでもいいことを優先してしまうような傾向が強くなったといえる。

12.3　自分を変えるヒント

12.3.1　各タイプの調子のよいとき・悪いとき

　同じ人であっても、その日の気分や置かれている状況、向かい合う相手によって、周囲の人に違う印象を持たれることがある。ストレスでイライラしていれば「理屈っぽくなる」「自己中心的になる」など嫌な部分が表に出てしまうこともある。逆に心が安定していれば「寛大で優しくなる」「周囲の人を大切にできる」などよい面が出てきやすくなる。しかし適度なストレスがあることで、かえってよい面が出ることもあるし、ストレスが全くないことで怠惰な気持ちになり、悪い面が出てしまうこともある。

タイプ①「正しさ」

心身の調子がよいとき…整理能力がある、克己心がある、正直、鋭い批評眼を持っている、社会性に富む、努力家、仕事の精度が高い、理想に向かって努力する人、という印象を周囲に与える。

心身の調子が悪いとき…神経質、片意地を張る人、一人よがり、押しつけがましい、嫉妬心が強い、道徳を振りかざしてうっとうしい、融通が利かない、小心者、などと思われてしまう。

タイプ②「愛・人とのつながり」

心身の調子がよいとき…細やかな愛情がある、適応力に富む、行動力がある、心が広く温かい、親切、情報収集力がある、柔軟な思考ができる、観が鋭い人、と思われる。

心身の調子が悪いとき…おせっかいやき、他人を操作しようとする、八方美人、嫉妬心や独占欲が強い、被害者意識が強い、論理性に欠ける、節操がない、独り善がり、という印象を与えてしまう。

タイプ③「成功」

心身の調子がよいとき…積極的、明るい、行動力がある、勉強家、明確な目標を持っている、効率よく物事を進める、チームプレイが得意、自立心が強い人、などと周囲の人に思われる。

心身の調子が悪いとき…自己中心的、スタンドプレイが多い、不誠実、生意気、

冷たい、自慢好き、自己を過信している、競争心があり過ぎる、と思われる傾向がある。

タイプ④「独特さ」

心身の調子がよいとき…創造的、ユニーク、感受性が豊か、ロマンチスト、芸術的、洞察力がある、人を忍耐強く支える、センスがよい人、という印象を与える。

心身の調子が悪いとき…感情の浮き沈みが激しい、自分勝手、依存的、被害者意識が強い、嫉妬心や独占力が強い、独善的、自分の想いにこだわり過ぎる、すぐに引きこもる、と思われがちである。

タイプ⑤「知識」

心身の調子がよいとき…分析力に優れている、聡明、忍耐力がある、独立独歩、冷静沈着、視野が広い人、と周囲の人に思われる。

心身の調子が悪いとき…極端に消極的、知性への慢心がある、知識にこだわり過ぎる、順応性がない、他人行儀、愛想がなさ過ぎる人、と思われることがある。

タイプ⑥「人に合わせて安心したい」

心身の調子がよいとき…温かい、情愛深い、忠実・誠実、洞察力に優れる、面倒見がよい、論理的で聡明、ユーモアやウイットに富んでいる、責任感がある人、という印象を周囲に与える。

心身の調子が悪いとき…疑い深い、怒りっぽい、決断力がない、自己不信が強い、被害者意識が強い、感情が不安定、極度に保守的、詮索好きな人、という印象を与えがちである。

タイプ⑦「楽しさ」

心身の調子がよいとき…発想力に富む、明るく楽天的、集中力がある、行動力がある、自立心が旺盛、困難にくじけない、好奇心が旺盛、ロマンティストという印象を与える。

心身の調子が悪いとき…集中力がない、忍耐力がない、考えにまとまりがない、怒りっぽい、無責任、自己陶酔的、場当たり的、協調性がない人、と思われがち。

タイプ⑧「力・強さ」

心身の調子がよいとき…パワーにあふれる、正義を重んじる、男気がある、本能的直感力に富む、独立心旺盛、率直で飾らない人柄、面倒見がよい、自信にあふれている人、という印象を周囲の人に与える。

心身の調子が悪いとき…喧嘩腰、柔軟性がない、鈍感で無礼、人を人とも思わない態度、自己中心的、猜疑心が強い、傲慢で生意気、命令的な人、という印象を持たれてしまう。

タイプ⑨「平和」

心身の調子がよいとき…穏やかで寛大、人の気持ちを理解できる、協調性に富む、平和と調和を保つ、偏見を持たない、忍耐力がある、飾らず自然な雰囲気、動揺しない人、という印象を周囲の人に与える。

心身の調子が悪いとき…自信がない、面倒くさがりで怠け者、現実逃避的、不勉強、ずぼらで無神経、意地っ張り、事なかれ主義、消極的な人、と思われてしまうところがある。

エニアグラムが目指すのは、通常でもストレス時でも安定時でも、肯定的な面を発揮する能力を身につけることである。

12.3.2 壁に突き当たったとき自分をコントロールする

これまでのところで、自分の持つ基本性格とその因われを確認した。ここからはエニアグラムの知恵を実生活に生かす方法について紹介していく。一般に性格分類の多くは、分類自体に重きを置く傾向があるが、これに対して**エニアグラムは自己改革、自己実現の方法論である**。これは極めて実践性の高い生きた知恵である。**エニアグラムの「タイプ探し」は自分を知ることで、自分のよさをもっと生かし、悪い傾向をうまくコントロールすることを目標にしている。性格分類はそのスタートラインにすぎない。**人生は明るい将来を目指して歩む一方で、希望の学校に入れなかったり、続けていたスポーツを断念せざるをえなかったり、子どものころに夢見た通りにはいかないと感じ始めているかもしれない。しかしこうした変化は一見好ましくない状況に映るが、一方で人生の大切なものに目覚めるための試練でもある。壁に突き当たって、これまでの価値観だけではどうにもならなくなると、人は、人生の本質に目を向けこれからの人生を支える正しい価値観を探し始める。そんなときにエニアグラムは貴重な指針を与えてくれる。エニアグラムに沿って、自分を探し出すことで、自分の内側と外側のバランスを取る方法を知ることができる。自分を大切にできる最適の生き方を見つけることができるのである。

12.3.3 各タイプの陥りやすい落とし穴

私たちはよいことを積極的に行おうとする傾向がある。自分の持って生まれた価値観に突き動かされ、その傾向を追求していく。しかしよかれと思って行う行為も度が過ぎるとバランスを失い弊害を招くことになる。エニアグラムではまず自分を深いところから突き動かしている原動力つまり自分が最も善しとする価値

が何なのかを示している。さらにそれらのエネルギーのバランスを取るにはどのようにすればよいのかを教えてくれる。**バランスを失いやすいポイントを落とし穴**と呼ぶ。各タイプには陥りやすい落とし穴がある。落とし穴に陥ると囚われていく。この**落とし穴の段階で気づき囚われに入らない**ようにする。

タイプ①「正しさ」　落とし穴＝「完全」

　タイプ①の落とし穴は「完全」に対する誤った認識である。完全であろうとし過ぎて、それが強迫観念になってしまっている。「周囲も自分もまだ完全ではない」と考え、満足することなく常に欠点を見つけようとしがちである。完全の目指す素晴らしい力が行き過ぎて、「重荷を背負ったつらい人生」という感覚になってしまう。落とし穴から解放されるためには、まず「成長」という概念を自分の中に取り入れる必要がある。たとえ現在、完全でなかったとしても人間は成長し、完全に近づいていくものである。それに気づくことができれば、自分のよさを生かせるようになり、自分にも他人にもおおらかに接することができようになる。まずは自分自身に優しくすることが大切である。

　　落とし穴に気がつかず囚われに入っていくと　　正しいか、正しくないかの基準がありそれに沿って生きている努力家のタイプ①が、落とし穴である完全であろうとし過ぎると、正しくしたいと自分にも他人にも思うがため間違っていることが目につき、常にイライラし怒りっぽくなり、不機嫌な態度を取り始め囚われに入っていく。

タイプ②「愛・人とのつながり」　落とし穴＝「奉仕」

　タイプ②の落とし穴は「奉仕」である。「自分の奉仕は見返りを期待しない無私なものだ」と考える誤った認識である。また、自分のことを放り出して、人の援助ばかりしていると、自分が満たされないことによっていら立ちを覚える場合がある。すると「あなたもお返しして、私を満たしてください」という他者依存型になってしまう。しかもそうした傾向を、タイプ②はあまり認めようとしない。他者への依存心を抱きやすい自分を認め、十分警戒するとよい。周囲に心を配っても、人からの賞賛や感謝を期待しない心構えが必要である。「私があなたのためにこれだけのことをしているのだから、あなたも私に感謝し恩返ししなければならない」という押しつけがましさに陥らないことが大切である。

　　落とし穴に気がつかず囚われに入っていくと　　愛、人とのつながりを大切にしているタイプ②の落とし穴は**奉仕**である。自分の奉仕は見返りを期待しないものだと考えているが、相手からの愛が欲しい奉仕である。親切にしてあげたのに「ありがとう」という言葉がなかったり、感謝の気持ちが返ってこないと怒りが湧き、癇癪を起こしたりして**囚われ**に入っていく。

タイプ③「成功」 落とし穴＝「効率」

　タイプ③の落とし穴は「効率」であり「効率的であることに脅迫観念を抱くこと」である。効率性を追求する根底には、高い評価を得たいという願望があるが、これが高じると成功を勝ち取るために手段を選ばなくなってしまいがちである。成功を得ている間は、自分が落とし穴に落ちていることに気がつかず、最も恐れている大失敗を経験したときに初めてバランスの崩れた自分を意識する傾向がある。タイプ③は、自分の内面によって自分を満たす必要がある。成績、業績、人の評価、会社の地位ではなく、自分自身の中に、人間的な要素が加味された自己評価の基準を持つべきである。その自己評価によって自分の素晴らしさを自覚する努力が、落とし穴から守ってくれる。

　　落とし穴に気がつかず囚われに入っていくと　目標を掲げて、効率よく物事を達成できるタイプ③がもっと効率的にならなければならないと成功を勝ち取るために手段を選ばなくなっていくと、囚われに入っていき成功していなくても、成功しているふりをする。

タイプ④「独特さ」 落とし穴＝「本物の自分」

　タイプ④の落とし穴の傾向は、自分を他者とは異なる特別な存在と認識し、個性ばかり求め続けてしまう「本物の自分への執着」といえる。「自分の内面にある深い思いを適切に表現する術さえ身につければ、本物の自分になれる」という思い込みによって、平凡さを避け、特別な存在であることに夢中になりがちである。しかしこの傾向が強まると、周囲から孤立し、満ち足りた生活を送ることができなくなってしまう。こうした落とし穴を避けるためには、ユニークさという素晴らしさを生かすとともに、平凡さを謙虚に受け入れるバランス感覚が必要になるといえる。

　　落とし穴に気がつかず囚われに入っていくと　人とは違う感性を持っていると感じているタイプ④がもっと自分らしくなりたいと**本物の自分**を追求し始めると、本物の自分とは何かがわからなくなり自分に自信がなくなり、特別な才能や美しさを持っている人を妬むようになり**囚われ**に入っていく。

タイプ⑤「知識」 落とし穴＝「知識」

　タイプ⑤の落とし穴は「知識」である。知識を過大評価し、「知識を求めるためには他人から遠ざからねばならない」と誤解している点にあるといえる。知識を求めるあまり、頭を使い続けて理知的な面ばかりを発達させていると、実際の行動をしなくなりがちである。そして人から離れて一人で考え込んでいるうちに、自分の心すらわからなくなってしまう。また「自分を救う力は自分の中に備わっている」と信じているところがあり、他者に救いを求めるのが苦手である。

そのため他者との関わりは表面的なものになり、他者への責任感や忠実さも希薄になりがちである。傍観者的にどれだけ入念に観察しても、人生の真の姿を知ることはできない。自分から進んで行動することが大切である。そうすれば自分の中に今まで気づかなかった種類の知恵やエネルギーを発見できるであろう。

　　落とし穴に気がつかず囚われに入っていくと　　人生に一番大切なのは知識であると考えるタイプ⑤の、落とし穴は**知識**である。知識を追求するためには熟考する時間が必要で他人から遠ざかり一人で孤立していく。それが進むと、現実から遠く離れ自分だけの世界からものを見るようになり、**囚われ**に入り自分以外の人は皆愚かに感じる。

タイプ⑥「人に合わせて安心したい」 落とし穴＝「安全」

　常に恐怖心を抱いているタイプ⑥の落とし穴は「安全」という概念にある。落とし穴に陥ると、自分で決断したり行動したりすることができなくなり、石橋をたたいても渡らないほど慎重になってしまうところがある。自分自身と、自分の意見ややり方を統一してしまうところがあり、他人から受けた自分の仕事や生活への忠告を、すべて自分への攻撃と受け止めてしまいがちである。まずは外の世界への信頼を確立する必要があるだろう。「社会には、信頼に足る人間たちが多く存在している」ということを認識する必要があるのである。多くの人々と信頼関係を結び、その人たちが幸福をもたらしてくれることを理解すれば、自分の決断に即して着実に物事に立ち向かえるようになるだろう。

　　落とし穴に気がつかず囚われに入っていくと　　人々と調和し協力し合い安心したいタイプ⑥が、**安全**という落とし穴に入ると石橋をたたいても渡らないほど慎重になり行動できなくなっていく。よいときは皆と仲良くがモットーのタイプ⑥がエネルギーが下がり不安が高じると**囚われ**に入りルールを守らない人を仲間外れにしたりする。

タイプ⑦「楽しさ」 落とし穴＝「理想」

　タイプ⑦には自分の「理想」にとりつかれるという落とし穴がある。この場合の理想は「楽しい人生」を指すため、つらさを回避し否定してしまう傾向がある。落とし穴に陥っているときは、現在を生きることができず、過去の素敵な思い出や未来の楽しい計画にのみ、意識を向けがちである。また物事がうまく運んでいない状況での不満な感情は我慢ならないので、口うるさく攻撃的な態度を取ることも多い。しかし人生は楽しいことばかりではない。落とし穴に陥るのを防ぐには、創造を目指し、悲しみや苦痛を受け入れる覚悟をすることである。そのために必要なのは、価値あるものを達成する決意である。それができれば、理想主義は地に足のついたものになり、成果につなげていけるだろう。

落とし穴に気がつかず囚われに入っていくと　　楽しいことが一番のタイプ⑦の落とし穴は、**理想**の世界にとりつかれ、「今ここ」の現実ではなく、過去の素敵な思い出と未来の輝く世界に意識を向け現実がおろそかになる。**囚われ**に入るとつらさを回避し嫌なことを否定し、嫌な感情になるのが我慢ならないので不機嫌になるか攻撃的な態度を取る。途中で飽きたと投げ出したり、最後までかかわらず無責任になる。

タイプ⑧「力、強さ」　落とし穴＝「正義」

　タイプ⑧の落とし穴の傾向は正義への囚われにある。どこにでも不正を見出し、それを正すことが自分の使命であると思い、しかも正しさと誤りを判断するのは自分自身であると確信しているところがあるため、常に他者を裁こうとし、異議に耳を傾けなくなりがちである。また他者を抑え込みたいという願望から周囲に戦いを挑み、不要な軋轢を生みだしてしまう傾向がある。落とし穴に陥らないためには「慈しみ」を大切にすることである。「慈しみ」とは自分の価値観や善悪観に左右されることなく、他者を受け入れ、許すことである。また「自分の弱さを認める人間こそが、真に強い人間である」と知ることが大切である。そうすれば、強さによって他者を威圧することの愚かさを悟ることができるだろう。

　落とし穴に気がつかず囚われに入っていくと　　世の中は弱肉強食。強くなければ生きられないと思っているタイプ⑧の落とし穴はやはり**正義**である。不正を見出し正すことが自分の使命であると確信しているので、**囚われ**に入っていくと他人を裁こうとし高じて暴力を振るうこともある。

タイプ⑨「平和」　落とし穴＝「平穏」

　タイプ⑨が行き過ぎると、「事なかれ主義」に陥る傾向がある。自分の意見を述べるときに、はっきり意見を言わず、他人任せにしてしまうと、周囲から「何を考えているのかわからない」と思われ、様々な問題が生じる危険性がある。こうしたタイプ⑨の問題点は「自己卑下」という落とし穴に陥った状態から生まれるといえる。自分にはたいした価値がないと考えがちなため、自分自身を十分に愛することができないのである。そして自分の意志に自信がなく、自分を動かすエネルギーを他者に求めてしまうようである。ありのままの自分が愛すべき存在であることを確信する必要がある。そして外に向かって心を開き、積極的に他者と関わる中で、葛藤を受け入れていくことが大切である。

　落とし穴に気がつかず囚われに入っていくと　　平和を保つことに一番の価値を置くタイプ⑨の落とし穴は**平穏**である。度が過ぎると事なかれ主義になり、**囚われ**ると無感動、無気力、頑固で動かなくなる。

12.3.4　調整しながら生きる

　おわかりになったと思うが、**この落とし穴は、この章の冒頭に記した、人間にとって必要な力の９種類、各タイプが一番大切に思っている価値観とほぼ同じことである。自分の大切に思っている価値観が行き過ぎると落とし穴になる。**自分だけの価値観だけがよいと思わず、丸いチーズケーキの全体から見て行き過ぎることに注意し、その手前で気づき自分を苦しめる囚われに入らないようにする。**自分の持つエネルギーがマイナスになると囚われに、プラスになれば自分の魅力、長所、輝く姿となる。**囚われは自分が一番嫌なものである。囚われに気づいて、自分のエネルギーをプラスに持っていけば、それはあなたの魅力、素晴らしさ、長所になる。持って生まれたタイプのエネルギーは、努力をしなくても自然にその力を発揮できる、生まれ持った賜物であり、その力は自分を活かし、人々のために役立てることもできる。そしてその長所を活かすことは自分の一つの使命であるとも考えられる。

　〈幸せのための微調整〉幸せに生きるためには、自分を微調整する力を育てることである。そのためには自分を突き動かすエネルギーを生かし続ける力を知る必要がある。自分の力の舵をいかに取るかでその一生が見事なものになるか、ゆがんだものになるかが決まっていくとも言える。自分の素晴らしさを再認識し、誇りを持った上でそのエネルギーが行き過ぎて囚われるとどうなるか、そのことをしっかり認識し自分の囚われに振り回されないようにしたい。生かすも殺すも自分次第である。そして自分の価値観は全体から見るとどうなのか、チーズケーキの例を思い出してほしい。客観的に、謙虚に自分を見ることで、人間関係は争いの少ない温かい関係になっていく。

12.3.5　さらなる成長へのポイント：統合の方向＝矢印の反対の方向へ向かうこと

　〈自己改革へのアドバイス〉自分の囚われを知れば、それによる落とし穴をクリアに認識することができることはすでに述べた。これが予防的な自己改革だとすればエニアグラムにはもう一つ積極的な自己改革の道がある。それが「矢印と反対方向を目指す」ことである（図12.1参照）。エニアグラムの矢印は、強度のストレスを感じたときに向かう方向で、つまりマイナスの一方向を示している。例えばやる気に満ちたタイプ③の囚われが強化されるとタイプ⑨の「怠慢」の方向へ向かう。タイプ③にとって失敗は最大のストレスだが、囚われた状態でその失敗を経験すると、絶望して人生を投げ出してしまうことになりかねない。社会人の場では、やり手と言われた課長が左遷されて無気力になってしまう、というケースなどはこの典型的な例と言える。このように囚われが強化する現象は、囚われが生む願望がうまく得られない場合によって起こる。しかし実生活において、願望が叶えられることよりも叶えられないことの方が多い。つまり人は比較的頻繁に囚われを強めて矢印の方向へ行こうとする傾向があるということである。したがって**ストレスが多くなると、矢印の方向のタイプの性質を帯びてい**

く。この矢印の方向の流れを、反対の方向へ目指すことを「統合の方向を目指す」という。エニアグラムでは、統合の方向のタイプの誇りとしているもの、よさ、美質、素晴らしさを取り入れていくと、自分がよい方へ向かう成長のヒントが隠されていると伝えている。

　ストレスで自然に矢印の方向に行きそうになるのを断ち切り、逆に直面する問題に対処する知恵とエネルギーを得て、積極的な自己改革を目指す必要がある。

　学生生活、また卒業して会社に入り、社会に生きる人の多くが、自らの能力の壁を感じている。しかしそれを打ち砕く方法を見つけるのは難しく、「もっと精力的になればよいのか、もっと冷静になればよいのか、あるいは諦めるしかないのか」と思い悩むことになる。前項で紹介した、「矢印と反対の方向に動く」アドバイスは、その一つの回答を示している。例えばタイプ 8 にとって、タイプ 2 の「優しさと思いやりを他者に表現する」ことは状況を好転させるための正しい方向だが、タイプ 4 がその方向に行けば「他者から愛情の見返りを求めることで自分の存在意義を確かめる」という逃避する行為にすぎなくなる。私たちは時として他者からアドバイスを受けたり他者にアドバイスを与えたりする。そのアドバイスの内容は自分の人生経験で得た教訓であることが多い。しかし**エニアグラムを学ぶと、人間を一括りにしてよりよい方向を示そうというのは間違いであることがわかる。各人の特性によって、つまり各タイプによって向かうべき方向が異なるのである。**ある人にとって最良のアドバイスが、別の人にとっては最悪のものになる危険性がある。

　自分の状況を好転させようとするなら、まず自分の本質を知りそれを前提に正しい方向に向かうことが大切である。その答えは矢印と反対の方向に動くことなのである。この項のテーマは「自分を変える」ことである。以降に、総合的な自己改革のアドバイスをタイプごとに紹介した。自分の内面と対話しながら実践し、小さな変化を積み重ねていくよう心がける。

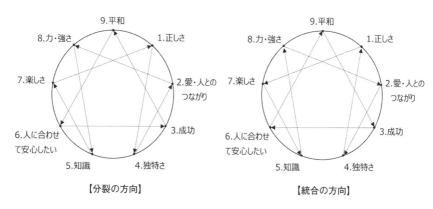

図 12.2　自己改革の方向：分裂から統合へ

タイプ[1]「正しさ」　統合の方向⇒タイプ[7]のように "楽しみ、楽な生き方を知る"

　タイプ[1]が自己改革を果たすには、「自分が完璧という非現実的な期待を抱いていることを認めそれを放棄する」ことから始める。タイプ[1]の完璧を目指す姿勢は素晴らしい。しかし真の完璧さとは、プラスとマイナス要素の絶妙なバランスによって実現するもの。例えば、他人の批判にさらされる中で磨き上げられていくものである。間違いの連続こそ、真の完璧さへの正しい道であることを知り、間違いを恐れない姿勢を持つ必要がある。完璧さへの囚われは多くの怒りを生む。タイプ[1]は怒りを感じやすく、それをため込んでいるということを、認める必要がある。そして怒りをあらわにしても、その怒りが完璧さを損なうものではないことを理解する。素直に怒りを感じ、それを表に出すことを心がける。ため込んだ怒りを一挙に出せば、周囲を戸惑わせ、人間関係を損なうことになりかねないが、普段からこまめに怒りを発散していれば、そうした弊害は招かない。さらに怒りを物事の達成へのエネルギーに転化できれば理想的である。

　また、自分の楽しみを卑下する傾向があり、楽しみを常に先送りしがちである。自分の欲求にもう少し素直になるとよい。怒りをため込まないためにも、楽しみを与えてくれる相手に甘え、努力の報酬としてなるべく多くの楽しみを受け入れるようにするとよい。タイプ[1]の最大の長所は、向上を目指して努力をする志向である。そして物事を根本から掘り下げ、論理的に概念を構築していく聡明さを持っている。完璧さへの囚われから解放されると、解放されたエネルギーは前進するための武器として、いかんなく発揮されていく。

　　〈統合の方向に向かうと〉　タイプ[1]は、「私は素敵だ」というタイプ[7]の楽観的な自尊心を学ぶことで、自分や他人に対する攻撃的な「囚われ」を解消することができる。タイプ[7]は、人生の明るい部分に目を向け、**自分の楽しみを巧みに探し出し、他者とも楽しみを分かち合おう**とする。このタイプ[7]の長所を評価することで、タイプ[1]は、生真面目でカリカリした雰囲気を和らげ、一緒にいて楽しい人になることができる。

タイプ[2]「愛・人とのつながり」　統合の方向⇒タイプ[4]のように "他者に依存しない" 心を持つ

　タイプ[2]が自分を変えるにはまず「他者の愛情を強く求めている自分を認める」ことから始める必要があるといえる。多数の人に合わせることで、複数の自分を持ってしまう傾向があり、時としてその複数の自分のすべてがイミテーションでしかないという思いにさいなまれることがある。相手に合わせて自分を変えることの矛盾に気づき、一貫した自分を築くことに挑戦することが大切である。自分の本当の願望を認識し、他者との願望と自分の願望を明確に区別できるようになるとよい。他者の役に立ちたいという願望と、本当の欲求が対立したとき

に、いら立ちや怒りを覚えることがあるかもしれないが、この怒りを自覚することが、自分の多面性に気づくよいチャンスである。こうしたときに自分の願望を強く意識してみる。

　一方で他者の好意を得ることで、相手を操作しようとするところがある。他者を操作することが、社会的に大きな影響をもたらすだけに、この性向には警戒した方がよい。場合によっては周囲から大きな反感を買い、絶望感を味わうことになりかねない。周囲からの好意を得られなくなると、周囲が自分の自由を奪っているという被害妄想的な気分に陥ることがある。そして自分の努力にもかかわらず、自分を顧みない相手に対し、復讐心を抱いてしまう傾向がある。これらも求めている愛情が得られないことに対する怒りから起きる感情である。他者に依存しない自立心と、「他者の愛を求める」という自分の強烈な欲求を認識すれば、もともと適応力に優れ、心が優しいタイプ②は、周囲の人からの好意と信頼を自然に得ることができる存在である。

　　〈統合の方向に向かうと〉　タイプ②は「私は独特だ」というタイプ④の独自
　　性と強い誇りを学ぶことで、他者に認められるか否かに一喜一憂する依存的
　　な「囚われ」から解放され、**自分の才能や魅力によって他者の評価を受ける**
　　心構えが育つ。そうすれば自分を見失いがちなタイプ②も、自分の感情に素
　　直になることができるはずである。つまり、もっと自分に自信がつくように
　　なる。

　タイプ③「成功」　統合の方向⇒タイプ⑥のように"成功以外の価値観を理解する"

　　タイプ③は「社会的使命感と自分の本当の願望の区別が苦手」な傾向がある。成功者としての自分のイメージに囚われているために、人間的な願望を内面の深くにしまい込んでしまうところがある。自分の正直な気持ちに気づくのは、挫折感などによって走り続けられなくなったときといえる。成功という価値観に囚われているので、休息を余儀なくされると、自分の存在意義は無に帰してしまうように感じられる。自分の価値観が極めて脆弱なものであることを認識する必要がある。また、こうした危機を未然に防ぐには、いったん立ち止まり、自分の感情を探ることである。自分の感情と出会うには、まず知覚できる感覚を探し、そこから感情を見つけるとよい。例えば、体の硬直や顔の紅潮などの身体的な感覚からは、緊張感や高揚感などの感情が検知できる。こうした感情を「緊張している」「興奮している」などという言葉に置き換えてみる。こうした地道なトレーニングによって、自分の行動と本当の感情の食い違いを理解することができるようになる。

　　次に重要なのは、自分に仕事以外の楽しみを与える努力である。タイプ③は「課長に昇進すれば幸せになれる」と幸福感を先送りする傾向がある。このよう

な仕事以外の楽しみを否定する姿勢が、タイプ③をワーカホリックにし、自分も家庭も顧みないライフスタイルを生んでしまう。自分の感情や私生活を大切にし、仕事以外の様々な楽しみを味わうことで、多様な価値観を知ることができ、自分とは異なるタイプの部下とも円滑に仕事ができる、真のリーダーシップを得ることができるようになる。

　〈統合の方向に向かうと〉　タイプ③は「私は忠実だ」というタイプ⑥の誇りを持つことで、競争心や効率への「囚われ」に逆らうことができる。これによって、細かい配慮や思いやりを持てるようになり、人間らしい充実感を楽しめるようになる。周囲の人に**忠実であろうとする姿勢**が、心温かな交流をもたらし、真の意味での「人生の成功者」にしてくれるだろう。

　タイプ④「独特さ」　統合の方向⇒タイプ①のように"自尊心を高める"
　タイプ④はまず、「手に入らないものを理想化したり、手に入るものの欠点が目についたりする自分」に気づき、その状態が自分にとって「よくない状態」であることを自覚する必要がある。そして、果てのない欠乏感と喪失感の苦しみから解放されるために「自分に必要なものは、すでにみなそろっている」と考える姿勢を持つことが大切である。非現実的な「完全な満足感」を追い求めるのではなく、今、手の中にあるものにまず満足するということである。また、落ち込むことがあっても、「この気持ちは誰にも理解できない」という意識が強いために、助けを差し伸べようとする声に耳を貸さず、拒絶し、徐々に希望を失っていく傾向がある。自分の殻に閉じこもらず、他者に気を向けたりすることで、自己陶酔から脱出するよう心がけよう。自分の落ち込みを他者には味わえない特殊なものだと思わず、誰にでもある、ありきたりなものと考えることが大切である。
　こうした悪い傾向の根底には、自尊心の低さがある。自己批判の傾向が強く、自己を実際より低く認識するところがあるのである。自尊心を回復するには、他者が嫉妬するような自分の長所を見つけ、それに自信を持つことである。自分の行った一つひとつの仕事を肯定的に評価してみると、日ごろ感じているより、はるかに素晴らしい足跡を刻んでいることがわかるはずである。他人からは理解されないという疎外感や、平凡さを避け、特別であることに執着する囚われから解放されると、現実としっかりとした関わりを持てるようになる。そうなればその鋭い感性と表現力で、独創的な実績をものにすることができるであろう。

　〈統合の方向に向かうと〉　タイプ④は、「私は働き者だ」というタイプ①の実践性の高い誇りを持つようになることで、夢や想像の世界を脱して、積極的に社会と関わるようになる。タイプ④には外部への防御的な構えがあるが、タイプ①のよいところを取り入れることで、**もっと自己主張をすることができるようになり、現実を直視し変革への行動を起こす**能力を発揮できる

ようになる。そうすれば落ち込みや引きこもりから解放されることができる。

タイプ⑤「知識」 統合の方向⇒タイプ⑧のように"自分を露出する"

タイプ⑤はまず「気持ちと距離を置こうとする自分に気づき、自分の感情と向き合い、動揺に慣れる必要がある」といえる。気持と向き合えば、必ず傷つくと思いがちであるが、決してそうではないことを知るべきである。感情的なつながりや動揺を避ける理由は、常に未来を知っておき、それに備えたいと考えているからだといえる。知識に執着する一つの理由は「未来を把握したい」という欲求なのである。得た知識を基に分析し、事にあたる前に必ずシミュレーションを行うことがあるが、それは準備不足や不測の事態を恐ろしいことだと考えるからである。突発的な出来事に寛容であろうとする心構えが必要である。また知識習得と分析、さらにシミュレーションを行う習性によって、実際の経験ではなく疑似体験で満足してしまうところがあるため、実感や実体験を軽視しないように気をつけなければならない。諦めのよさも欠点といえる。情報と分析を重視するため、物事の否定的な面が目につきやすい傾向がある。ましてや過去に失敗の経験があれば、なかなか再チャレンジをしようとはしない。

しかし現実の世界では何回もの失敗の末に多くの成果を得ることも多いため、チャレンジ精神の価値を再認識する必要がある。感情と向き合うことや積極性を獲得するための荒療治は、自分を露出することである。気が進まなくても、なるべく人の集まる場所に行き、自分の意見を述べ、自分の実績を披露するように心がける。旺盛な知識欲と分析力、豊かな内的世界を生来備えているため、リスクを恐れず、人に積極的に働きかけ、自分の夢を活気づけることができれば、人生は大きく開かれていく。

〈統合の方向に向かうと〉 タイプ⑤は「私は強い」というタイプ⑧のパワフルな誇りを持つことで、人から離れることなく、自らの知的な力を活用することができるようになる。弱気で消極的なタイプ⑤が、**強さへの意識を高めることは、知的な行動派への変身**を実現させることになる。

タイプ⑥「人に合わせて安心したい」 統合の方向⇒タイプ⑨のように"考えるより行動する"

タイプ⑥はまず「自分では、どの恐怖が想像でどれが事実なのか、を判断できない」ということを自覚するとよい。そして外に向いている意識を内面に向ける努力をし、自分の恐怖心を細かく検証する必要がある。広い視点と中立を心がけて問題を眺めれば、懐疑的な考え方の多くは消え去るものである。具体的には、まず頭の中であれこれと思い悩むことなく、事実をすべて確認し、現実と自分の恐怖心と突き合わせてチェックする。行動ではなく考えることで状況を切り抜け

ようと、考え過ぎてしまう傾向があるが、ただ考えるだけよりも、疑念を抱いたらその疑念について相手と率直に話し合うことの方がはるかに有効である。また信頼できる友人に自分の不安や恐怖心を打ち明け、それに対する意見を聴くとよい。あなたの結論を、中立な立場の友人の意見と突き合わせてチェックすれば、自分が悲観的、疑念的になり過ぎていたことに気づくことも多いはず。

　タイプ6の持っている豊かな想像力は、無意識のうちに、最悪の想像に向かいがちである。そんなときは逆に、想像の世界で悪い結果を過大なものにしてみて、それを想像の世界だけにとどめるようにするとよい。想像力をプラスの方向に活用できれば、他者との共感を可能にし、豊かな精神世界を楽しめるようになる。一方で疑念的という部分も、忌み嫌うべきではない。不信感や優柔不断、人の真への詮索などは、正しい道を探るために必要なプロセスでもある。

　不信感によって建設的な批評ができたり、優柔不断によってアイディアの練り直しや、再評価の必然性に気づけたりすることもあるだろう。最悪を想定する癖がポジティブに働けば、独創的な解決策を生み出すこともあるのである。

　　〈統合の方向に向かうと〉　タイプ6が「私は十分満たされている」というタイプ9の平静さの誇りを持つと、外の流れに押し流されやすい、依存的な傾向に逆らえるようになる。タイプ9のよいところを取り入れることで、タイプ6は外部からの刺激に過剰に反応することがなくなり、**不必要に用心深いキャラクターを矯正**できるようになるはずである。

　タイプ7「楽しさ」　統合の方向⇒タイプ5のように"最後までやり遂げる"
　タイプ7には「現在に生きる覚悟」が必要といえる。そして次に来るものが喜びであろうと悲しみであろうと、あるいは快感であろうと不快感であろうと、受け入れることが大切である。多くのタイプ7が、ユートピア幻想を持っている。「いつか自分の好きなものや自分の安らかなものが統合され、完全なビジョンが現実のものになる」という壮大なイメージである。こうしたビジョンは、生きていくための支えとなり、エネルギー源となるが、同時に現実をまじめに生き、一瞬一瞬の経験を受け止めることを妨げてしまう。よいことだけを選択せず、悪いことにも接しなければならない。最後までやり遂げることが苦手な傾向があるため、実生活上の心構えとしては、買った本を読みかけにしたり、やりかけの仕事をほったらかしにしないことが重要である。多くの計画や可能性をたくさん準備し、用意することではなく、その中から一つの可能性に賭け、それに打ち込むことを心がけよう。難しい局面を迎えたり、非難されたりしても、それを成し遂げることの価値を認識することがとても大切である。

　成功のキーワードは「責任」である。タイプ7は「課せられた責任の実際の重さは、自分が感じるそれよりはるかに重い」ということを知る必要がある。責任感や持久力、包容力などを身につけ、人生の負の要素に立ち向かうことができる

ようになったタイプ⑦は最強である。物事を楽観的に考える能力、他者のよいところを見出す能力を生まれつき備えているため、最後まで投げ出さず、地道な努力を続けることができれば、多くの素晴らしい成果を得ることができるだろう。

〈統合の方向に向かうと〉　タイプ⑦は、「私はよく知っている」というタイプ⑤の誇りを持つことで、快楽への依存と苦難からの逃避という「囚われ」に逆らうことができる。タイプ⑤は、他人から遠ざかり過ぎる点が欠点なのだが、タイプ⑦にとっては、むしろ**他人から遠ざかり、ゆっくり考える**ことの方が、能力は生かされる。タイプ⑦が、観察力を発揮し、社会や人間関係の真相の複雑な構造を把握し、相手の立場になって共感しながら、物事を進めていければ、アイディアだけで終わらせることなく、着実にプランを実現できるはずである。

タイプ⑧「力、強さ」　統合の方向⇒タイプ②のように"無邪気さと優しさを回復する"

　タイプ⑧は、考える前に行動する傾向がある。特に怒りを表明することは、最も容易に起こすことのできるアクションであるが、正義という大義名分のためでも、怒りを表明し、力を行使することには、様々な波紋が伴う。その点に配慮して「まず考えること」を心がける必要があるといえる。話をしていて怒りが高まってきたら、その話題をいったん中断することが賢明である。怒りが爆発しそうになったら「10」数えるようにするとよい。激昂するほど怒らなければならないようなことは、そう発生するものではないことに気づくはずだ。タイプ⑧が真の願望を自覚するためのキーワードは「無邪気さ」である。子どものころから強くありたいと願ってきたため、無邪気さを犠牲にしてきた傾向がある。甘えたり、すねたり、悲しんだりといった無邪気な反応をせずに、ひたすら強くあろうとしたことで、強さへの強烈な囚われを育ててしまったと考えられる。無邪気さとは、自分で何の操作もせず、先入観も持たずに、世の中の事象と自分の感情を受け入れることである。主導権を握ることや意見を押しつけることに意識が偏りがちになると、この無邪気さが疎外されてしまう。

　タイプ⑧は恐れること、傷つくこと、苦しむことが、自分の人生にかけがえのないものであると確信する必要がある。適切に自己認識や状況認識ができるようになると、自らの本質的なエネルギーが確認できるため、状況や立場の変化に左右されない自信を獲得できるようになる。そして無邪気さとともに封じ込めていた「優しさ」に触れることができる。本質と出会い、無邪気さと優しさを回復したとき、タイプ⑧の権力志向は、大きな仕事や困難な仕事をこなすための巨大なパワーとなるだろう。

〈統合の方向に向かうと〉　タイプ⑧は、「私は人の助けになる」という献身

的なタイプ②の誇りを持つことで、攻撃性という「囚われ」に逆らうことができる。タイプ⑧は、優しさの表現が苦手で、喧嘩腰になりやすいが、他者への心配りの巧みなタイプ②の特色を取り入れることで、**柔和な対応ができデリケートな配慮**が可能になる。これは恋愛や結婚生活、職場や友人関係には不可欠な宝である。

タイプ⑨「平和」　統合の方向⇒タイプ③のように"決断力をつけ自分を肯定する"

　タイプ⑨はまず、自分で必要を感じるか否かを別にして「決断の習慣をつける」ことが非常に重要であるといえる。いきなり重大な決断をするのではなく、小さなこと、身近なことから、決意と実行のトレーニングを始めよう。例えばその日にやろうと思うことを書き出し、それに優先順位をつけてその順に実行する。決して「どれでもいい」と思わないことである。どれでもよくても決断することが大切なのである。決断の回避から生まれる「意識の寄り道」をやめ、様々なことを決断するようになると、会話に参加しないようにしている自分、いくつものことを同時に考えている自分、複雑な問題に及び腰になり、相手が動くのを待っている自分、などが見えてくる。自分がいかに受け身の姿勢で生きているかを理解できるはずである。そして、そんな自分への怒りやいら立ちが表面化すれば、変化が生まれる。このいら立ちは、自分の立場をはっきりさせるための源泉といえる。だから、たいして腹の立たないことでも、違和感を持ったら心の中で怒っている自分を想像し、悪態をついたり、興奮したりしてみよう。すると、本心から怒りを感じている自分を発見することができる。

　また、「自分が思っているほど、外界は自分を無視してはいない」という事実に気づき、肯定的な自己イメージを持つとよい。自分をおろそかにし過ぎている事実に気づけば、その証拠を見つけ実感できるはずである。そうすれば、蓋をしていた自らの願望が表面化し、多少時間がかかっても、自分を適切に表現する能力や、物事に向かう意欲を身につけていけるであろう。自分自身が持つ素晴らしさを確信することが大切なのである。

　　〈統合の方向に向かうと〉　タイプ⑨は「私は成功している」というタイプ③の行動と実績の誇りを持つことで、葛藤を避ける「囚われ」に逆らうことができるようになる。ただし、タイプ③の「効率性を重視し、成功を手にする」という自己イメージをタイプ⑨が持つためには、まず自分の秘めた才能を再発見しなくてはならない。**自分の誇れるものを常に探し、それを自分で評価してあげる**心がけが必要である。

　ここまで統合にいたるヒントの一例を書いた。しかし統合に向かうヒントは数限りなくある。もともとエニアグラムは図形のみで個人が自分の成長を考える学

問だった。その性質をふまえて、統合の方向から何を取り入れるか、自分が無理なく始められる点を見つけて楽しみながらやってみるといい。自分にぴったりと合う統合への方法がわかるのは自分しかいない（章末「ワークのページ」p.103）。

12.4　9つのタイプとの付き合い方

12.4.1　他者との関係をよくするエニアグラム

　エニアグラムは他者との関係をよりよくするためのアドバイスも伝えてくれている。しかしその基本は、「自分が囚われから解き放たれ、のびのびと生活をすれば、周囲の人たちとの関係はおのずと好ましいものになる」ということである。**人間関係のトラブルが起こったとき、たとえ相手に原因の多くがあったとしても、自分の囚われに気づき、そこから解放されるように努めていけば、深刻な状況に陥ることはまずなくなっていく。**つまり自分自身がエニアグラムの知恵を身につけ、自分自身の囚われに注意して生活していけば、対人関係の多くの問題もなくなっていくのである。違いを理解できるようになれば、その違いによって私たちの社会は豊かで味わい深いものになっていることを知るだろう。それを前提として、相手の心に届くコミュニケーションと思いやりのある交流を心がければ、コミュニケーション・ギャップは非常に小さいものになる。次に他のタイプの人々とどのように交流するかを記した。

12.4.2　9つの全く違う思いを尊重する

　今までの流れで、「自分の価値観や感受性などは、他者と異なるものである」、そして「人にはそれぞれ個性や持ち味があり、その人を動かしている動機は異なる」ということを理解していただけたと思う。この気づきによって、あなたは「なぜ自分の言う通りにできないのだろう」「なぜ、私の言うことが理解できないのか」といった、いら立ちの答えを見つけられたはずである。9つのタイプは、皆、全く異なる思いで生きている。そうした違いを持った人々が寄り集まる社会の組織でうまくやっていくためには、互いの個性を尊重することが前提になる。エニアグラムはまさにその助けになる。まずは相手のタイプを知ることである。私たちは意外にも、身近な人の特性を把握している。この章の各タイプの解説と照らし合わせれば、タイプの想定がしやすいであろう。

　ただし、エニアグラムではタイプを想定した上での、決めつけやパターン化を、強く戒めている。相手のタイプ想定が誤りである危険性があるし、正しかったとしても「彼は○○タイプだから〜なのだ」という決めつけは人間関係にとってマイナスにしかならない。各タイプは、様々な面を持っていて、状況が異なれば当然反応も異なる。相手にレッテルを貼るようなことをすると、悪い面ばかりを強調する結果になりかねない。この点を前提とした上で、各タイプとのコミュニケーションを取るにあたり、次の各タイプとのコミュニケーションのポイント

と各タイプからの声を紹介した。あくまでも他者の内面を理解し、他者を思いやるアドバイスの一つとして受け止めましょう。

タイプ①との付き合い方

タイプ①は細かいところにまで目が行くので、細かいところまで注文をつける。他者は、うっとうしいと感じたとしても、その批判や注文を聞き、尊重する思いやりが必要である。無視をしたり、軽視したりすると、ストレスをため、コミュニケーションがうまくいかなくなる。タイプ①に対しては**自分の間違いを素直に認めること**が得策。うそやごまかしが嫌いなので、間違いをあやふやにしようとする態度は許さないが、間違いを犯してもそれを正直に認めれば、許す度量を持っている。そしてそれに対する助力も惜しまない。またタイプ①は怒りをため込む癖を持っている。顔に出さないように気を使いながら、心の中では怒りをふつふつと煮えたぎらせていることがある。自分には多少怒っても構わない、という意思を示すと、タイプ①は非常に感謝し、同時に心を許す。

「何をカリカリしているの？」などの批判はなるべく避け、場合によっては、**ため込んでいる不満やいら立ちをこちらから引き出してあげる配慮も必要**である。タイプ①は顔にはあまり出さなくても、パートナーに明確に反応してほしいと願っている。無反応だったりすると不安を持つ。よくても悪くても、タイプ①の発言や行動の評価をすることが望ましい。ただし、**よい評価なら積極的に、悪い評価なら思いやりをもって、傷つけないように対応**することを心がけよう。

　〈**タイプ①の自己評価**〉「私は何が正しいかについて内面に基準を持っており、その基準を満たすように生きたいと思っています。」「正しくないことを黙認するのが苦手で、無責任な人、不公平な人を見ると、不快感を覚えます。」「正義感が強く、常に自分や他の人を、正しい方向に導きたいと思っています。」「仕事は自分が納得するまで打ち込み、努力を惜しみません。」「仕事を他人に頼むよりも、自分でやる方です。」「本当は心配性で小心なのだろうと思います。」

タイプ②との付き合い方

タイプ②の感情の起伏は、内面は激しく、「庇護したい」という思いと、「優しくしてほしい」という思いの間で揺れている。他人から甘えられることは心地よいのだが、誉められないと不愉快になる。しかし結局は他人の感謝の念や、存在に注目してほしいと思っているので、過剰にならない程度にその望みを叶えてあげることが望ましい。人との交わりを何よりも大切にしたいタイプ②の特徴だからである。タイプ②は相手に拒絶されることを恐れているので、注意や忠告をするときにも強い口調で言うと傷ついてしまう。怒ったりせず、「あなたの役に立つかもしれないから」という前置きをして、優しい口調で思いを伝えるとよい。

そうすれば素直に聞き入れそれを生かすはずである。常に意思の疎通を図ろうと努力するタイプ②だが、自分の意見は述べないで、相手に推し量ってもらおうとする。言葉に出さなくても気持ちは通じると思い込んでいるし、実際タイプ②は、他者の言葉を聞かなくても推し量ることができる。多少ピントがずれても、タイプ②の思いを推し量り、それを口にして、**本心を引き出してあげるような習慣**をつけると望ましい。タイプ②は、人間と関わることが好きなので、温かい会話のない関係には魅力を感じない。タイプ②と話をする時間をなるべく多く用意するとよい。すると、タイプ②の持ち前のサービス精神も働いて素晴らしい人間関係ができあがる。

〈**タイプ②の自己評価**〉「私が誰かを援助しているとき、周囲の人に相手をコントロールしようとしていると思われることがあるのですが、そういう評価が私にはとてもつらいです。」「温かくよい人だと思われたいのですが、そのように認めてもらえないと、とても感情的になることがあり、激しい言動で相手に認めさせようとすることがあります。」「どこでどうしたら自分が人の役に立てるか、常に気にしているところがあります。」「一人でいることが耐えられないので親切にするのだと思います。」「自分が思っているほど周囲が認めてくれることは少ないので、お人よしのところを利用されているような気分によくなります。」「一番親しい人には、案外、イライラした自分をぶつける傾向があります。」

タイプ③との付き合い方

タイプ③は、論理的で簡素な表現を好み、感情的な物言いや抽象的な表現を見下す傾向がある。ぜひ理解してほしいことがあれば、率直さ、明快さを心がけることである。タイプ③には、感情をあまり前面に出さないでも十分感じ取れるように説明するとよい。タイプ③は自分のよいイメージを語られることが何より嬉しい。タイプ③に関して何か忠告をしたいときは、タイプ③への肯定的なイメージをできるだけたくさん語ってから、嫌味にならない程度に否定的なイメージも少しずつ伝え、そして最後にまた肯定的な言葉で締める。すると、意固地になることなく自分を正す意欲も湧く。タイプ③は感情を表す言葉をほとんど持っておらず、特に「寂しい」「悲しい」「苦しい」といったネガティブな感情を表すことが苦手である。

「私はあなたと一緒にいるととても嬉しい」などと自分の気持ちを表明しながら、タイプ③が感情を表現する手助けをしてあげると、もっと心が通うコミュニケーションができるようになる。タイプ③は失敗を認めたがらないが、本当に失敗すると立ち直れないようなダメージを受ける。そういうときは、成功だけが人生ではないということを伝え、タイプ③の持つ長所を語って、いたわってあげると、心から感謝する。

〈タイプ③の自己評価〉「私は、人間の価値は実績と評価で決まると思っています。ですから競争することが好きですが、半面、チームプレイも好きです。」「私は、これまでいろいろなことを達成し、周囲の人もそれを認めてきました。仕事の早さに定評があり、私が手がけたものはほとんどすべて成功を収めてきたつもりです。」「常にやりたいことが多く、じっとしていられないタイプです。ですから私の時間を大切に思わない人にはいら立ちを感じます。」「物事を成し遂げるのに夢中で、自分の感情や自己反省の思いには注意を向けないようです。」「他人に自分の楽しそうなイメージ、有能そうなイメージを与えることが重要だと思っています。」

タイプ④との付き合い方

　タイプ④は、「どうせ自分は他人からは理解されない」という思いと、それでも「何とか理解させよう」という思いが錯綜する。相手の反応を見て、理解が得られないと感じると「やっぱり駄目だ」という軽い絶望感を抱きふさぎ込む。この状態を、批判したり、無視したりするべきではない。「あなたの言うことをちゃんと理解したい」という意志を示すなら、タイプ④は、たとえ不愉快そうな顔をしていても、感謝の気持ちを持ち、再び理解されるための努力を開始する。自分の持つ独特の感性と創造性を周囲に理解されない集団にいると、タイプ④は意欲を失いやすく、離脱し引きこもろうとする。そのような状況になったときにも、友人やパートナーが、私だけはあなたの価値を信じている、という信念を見せると、タイプ④は非常に感謝し、引きこもりから脱する意欲を見せる。

　タイプ④に、品位のない感じで、愛情表現や敬意を示すと、「この人はたいした人物ではないかもしれない」と思い引き始める。しかし、ここでパートナーや大切な友人を失うかもしれないという「喪失の危機」をタイプ④の心の中に思い起こさせ「あなたは私にとって大切な人」だと伝えると、タイプ④は現実に戻り、人間関係の価値を再認識する。しかしタイプ④が、本当に求めているのは、**どんなときにも自分を支え、自分の価値を理解しようとする相手**、だということを忘れてはならない。タイプ④は他人と比較されること、他人と同列に扱われることを非常に嫌う。タイプ④が、わがままを言うとしたら、多くの場合、他人と同じことをしたくないときである。あくまでもタイプ④の独自性を尊重しながら、我慢することも必要だと伝えるのが好ましい。

〈タイプ④の自己評価〉「感情の起伏がとても激しいのですが、それを人に悟られないように努めています。」「私の言動は、ドラマチックに映るようで、よく繊細過ぎるとか、過剰反応だとか批判されます。」「私が本当に望んでいるのは、心の奥深いところで触れ合うこと。人間関係でも、何か特別で深いつながりを体験することです。これまでずっと、そんな人を求めてきました。」「本当は平凡な何もない人間かもしれないが、自分ではそうは思えま

せん。」「自分勝手でわがままなところがあります。」

タイプ⑤との付き合い方

　タイプ⑤が、パートナーや友人と共通の趣味を持とうとするなら、それはかなりの愛情表現である。趣味に関する会話なら、感情を交えずにできるから、タイプ⑤にとって都合がよいのである。逆にタイプ⑤とは共通の趣味を持つことで会話を増やすことができる。タイプ⑤が会話のチャンスを増やそうというのは、本当に好きな相手だけに限っている。タイプ⑤は、即断即答を求められるのが嫌いである。大切な質問であれば、ゆっくり考える時間を与えることが望ましい。「ちゃんと答えて」とか「何か言うことはないの？」といった言葉はタイプ⑤を殻に閉じ込めることにしかならない、優しい気持ちで相手の発言をじっと待つことである。

　人が集まる場所に誘うことは、タイプ⑤が拒絶しなければよいが、もともと得意ではないので、傍観者としての参加にとどめておいた方がよい。タイプ⑤は少ない交友関係で十分満足をしているので、もっと交際範囲を広げた方がよいなどのアドバイスは意味がない。タイプ⑤との会話では、「要するにあなたは〇〇なのね」といった決めつけはするべきではない。タイプ⑤はその決めつけを、間違いであっても強い否定をせずに、見ようによっては YES であるかのような態度を取る。そして「やっぱりわかってもらえない」という結論を、心の中で出して、信頼の構築を諦めてしまう。これでは誤解を重ねていくことになりかねない。

　〈タイプ⑤の自己評価〉　「自分は物静かな分析型で、参加するより遠くから見つめている方が好きです。」「人は、感情表現に乏しい人間だと思うでしょうが、一人のときは、むしろ感情に敏感です。経験の真っただ中にいるときより、一人になったときの方が楽しめるのです。」「自給自足のような、自己充足に近いシンプルな人生を送ることが望みなので、自分の時間とエネルギーは自分のために使うようにしています。」「会合やパーティーなどでは、目立たぬところにいて周囲を観察しています。」「人前では、とにかく喜怒哀楽の感情をさらけ出しません。」「自己主張するのが苦手で、話の切り出しがどうしていいのかわからず、もごもごしてしまいます。」「会議の席で、進んで発言することはめったにありませんが、最後に指名されて答えた発言などでみんなの目を覚ますような発言をして、驚かれることがあります。」

タイプ⑥との付き合い方

　タイプ⑥が不安や疑念に苦しんでいたら、その事実の部分とタイプ⑥の思い込みの部分をよく整理して、論理的に示してあげると役に立つ。論理的に考えられるタイプ⑥であるが、そうした不安や疑念については、相手に真意を確かめるこ

とは少ないので、思い込みの要素が結構多い。頭の中でマイナスの想像を膨らませている。人間関係で混乱しているときは、真意を相手に確認することを促すとよい。また不安の原因を突き止めるために不明点をクリアにする作業を手伝うと信頼関係はとても深まる。タイプ⑥に知らせないで、勝手に計画などを変更することは、大きな抵抗を受けることになる。集団から仲間外れにされた気がするからである。面倒でも、変更点を逐一細かく報告することが好ましい結果をもたらすことになる。

　こちらに非がある場合には、いたずらに自己弁護せずに、速やかに非を認めることである。タイプ⑥は事実がわかったことで安心が得られ、素直な態度を示した相手への信頼を高める。そして安心して本心を話せる相手だと考えるようになる。タイプ⑥は自分のユーモアのセンスに自信を持っており、それを評価してくれる相手を歓迎する。タイプ⑥が求めているのは、不安のない気持ちで、いつでもジョークを楽しめるような穏やかな環境なのである。

　〈タイプ⑥の自己評価〉「自分の安全を脅かす危険については、想像力豊かで、害になりうることを嗅ぎ分ける能力があります。直面しなくても、本当に経験しているかのような恐怖を覚えるのです。」「危険を感じると、回避するか、正面からぶつかっていくか、どちらかの道を選びます。」「私は、周囲の人や物事に懐疑的な目を向けているようで、何事でも欠点の方が見えてしまいます。結果的に、とても洞察力のある人間だと思われることも多いようです。」「権威に対しては疑いの目で見ることが多く、私自身も権威と見られることが嫌いです。ただし、いったん人や組織と関係を持ったら、忠実に義務を果たします。」「私は、逆にちょくちょく意識的に規則を破ってきました。（恐怖対向型はこのようなことをよくする）」「原理原則を確かめずにはいられず、ルールで自分も他人も締めつける傾向があります。」「情けないが、権威の下でルールを守って、一所懸命働くのが安心です。」

タイプ⑦との付き合い方

　タイプ⑦は、批判に非常に神経質になるときが多いといえる。楽天家であると同時に、タイプ⑦はナルシストであり「この私の素晴らしさがわからないのか」という姿勢でパートナーや友人を否定してしまう。不愉快なことが起こりそれが克服できないと、タイプ⑦は、楽しげな計画を立て、それをこなし興味をそちらに移そうとする。しかしこれが逃避的な行動だと自分で悟った場合は、避けることなくその問題に立ち向かおうとする。タイプ⑦も、克服すべきテーマが見えてくれば、それに立ち向かうことができる。その一つひとつのプロセスで、押しつけがましくないレベルで、相談相手になることで、状況は好転し、人間関係も実りあるものになる。

　タイプ⑦の流儀や思想を変えさせようとしても、自分に自信のあるタイプ⑦に

は馬耳東風、結局は時間の無駄である。それよりもタイプ⑦のやり方をまず受け入れ、場面、場面で問題を感じたとき、軌道修正のためのアイディアを出すという方がよい。その場合に必要なのは「〜すれば、もっと楽しくなる」という修正の方向性である。タイプ⑦との会話はあくまでも論理的なものにする努力が必要である。タイプ⑦は一見、感情的な人間に見えるが、実は感情に左右されて動く人間を軽蔑する。逆に、多少理屈っぽいぐらい論理性を重視する人間を評価する。

〈タイプ⑦の自己評価〉「自分の好きなことが最良と信じ、そのためのエネルギーを惜しみません。」「とにかく人間は、誰でも人生を楽しむ資格があると信じています。」「努力、積み重ね、持続といったことが苦手です。」「楽しくなければ人生じゃないとばかりに、いつも楽しいことだけをしようとします。」「目前の宿題に取り組むのが苦手で、将来の計画を考えていると生き生きしてきます。」「楽しいことがないと、怒りっぽくて、神経質な人間に見られる傾向があります。」「自分は楽しいけれど、そのことで生じる相手への影響を気にしない。独り善がりで思いやりがないと言われます。」「一見軽薄なタイプに見られます。」

タイプ⑧との付き合い方

　怒りを頻繁にあらわにし、おびえさせられるのは、誰にとっても気持ちのよいものではない。ただし、タイプ⑧が怒っているときに、そんなことを非難しても聞く耳を持たない。タイプ⑧が冷静なときに「ああいう言い方をされるのは悲しい」という思いを冷静に、愛情を持って伝えることが、長い間に効果を発揮する。へこたれずに根気よく気持ちを伝えていこう。タイプ⑧が社会生活での戦いに負けると、自分の力に自信があるため、ほかのタイプより一層傷つくことになる。そうなったタイプ⑧は、引きこもって誰にも会いたくないという状態になってしまう。傷ついたライオンが草原でひっそりと体を隠して休むように、傷を癒やすためにじっと耐え、また活力が回復するのを待っているようである。
　そうしたとき、パートナーや友人は、多くを語らず、静かに側にいて、心の傷の手当てを手伝ってあげるような態度を取ると、優しい関係が育まれる。タイプ⑧は「白黒つける」ことを好む。イエスかノーかをはっきり伝え、あいまいな態度や回りくどい言い方はしない方がよい。そうしたものをタイプ⑧は誠意のない証拠と受け取る。反対意見でも、はっきりと、しかし、あまり喧嘩モードにならずに伝えることが得策である。毅然とした態度は、タイプ⑧を怒らせるかもしれないが、それでも主張を曲げなければタイプ⑧の尊敬を得ることになる。タイプ⑧は、人に助けを求めることを嫌うが、強そうに見えるタイプ⑧も心の中では度々悲鳴を上げている。そんなとき、つらさを察して、愛情を示すと、タイプ⑧は拒絶するかもしれないが、その思いやりには感謝する。タイプ⑧は感謝の気持

ちを簡単には忘れない。

〈タイプ⑧の自己評価〉「強くて正直で、人から頼られることに大きな価値を見出します。」「形に見えるもの、信用に足る証拠を見るまで、相手を信用しません。」「ストレートにものをいうことを好み、他人に悪意があったり、嘘をついていたり、自分を陰で利用しようとするときにはすぐわかります。」「尊敬する人や賛同できる人以外の命令や指示に従うことは苦手で、主導権をもって動くことが好きです。また自分の愛する人や家族のためには、いつでも立ち上がる用意があります。」「他から余計なことをとやかく言われると気にするし、腹立たしくなります。」「いい加減なことは見逃せないのです。」

タイプ⑨との付き合い方

　タイプ⑨が「はい」と言うのは、積極的に反対するほどのことではないという意味なので「はい」を真に受けてはいけない。自己主張の少ないタイプ⑨に、こちらの主張だけをすると、否定もなく受け入れようとするが、往々にして後で歯車がかみ合ってなかったことに気づく。受け身のタイプ⑨の思いを引き出す努力は、重要なテーマにおいてはぜひとも必要である。しかしタイプ⑨がのんびりしているからといってプレッシャーを与える方法は、ただ意固地にさせるだけで、思い直してペースを速めることにはならないので気をつける。タイプ⑨に、決断を迫ると非常に困惑してしまい、石のように動かなくなったり、自分の望みとは逆のことを言ってしまったりするので注意する。相手が安心して、自分の意見を話しやすくなるような、穏やかで温かな雰囲気をつくる。また強い主張は、タイプ⑨を貝のようにしてしまい、交流が途絶えてしまうこともある。タイプ⑨は、正しいと思える批判ならすんなり受け入れることができる。タイプ⑨にとって正しい批判とは、個人的な趣味や偏見ではなく、公正に全体像を捉えた上での意見のことである。タイプ⑨の話は、しばしば長くて容量を得ないことも多く、結局結論を表明しなかったりするが、パートナーや友人は、タイプ⑨が気を悪くしない雰囲気と声のトーンで、「ポイントを押さえた話をしてほしい」と頼むとスムーズになる。引っ込み思案的なタイプ⑨に、信頼感のある人間関係の中で、コミュニケーションの方法を伝えていくと、タイプ⑨の社会性を高めていく理想的な方法になる。

〈タイプ⑨の自己評価〉「物事を様々な視点から見られるため、自分の気持ちよりも相手の立場や意図、優先順位の方に敏感になってしまいます。」「自分にとって何が大切なのかがよくわからず、衝突が嫌なので、相手の望むところに合わせてしまいます。人は私のことを親しみやすく、ノーと言わない性格と見るようです。」「快適で和気あいあいとし、穏やかで人を受け入れる人生が私は好きです。」「今取り組んでいる大事なことから脱線して、どうで

もいいことに心を奪われてしまうことがあります。」「仕事はぎりぎりまで抱え込み、締め切り間際にやっとスタートすることも多いです。」「のんびりしていて時間や約束をうっかり無視してしまうところもあるようです。」「物事を始めるまでは時間がかかるが、いったん始めてしまうと今度はやめるタイミングを逸してしまいずっと何年も続けていることがあります。」「穏やかで優しく、一緒にいるとホッとすると言われることがあります。」「たいていのことはたいしたことはない、と考えるのでどっしりとして、心が広いと言われます。」

12.4.3　違いがあるから組織は伸びる

　エニアグラムを活用して、組織や人間関係を好ましい状態にするためには、まずそれぞれのタイプの持つ個性を尊重する必要があることはすでに述べた。個性を尊重できなければ人間関係は非常にぎくしゃくしたものとなり、相互にいら立ちをもたらす。いじめや、組織の不活性、高ストレスなどは、異質なものを許容できないことが原因といえる。では、もし同じタイプだけでグループを構成したのなら、そのグループはうまく機能するだろうか？　結論から言えば、そううまくは行かない。同じタイプが集まる組織は、よいときは仕事も楽しいし、エネルギーにあふれている。しかし悪い状況になると、全員が同じ壁にぶつかってしまい、全く手も足も出なくなってしまう。人間は支え合って生きるものである。組織は、補い合う関係が存在しないと、決してうまくは行かない。

　このイメージは、色の3原色、赤、青、黄の色にたとえることができる。黄色と青という色があって、黄色が青に「君も黄色になりなさい」と言っても、それは無理な話である。黄色は黄色のよさを生かし、青は青のよさを生かして、時には2人の力を合わせて緑を作ることができる。これに赤が加われば、すべての色を作り出すことができる。色に三原色があるように、人間にも9つの原色があるということである。社会を構成する人間の、それぞれの色を生かしながら、必要に応じてあらゆる色彩を作り出していく。これが理想的な最強の社会のイメージといえるであろう。重要なのは「様々に異なる個性と、生き方が生かされる」ということである。これが囚われの反対、一人ひとりの素晴らしさが輝くことで、自然によい社会になるしくみである。

12.5　エニアグラムは幸せに生きるための知恵

　エニアグラムは幸せに生きるための知恵である。まずは自分の弱さを受け入れ自分と仲良くなること、自分と喧嘩せず自分を責めないことを基盤とする。そして苦しみや悩みの中でも、自分を生かし続ける力が自分の意識しない深いところにあるということをエニアグラムは示している。「自分を生かす」ということは、「単に生きる」ということではなく、「幸せに生きる」ということである。幸福感

を自分の中に育て生き続けることである。それがエニアグラムの根源の力である。生き生きしているときは体から心から指先から力が湧き出る。持って生まれたそのエネルギーを、さらに高めようとすればするほどエネルギーが湧いてくる。自分は価値があり、愛される存在なのだと力がみなぎる。

　私たちは9分の1の力をもらって生きている。ほかの人とは違う根源を持っている。それが人間関係の苦しみを生み出すが、人間の性質は互いに補うようにつくられている。自分と同じ根源を持ち同調してくれる人は好ましいが、違う根源を持った人には、なぜこのように思わないのだろうと感じ嫌になる。しかし、「9つの価値観が集まると完璧になる」エニアグラムを知り、全体からものを見られるようになると今まで嫌に思えた気持ちに変化が生まれる。

12.5.1　自分と仲良くなる

　エニアグラムは「生きるための地図」である。その地図を参考にしながら、自分自身を見つめ、自分で自分を育て、他人とどうしたらよい協力関係を築いていけるか、それを自分で見つけていく。それがエニアグラムの目的でもある。ワークショップで各タイプごとの島を作り、そしてその人たちに同じテーマを出す。

　例：「人生をかけた大事な就職面接の日に、電車に乗り遅れ、到着は面接の1時間後になってしまいました。そのときあなたはどう思い、どう考え、どう行動しますか？」

　すると9つのタイプは全く違うことを言う。他のタイプの島の考え方を聞くと、「考えられない、人としてどうかと思う」などと、お互いのタイプの価値観に反応する。お互いにそれくらいの分け隔てがある。このように私たちは根源が違う。しかしその力を知ると、9つの力があってこそ、この世は成り立っているのだ、自分は不得意なところを、あのタイプにとってはこんなことは簡単なのだ、「違いこそ力」ということに気づく。ライオンはライオンの個性を生かし、シマウマは立派なシマウマになればよい。それを活用しながらお互い協力し合う。自分自身と仲良くなった人は他の人ともうまくいく。幸せに生きる方法を教えてくれるのがこのエニアグラムである。

12.5.2　各タイプの力と使命

　各タイプが大切にしている価値観は、自分でも全く意識せず、努力しないでも醸し出せる、雰囲気であり、よさであり、力である。それは、簡単にいうと自分の使命にもつながっている。他のタイプが真似しようとしてもなかなかできない、毎日正しさに向かってコツコツと積み重ねる努力を、タイプ1は難なく自然にやり遂げる。そのように各タイプは無理なく自然にこの力を発揮できる。その与えられた力を自分の誇りだと思い、自分の長所を伸ばすことによって、社会は豊かに円滑になる。

持って生まれた自分のタイプの長所は自分の使命だと思って、長所を生かす

と、生き生きとエネルギーが湧いてくる。以下に各タイプの使命を記した。人生に迷ったときに参考にすると大きなヒントになる。

タイプ☐1「正しさ」　正しいということの素晴らしさを、何かを通して人に伝える

タイプ☐2「愛・人とのつながり」　愛、人を想う思いの深さの素晴らしさを何かを通して人に伝える

タイプ☐3「成功」　目標を達成し成功することの素晴らしさを、仕事や役割を通して人に伝える

タイプ☐4「独特さ」　世界でたった一人の個性を生かし表現する素晴らしさを人に伝える

タイプ☐5「知識」　知識を集め賢くあることの素晴らしさを、何かを通して人に伝える

タイプ☐6「人に合わせて安心したい」　バランスを取り、人と合わせながら、安心できる、安全であるということの素晴らしさを、何かを通して人に伝える

タイプ☐7「楽しさ」　楽しいということは、こんなに素晴らしいということを自分のふるまいで人に伝える

タイプ☐8「力、強さ」　力があること、強いことの素晴らしさを、自分の行動で人に伝える

タイプ☐9「平和」　平和であることの素晴らしさを、自分が存在することで人に伝える

　これは自分自身が**本質**とつながっていれば、**自分も他の人も自然に感じ取るも**のである。自分の宝物として与えられた自分のタイプの力を生かして行きましょう。

ワークのページ

【ワーク】対象者：ABCD

質問1　人生をかけた大事な就職面接の日に、電車に乗り遅れ、到着は面接の 1 時間後になってしまいました。そのときあなたはどう思い、どう考え、どう行動しますか？　タイプ別に分かれて話し合ってみてください。

【ワーク】対象者：CD

質問2　あなたの統合のタイプを記入してください。そして、自分が目指すタイプから何を学べるか、記入してください。これは机上のものではなく日常に生かすものです。無理なことではなく自分ができるかどうかを念頭に記入してください。書き上げたら是非毎日の生活に取り入れてみてください。

私はタイプ＿＿＿＿＿で、統合のタイプは＿＿＿＿＿です。

自分が目指すタイプから何が学べますか？

_____

_____

_____

_____

_____

13

活用中級編*1
紛らわしいタイプの見分け方

XXXX XXXX XXXX XXXX

　タイプを誤認してしまうと自分の囚われを見つめ、その囚われに取り組む作業ができなくなる。自分のタイプを他のタイプだと勘違いすると、囚われに向き合い克服しようとしても自分の本来持っている囚われではないので飛躍的な成長は望めない。自分の囚われではないものは簡単にクリアできる。ここではタイプの誤認を減らすため、いろいろな角度から自分のタイプを確認できるポイントを記した。

13.1　3つのセンターから自分のタイプを見つける

13.1.1　ガッツセンター・ハートセンター・ヘッドセンターの機能

　人は「体」と「心」と「頭」を使って生きている。しかしこの3つをバランスよく使って生きている人はなかなかいない。「3つの機能をバランスよく使うとエネルギッシュになり、集中力が湧き、偏った考えに囚われない的確な判断ができる」とわかっている優秀なアスリートや、最近では企業が提唱しているマインドフルネスなど、雑念を排して頭と体と心を一致させることを生活に取り入れている人以外、多くの人々は3つの機能を統合させて使うと素晴らしい力になることには気づいておらず、自分の得意とする1つの機能に頼っている。ここでは、**身体の機能を基盤に使っている人たちをガッツセンター、心の機能を基盤に使っている人々をハートセンター、頭の機能に頼っている人々をヘッドセンター**と呼ぶ。

　センターを人間の進化から考えてみる。マンモスの狩りをしていたころの人間から考えてみよう。彼らは日が昇り目覚めると「マンモスを狩るぞ」と狩りに出かけ、本能と経験を頼りにマンモスを狩り肉を食べ、日が暮れると寝床で寝る。それを毎日繰り返す。そのうちに進化してくると、心の機能が発達し、肉を焼いて食べる火の周りで、その日の狩りの様子を酒の肴に、気持ちを分かち合うようになる。「今日のマンモスを倒せたのは君の機転のおかげだよ」とか、「君の身体能力は素晴らしい」とか、人と人との温かな心の交流が生まれる。しかしそのうちに、かわいがっていた新人が、自分の気に入っていた女の子と付き合うようになったとか、マンモスの狩りの仕方を教えた後輩が自分より上達して偉そうにな

---

*1　初級の内容を理解してからでないとこの章は難しくなる。その上で読んでいただきたい。

り、ついには暴君になってしまった、などの軋轢が生じ、喧嘩が絶えなくなりついには殺人までも起きるようになった。これでは安心して共同生活が営めない、そこで頭を使いルールや規則を作ることになる。殺人までになる前に何か問題が起きたら両者が満足できるように不満を抱いている側にマンモスの肉を何片か渡して解決する、というように。以下は各センターの説明である。

ガッツセンター（体）　経験が大切。今まで経験したことはわかるが、経験したことがないことはやってみなければわからないと思う。経験による直感がある。身体が軸なので自分が存在しているという感覚をしっかり持っている。ハートセンターのように気持ちが先走り、感じ過ぎるわけでもなく、ヘッドセンターのように頭が回り過ぎるわけでもないため、自分は正直でシンプルな人間だと思う。肉体が軸なので本能的、直感的な正義感を持つ。正しいか正しくないかは本能と直感で判断する。腹中枢、丹田のあたりのエネルギーを中心としているので重心が下にありどっしりしている。ぶれない、筋が通っていると言われる。人と接するときは自然に身体を相手に向けてしっかり向き合う。

　身体がベースなので、とっさに質問をされると、ヘッドセンターやハートセンターのようにすぐには答えられない。体で感じることを優先し、余計なことを考えないので、しばしばハートセンターやヘッドセンターの人たちが、身体とは違うところを動かしているのを察して、信用できない感覚を持つ。身体が軸なので頑固である。本能、身体に関しての長所と問題を持っており、ガッツセンターの人々は意思を使って自分が影響を受けることなく世界に影響を与えようとする（無意識、無自覚の場合が多い）。自己感覚が影響されないようにしながら、現実からの影響に抵抗する。自分と自分以外の者との間に壁を作ることで「自分は完全で自立している。外から影響されない」という感覚を作り出そうとする。得意だからと言ってガッツセンターに頼るばかりでは成長は見られない。自分の目指すタイプのセンターのよいところを意識して取り入れるようにし、3センターがバランスよく使えるようになると愛と叡智の本質につながり、パワフルになったと感じる。

ハートセンター（心）　マンモスを狩っていた時代の進化の話を思い出してほしい。もともと本能だけだった人間に心が育った。自分だけではなく、目の前の人と心を通い合わせ、幸せな気持ちを分かち合いたい。自分だけが満足してもつまらない。目の前の人とその気持ちを共有したい。気持ちが高揚すること、人と共感すること、美しいものを見て感動すること、ワクワクすること、輝く素敵なイメージが湧くとそのイメージを目標に頑張ることができる。イメージできれば実現できる。胸のあたりの気持ちのエネルギーセンターに軸があるので、ガッツセンターがどっしりしているのに対し、気持ちは揺れ動くことから、ふんわりとした軽やかな印象になる。移り変わる気持ちが軸なので、自分自身でも自分の気

持ちに翻弄される。

　人間関係では優しく温かく愛のある関係が心地よいので、自分もそのように心がけている。笑顔が一番。そこに気が回らない人たちを、鈍感、気が利かないと感じ、あまりひどいと嫌になる。気持ちの使い過ぎの長所と問題点を持ち、やろうと思えば気持ちで人を操作できる。深層心理で、ありのままの自分では愛されない、愛される人間になるためには仮面をつけなければならないと感じ、好かれるために善い人を演じてきたので演技性人格ともいわれる。この面は気持ちに頼り過ぎることをやめ、タイプ3とタイプ4はまず、自分の目指すタイプのセンターを使うようにし、最終的にはタイプ2、タイプ3、タイプ4、それぞれハートセンター以外のガッツもヘッドも使い3つのセンターがバランスよく使えるようになり「今、ここ」にいる感覚がわかると本質につながり解消される。

　ヘッドセンター（頭）　マンモスの時代の進化の話から考えると、ハートが暴走し、人の持つ嫉妬や妬みなどから起きる嫌な事件から、人々が共存していくためにルールを作った。ハートセンターが人に焦点を置いているのに対し、ヘッドセンターは出来事、状況に焦点がいく。気持ちに振り回されず、気持ちを脇に置いて考えることができる。冷静。感情的になること、感情に任せた勢いで行動することを嫌う。浪花節的な情の濃い人間関係よりも、さらりとした爽やかな関係が好みである。思考に頼っており、考えてから行動するので、大事なときの行動力に欠ける。先程の進化の話に戻ると、朝起きて何も考えずマンモスを狩りにいけるガッツセンターを見て愕然とする。考えないで行動する、考えないで生きることは怖くてできない。頭が回り全体を観察するので、何が損か、得かが見える。見えてしまうので自分にとって損する行動はしない。その行動が、ガッツセンターやハートセンターからすると、ずるさに感じることがある。

　頭で考えることが優れたことと考えており、頭を使い過ぎることでの長所と問題点を持つ。頭の回らない人を下に見る傾向があり、やろうと思えば頭を使って人をコントロールすることができる。ルールを決めていれば安心である。思考が目まぐるしく動いてしまうので、頭が無の状態のときにつながる本質になかなかつながらないため、心の奥底にある深い叡智を得ることができない。「考えれば解決できる」と頭だけに頼っている限り、安心感も得られない。信じられないかもしれないが、思考に頼らず、頭を無の状態にする訓練をし、人生を大きなものに委ね、流れに任せ、流れに乗る感覚になると安心できるようになる。他にも、ガッツとハートがあるので他のセンターも使うようにする。タイプ5、タイプ6はまず矢印の反対方向、目指すタイプのセンターにヒントがあるのでそこを捉えてみる。

13.1.2　気をつけよう

　誤解されると困るのは、**ガッツセンターは体が軸だから運動神経がよいとか、**

ハートセンターは心が優しい、ヘッドセンターが頭がいいというのは大きな間違いである。ガッツセンターは本能、経験、身体の感覚に頼り過ぎることによって問題を起こしやすい。ハートセンターは心に頼り過ぎることによって問題を起こしやすい。ヘッドセンターは自分の考え、思考に囚われ過ぎて問題を起こしやすい、と考えると判別しやすい。例えば、ハートセンターは気持ちに軸を置き過ぎているのでハートで失敗する。パートナー探しのときに、「この相手は私の本当の運命の相手なのだろうか」と思い始めると気持ちが回り過ぎて、今まで好きだった人が急に嫌になり輝いていた相手が急に色あせて見える。このような失敗を防ぐには、頭と心と身体を一致させ、目の前の出来事に集中し、「今、ここ」に居ること。このようなことは他の2センターでも、ハートは使っているのでありえなくはないが、ハートセンターは特に顕著にこのような感じでほかの様々な場面でも自分の気持ちに振り回され自滅することを招く、これがハートの使い方に問題を抱えるハートセンターの一例である。

　まとめると、ガッツセンターの人々は身体に頼り過ぎるのではなく心で感じ、頭も使うこと。ハートセンターの人々は気持ちの巡り過ぎに注意し、心と頭と行動を一致させ「今、ここ」目の前のものに集中する。ヘッドセンターの人々は頭の使い過ぎに注意し、無になれる何も考えない訓練を習得し、「今、ここ」に集中する。自分の得意なセンターしか使わないのではなく3センター全体から物事を考えるようにする。**以上がガッツセンター、ハートセンター、ヘッドセンターの説明である。あなたはこの3つの機能のうち、どの機能を中心にものを考え行動しているか？**

　正確なタイプ判断をするためには、この各センターの特徴をしっかりと理解するとわかりやすくなる。センターが違うと考え方が大きく違う。相手のセンターがわかるようになると、相手のセンターが受け入れやすい言葉や態度をこちら側が相手に合わせることによって、コミュニケーションは格段にスムーズになる。

　センター別のコミュニケーションの方法は、今回は簡単に記すが、その方法は、自分が相手のセンターと同じセンターを使うことである。**相手がハートセンターならハートの機能である心で感じ、心が動いたことを伝え合う。**嬉しさであったり、喜びであったり感動したことなどを話すとよい。**相手がガッツセンターなら、しっかりと地に足をつけて、お世辞や上辺の話ではなく「今ここ」でお互いに話していることに集中し、相手ときちんと向き合って腹を割って話す。相手がヘッドセンターであればヘッドの特徴、論理的に答えることを心がける。**すると会話がスムーズに進み、相手は受け入れられたような感覚になり信頼感が生まれ、リラックスしてコミュニケーションをとることができる。人は誰しも3つのセンターを持っている。相手が違うセンターなら、相手のセンターに合わせることで、自分の得意でないセンターは鍛えられ、他のセンターを使う訓練になる。不得意なセンターは、使うことによって発達する。相手のセンターに合わせてコミュニケーションをすることは、相手との絆も深まり、自分の使っていない

センターのトレーニングにもなるまさに一石二鳥の自己成長法である。

13.1.3　センターがわかるとタイプは判定しやすくなる

　基礎編のエニアグラムのタイプチェックは自分が思っている自分像であり、真に客観的に自分を見るということがなかなか難しいため、正確なタイプにチェックがつかない人も多くいる。そこで基礎編とのダブルチェックとしてこのセンターから判別する方法を巻末の「資料　実践活用編タイプチェック表」に記した。この判別法はまずは自分がどのセンターに当てはまるかを決め、その中の3つからどのタイプかを考えるやり方である。ガッツセンターに当てはまれば「8の【力・強さ】」か「9の【平和】」か「1の【正しさ】」の中のどれかが自分のタイプになる。ハートセンターに当てはまれば「2【愛】」「3【成功】」「4【独特さ】」ヘッドセンターに当てはまれば「5【知識】」「6【調和】」「7【楽しさ】」になる。

　9種類から自分のタイプを探すのはなかなか大変だが、まず3つのセンターのどれに当たるかを選んでもらい、そこからさらにその中の3つを選ぶ消去法の判断法なので、選ぶものが少なくなるぶん比較的自分のタイプが見つけやすい。時々質問されることに、自分はハートセンターだと思うのだけれども、タイプは7だと思うので、この診断はわかりにくい《※タイプ7はヘッドセンターでありハートセンターではない。ハートセンターなら、タイプ2の「愛、人とのつながり」を大切にするか、タイプ3の「成功」が大切か、タイプ4の「独特さ」が大切かのどれかになる。その理由からこのタイプチェック法が理解できないという意見》というようなことを言われることがある。気持ちはとてもわかるのだが、まずはそのような方も今まで自分の思っていたタイプを白紙にしてこのチェックにトライしていただきたい。

　このセンター分けをベースにする方法のポイントは、**体と心と頭の3センターの特徴をしっかり理解する**ことである。3つのセンターは、それぞれがとてもはっきりと違う個性を持っている。センターがわかってくると、タイプ7は一見ハートセンターに思えるが、思考を使って楽しいことを見つける、頭に重心を置くヘッドセンターを基盤としている、ということがわかってくる。まずは自分のセンターを探すことから始めてみる。次にバランスタイプか改革者タイプの説明を読んでから最後に巻末のチェック表で診断していただきたい。

〈バランスタイプか改革者タイプか〉

13.1.4　バランスタイプ

　ここでのバランスタイプとは、エニアグラムの図の円の中の正三角形にあたる3、6、9のタイプを指す。この3つのタイプは、タイプ3は、人生は目標を持って達成し「成功」しなければならないと感じており、タイプ6は「人に合わ

せて安心したい」と人々と共存し安全に暮らしたいと思い、タイプ⑨は「平和」で平穏な生活が一番であると、それぞれの価値観が一番だと思っているところは全タイプ共通である。しかしこの③、⑥、⑨のタイプは、自分だけの意見を主張することをよしとしない。何故なら「人間は様々な人と共存して生きるもの」という認識が根底にあるからである。ただし、タイプ③は自己主張型*2なので一見このバランスタイプではないのではないかと考える人がいる。たしかに咄嗟の反応のときタイプ③は、主張するが、長い目で見ると自分対他人という構図が続くのは耐えられない。自分が突っ走り過ぎているかもしれないと思い直し、全体からの折衷案を考える。このように、**バランスタイプは自分以外の他の人の意見も聞いてみようと思い、聞く耳を持ち、多数の人が賛成する意見を常識と捉えることから柔軟性のあるバランスの取れた人という雰囲気になる。**

13.1.5　改革者タイプ

　これに対して③、⑥、⑨以外のタイプは、自分の意見をしっかり持っている。この③、⑥、⑨タイプ以外の下に挙げた①、②、④、⑤、⑦、⑧のタイプは、たった一人でも自分の価値観の信念を曲げず、時には国の明暗を変えていくような大きなことを成し遂げたりするので、改革者タイプとする。例えば、意見をはっきり表明するかしないかは別として、10人中9人が同じ意見でも、自分の信念にそぐわなければ、自分の方が正しくて、あとの9人の方がおかしいと考える確固たるものを持っている。他の人は、物事の大切なことが見えていない、事の本質や正しさ、大事なことがわかっていないと感じる。

タイプ①「正しさ」　10人中9人が、「正しさよりも、折衷案でうまくやろう」などという意見を聞くと反発を感じる。正しいことは尊いことだと思っているからである。

タイプ②「愛・人とのつながり」　10人中9人が本気で「お世話になった人へのお礼は今年はお金がないから全員でやめよう」という発言を聞いて「そんなことはできるはずがない」と価値観の違いに驚く。

タイプ④「独特さ」　10人中9人が、例えば「デザインは適当で、一番人気のものを真似しよう」などの意見に、他の人は美しいものにしようという繊細さも持ち合わせていないと感じ、美意識のないこだわらない人を浅はかに感じる。

---

*2　自己主張型とは精神科医カレン・ホーナイの3つの分類。人がグループにいるときにどのような行動を好むかを提唱した。自己主張型：他者に対抗して動く―タイプ③・⑦・⑧。追従型：他者に沿って動く―タイプ①・②・⑥。遊離型：他者から離れる―タイプ④・⑤・⑨（出典：D. R. リソ、R. ハドソン『性格のタイプ』増補改訂版、春秋社、2000年）。

タイプ⑤「知識」　10人中9人が、大切な判断をしなければならない場面で「権力者がこう言ってますからそこはそうしましょう」という意見を聞くと、自分の頭で考えないで人の意見をうのみにするような人々を見下してしまう。

タイプ⑦「楽しさ」　10人中9人が、暗いこと、ネガティブな意見ばかりを言っていると、そんなことからは何も生まれないと思っているので、一人でも明るくしようとするかその場から立ち去る。

タイプ⑧「力・強さ」　10人中9人が絶対無理だと言っても、自分の方が正義だと思えば意見を主張し、一人でも戦うと思う。

13.1.6　センター別タイプチェック表（巻末の資料 p.185 に掲載）

　応用編タイプチェック表は、まずセンターを重視し、その次にバランスタイプか改革者タイプかを考える。各センターには3つのタイプがある。センターが決まり、バランスタイプであれば、ここで答えが決まる。センターには残り2タイプが存在し、これは両方とも改革者タイプである。改革者タイプのそれぞれのエネルギーの性質が外に出るか、内に向かうかの2択で判断し自分のタイプを割り出していく。エネルギーの性質が外に出るとは関心の焦点が外の世界に向いている、内に向かうとは関心の焦点が自分の内面に向いているということである。それでは是非巻末のチェック表にトライしていただきたい。

　基礎編のチェックと、応用編でのチェックのタイプはすべて同じだっただろうか？　同じだった人はそのタイプの可能性が極めて高い。同じでなかった人も、全く焦る必要はない。本来エニアグラムのタイプは、時間をかけて自分の内面をじっくりと見ていく作業である。その道のりが長ければ、それはまた、大切な気づきになる。そして可能であれば是非ワークショップに参加していただきたい。本来エニアグラムのタイプチェックは、本を読んだだけの頭の理解だけでは不十分で、それぞれのタイプの人を見て、その人たちの話を聞き、自分が体験、経験することによって腑に落ちていくものだからである。まさに、ガッツ（体）とハート（心）とヘッド（頭）、すべてのセンターを使って学ぶものなのである。ワークに参加すると、参加者すべての人が各タイプの師となり生徒となり、そこで**気づくことが成長**につながる。

13.2 ３つの本能型から自分のタイプを見つける

　タイプの誤認を避けるために知っておきたいポイントの一つに本能の３種類がある。これは 13.1 のセンターの話を一旦脇において考えてほしい。センターの話よりもう少し深いレベルでのタイプ分けと考えるよい。各タイプは本能の種類によってかなり印象が異なり、それを知っておかないとタイプの誤認につながる。例えばタイプ⑥の中でもサバイバル（自己保存的）本能型の⑥、セクシャル（性的・親密的）本能型の⑥、ソーシャル（社会的）本能型の⑥では印象がかなり違い、タイプ⑥のセクシャル（性的・親密的）本能型はしばしばタイプ④と勘違いされることが多い。以下に記す３つの本能型を頭に入れ、タイプ探しのときにまず自分の本能の種類が何であるか確認しておくと、タイプの誤認が少なくなる。**サバイバル（自己保存的）本能はガッツ的、セクシャル（性的・親密的）本能はハート的、ソーシャル（社会的）本能はヘッド的に映るのでそこを注意する。**

　人の行動の動機となる３つの基本的本能がある。サバイバル（自己保存的）本能、セクシャル（性的・親密的）本能、ソーシャル（社会的）本能の３つである。この３つの本能は、人によって優先しているものが違う。人はこの３つのうち最も優先する本能に突き動かされて動くので、人生はこの本能に大きく影響を受ける（翻弄される）。続いて２番目となる本能、最も力を持たない（影響を受けない）本能と続く。どの本能を優先するかによって関心ごとは著しく異なる。同じ本能型を持つ人同士は、エニアグラムタイプが違っても同じ価値観を共有しお互いを理解できる傾向がある。それに対し異なる本能型の組み合わせは、根本的な価値観がかなり違うため、より問題を抱える傾向がある。

　サバイバル（自己保存的）本能型　サバイバル（自己保存的）本能の人は、物質的な安全や快適さを得て維持することに没頭する。食べ物や衣類、お金、住居、健康についての関心が主な優先事項となる。この人たちが部屋に入ると、部屋の温度が快適か、照明が暗過ぎないか、埃っぽくはないか、椅子の座り心地はどうか、絶えずこのようなことが気になり、不満に感じ調整する。現実的で、人生の基本的な事柄に自分のエネルギーを注ぐ。快適な家や職場を維持したり、生活に役立つスキルを習得したり、節約術を学んだり、生活の整然とした流れが妨げられないようにする。しかし「成長のレベル」[*3] が健全ではなくなると、自分自身のケアがうまくできなくなる。ものをストックし過ぎたり、健康や食べ物のことに脅迫的にとりつかれたり、体をうまくケアできなくなる。サバイバルが最も発達していない場合、生活の基本的な事柄に対応することが自然には難しい。

---

*3　D. R. リソと R. ハドソンの成長のレベル：この章の後半に詳しく説明。

食べたり、眠ったりする必要があることを軽視する。また富や財産を築きたいという意識が薄く、気にかけさえもしないことがある。時間や資源の管理がおざなりにされる。社会生活、物質的幸福に対して有害な結果をもたらすことになったりする。

セクシャル（性的・親密的）本能型　エニアグラムタイプと同じようによいときはよいエネルギーになるが、悪いときに自分の足を引っ張ると考えれば、セクシャル（性的）本能型は、親密な関係において同じ問題を繰り返す。この本能型はつながりを絶えず求め、強烈な体験にひかれる。性的体験に限らず、同様の刺激、強烈な接点を求める。アルコール依存者がお酒をやめたくてもやめられないように、親密さに中毒している。プラス面は、広範囲の探究心。マイナス面は自分の真の目的、ニーズや優先順位に集中することが難しい。セクシャル（性的・親密的）本能型は、部屋に入ると自分をひきつける強烈なエネルギーの人に惹かれる。自分にとってわくわくする魅力的な人がすぐにわかる。自分の真の目的に集中できなくなる理由は、自分を満たしてくれる相手や状況を常に探しているからである。電源プラグがコンセントを求めているようなもの。ぴったりした相手を見つけたと感じると執着する可能性がある。この本能型が不健全[4]になると注意が散漫になり、親密な関係に対する恐れやぎこちなさに陥る。セクシャルが最も発達していない場合、親密さや、知的なこと、感情的なことであれ、関心を向けることは自然にはなりにくい。自分が何を好むかわかっていても、エキサイティングな感じになったり、熱中したりすることができない。人と親密になるのも難しい傾向がある。親密な関係を完全に避けることもある。配偶者、家族であっても分離している。

ソーシャル（社会的）本能型　人は社会的動物であるから、人は団結してお互い協力しなければ生存することが難しい、そのためには集団の組織の中で承認されたい、力を発揮したい、集団の中で安全であると感じたい、という本能である。この人たちが人々のいる部屋に入ると、誰が一番力を持っているのか、人気者は誰か、誰が自分の助けになってくれる人か、グループ間の権力闘争や微妙な力関係に気づく。自分が安全で、生き生きとしてエネルギーにあふれていると感じられるために、自分の周りの状況を把握しようとする。情報は世間が話題としていることから同僚の噂話まで。人々からの注目や、成功、名声、評価、名誉、リーダーシップ、感謝、組織の一部である安心といったことが喜びであり、それを求める。

　この本能型は、人との交流を楽しむが、親密さを避ける傾向にある。すべての本能に当てはまるが、不健全になると、本能の持つ素晴らしさが逆に現れ人を嫌

---

[4]　D. R. リソと R. ハドソンの成長のレベル：この章の後半に詳しく説明。

い社会に敵意を抱き、社会的能力が発達しない。他者を恐れ、疑い、仲良く付き合うことができないのに社会を求め続けることになる。社会型が未発達な人の場合、社会的な取り組みや、責任に関心を向けることが自然にはできない。社会的なつながりを作り維持する意味を理解できない。往々にして、人の意見の重要性を軽視する。自分が関わるコミュニティーと関わる感覚は最小限かもしれない。人とのつながりがあまりなく、他の人を必要としないし、他人も自分を必要にしていないと感じる。友人や家族とさえも頻繁に誤解が生じる。

　本能の種類で間違えやすくなる例　タイプ⑨「平和」のセクシャル（性的・親密的）本能型は、優しく慈愛にあふれ面倒を見ることをいとわないのでタイプ②に勘違いされることが多い。タイプ②「愛・人とのつながり」のソーシャル（社会的）本能型は、タイプ②が持つ粘着質的なところが、この本能型で軽減されるのでタイプ⑥と間違えられたりする。タイプ⑥「人に合わせて安心したい」のセクシャル（性的・親密的）本能型は、自分を守ってくれる強い保護者を求め、その願いが叶わなければ情緒不安定になることがあり、繊細で愛情を求めるタイプ④と間違えられる。
　本能の3種類による見分け方は比較的わかりやすい。また、他者への洞察力を高める訓練にもなる。

【ワーク】対象者：CD

質問 あなたの本能型は何ですか？　　　　　　　　　　本能型＿＿＿＿＿
　　　その理由も記入してください。

　　理由：＿＿＿＿＿＿＿＿＿＿＿＿＿＿＿＿＿＿＿＿＿＿＿＿＿＿＿＿＿＿＿

　　＿＿＿＿＿＿＿＿＿＿＿＿＿＿＿＿＿＿＿＿＿＿＿＿＿＿＿＿＿＿＿＿＿＿＿

質問 あなたの周りのサバイバル（自己保存的）本能型は誰ですか？　思い当たる人を挙げてみましょう。

　　＿＿＿＿＿＿＿＿＿＿＿＿＿＿＿＿＿＿＿＿＿＿＿＿＿＿＿＿＿＿＿＿＿＿＿

　　その理由も記入してみてください。

　　理由：＿＿＿＿＿＿＿＿＿＿＿＿＿＿＿＿＿＿＿＿＿＿＿＿＿＿＿＿＿＿＿

　　＿＿＿＿＿＿＿＿＿＿＿＿＿＿＿＿＿＿＿＿＿＿＿＿＿＿＿＿＿＿＿＿＿＿＿

質問 あなたの周りのセクシャル（性的・親密的）本能型は誰ですか？　思い当たる人を挙げてみましょう。

　　＿＿＿＿＿＿＿＿＿＿＿＿＿＿＿＿＿＿＿＿＿＿＿＿＿＿＿＿＿＿＿＿＿＿＿

　　理由：＿＿＿＿＿＿＿＿＿＿＿＿＿＿＿＿＿＿＿＿＿＿＿＿＿＿＿＿＿＿＿

　　＿＿＿＿＿＿＿＿＿＿＿＿＿＿＿＿＿＿＿＿＿＿＿＿＿＿＿＿＿＿＿＿＿＿＿

質問 あなたの周りのソーシャル（社会性）本能型は誰ですか？　思い当たる人を挙げてみましょう。

　　＿＿＿＿＿＿＿＿＿＿＿＿＿＿＿＿＿＿＿＿＿＿＿＿＿＿＿＿＿＿＿＿＿＿＿

　　その理由も一緒に記入してみてください。

　　理由：＿＿＿＿＿＿＿＿＿＿＿＿＿＿＿＿＿＿＿＿＿＿＿＿＿＿＿＿＿＿＿

　　＿＿＿＿＿＿＿＿＿＿＿＿＿＿＿＿＿＿＿＿＿＿＿（　　　　）

13.3　タイプの誤認を避ける「サブタイプ」

　ウイングの影響サブタイプ　9つのタイプは円周上に①から⑨まで配置されている。①から⑨までは流れがあり①→②、②→③、③→④と少しずつ変化をしながら進んでいく。タイプは両隣のタイプに影響を受ける。この自分のタイプの両隣を「ウイング」といい、影響を受けた性質を「サブタイプ」とする。同じタイプでもサブタイプが違うと印象が異なる（ど真ん中で両方の性質を持つ場合もある）。ここでは、サブタイプの特徴を記した。**サブタイプの影響を強く受けている人は、本来のタイプよりもサブタイプの方が色濃く出ていて主軸タイプを誤認することがある。**

　そのときは1節で学んだセンターを考えるとよい。この人のセンターは何か？　体、心、頭のどこを軸にしているか？　タイプ①のウイング2とタイプ②のウイング1は似ているが、センターはガッツ（体）を基盤にしているか、心を基盤にしているかの大きな違いがある。同様にタイプ④ウイング5とタイプ⑤のウイング4もセンターがハート（心）とヘッド（頭）で異なる。タイプ⑦のウイング8とタイプ⑧のウイング7もヘッド（頭）とガッツ（体）の溝がある。また、同じハートセンター（心中枢）でもタイプ②と③、タイプ③と④を迷ったときは、バランスタイプかどうかを考えればよい。一般の人に受け入れやすく、癖がないのがバランスタイプの特徴である。バランスがよければタイプ③、個性が強めだと感じれば③以外、エネルギーが外に向かっている（焦点が外に向かう）のがタイプ②、内に向かい自分の心に焦点が当たっているのがタイプ④ということになる。同様にタイプ⑤、⑥、⑦の場合もタイプ⑧、⑨、①の場合もバランスタイプはそれぞれタイプ⑥、タイプ⑨になるので、そつなく一般受けすると思えばタイプ⑥か⑨、個性がありキャラクターがしっかりしていると感じ、エネルギーが出ていると思えば、ヘッド（頭）ならタイプ⑦、ガッツ（体）ならタイプ⑧、エネルギーが内に入るヘッド（頭）ならタイプ⑤とガッツ（体）ならタイプ①になる。サブタイプも理解してタイプの誤認に注意する。以下はウイングの影響を受けたタイプの特徴である。**ウイングの後にそのタイプが健全なときの状態を表した。**

　タイプ①「正しさ」ウイング＝タイプ⑨　自然を愛し哲学的な理想を追求する　「正しさが一番、完璧であるためにコツコツと努力する」タイプ①に、同じガッツセンターである「平和が一番、皆仲良く、戦争なんてなくなればよい」と考えるタイプ⑨の要素が加わるので、ウイング2よりもどっしりとしている。洞察力がある。学究的で冷静、哲学的な雰囲気がある。内面志向、隠遁を好む。大衆よりも静かな自然環境を好む。感情表現はあまりしないが寛容で親切、思いやりがある。自然や動物、無垢なものを愛する。タイプ①の性質である物事を改善したいと望んでいるが、ウイング2よりも穏やかでこだわらない。

タイプ①「正しさ」 ウイング＝タイプ② 現実的で人類の行方をよいものにしようとする ガッツセンター「正しさが一番、完璧であるためにコツコツと努力する」タイプ①に、ハートセンター、感情を基盤とする「愛、人とのつながりが一番大切」と感じるタイプ②の資質を帯びるため、他者への関心がある。理想や高次の原理を求めるとともに、他者への共感と慈愛を持つ。人類の行方をよりよいものにすることに関心があり、そのためウイング9よりも現実に関わる。情熱的で、自分の主張や信念を分かち合う。

タイプ②「愛・人とのつながり」 ウイング＝タイプ① よきことをして皆を助ける 人にとって「愛、人とのつながりが一番大切」という価値観を持つハートセンターのタイプ②に「正しさが一番、完璧であるためにコツコツと努力する」ガッツセンター、タイプ①の要素が入るので、細かく生真面目、融通を利かせることが苦手、緊張感がある。目的意識、真面目さが加わる。タイプ①の道徳感とタイプ②の共感の組み合わせで人の苦しみを和らげたいという欲求につながる。他人が避ける魅力的でない仕事も引き受ける。面倒見がよい。

タイプ②「愛・人とのつながり」 ウイング＝タイプ③ 自分の愛で皆を守り支える 「愛、人とのつながりが一番大切」と考えるタイプ②が、「目標を立て達成し成功する」ことを大切とするタイプ③の要素を帯びるため、正しさよりも目標達成を重んじる。外交的。ウイング1よりも、緊張感がなく柔軟、おおらかな感じになる。個人的なつながりを作り、他の人たちをよい気持ちにさせる。人への献身の質より、自分自身の個人的資質に焦点が当たる。社交的で話し好き、魅力的で順応性がある。自分の持つ才能を、友人や家族に喜んで捧げる。はっきりとした個性を持っている。内面の豊かさを分かち合いたい。

タイプ③「成功」 ウイング＝タイプ② カリスマ的個人的魅力で成し遂げていく 「目標を立て達成し成功する」ことが大切だと考えるタイプ③に、「愛、人とのつながりが一番大切」と考えるタイプ②の要素を帯びるため、世話好き、人のために何かしたいという気持ちが強くなる。ウイング4よりも感情に動かされやすく、のびのびしている。外交的で元気、フレンドリーで寛容。人の助けになると同時に ③特有の落ち着きと自負心、個人的達成を維持する。愛されることを望み、人と親密でいたいという衝動があるが、より充足的な私生活や家庭的安定の代わりに、公的な生活や仕事で認められることを選ぶ。

タイプ③「成功」 ウイング＝タイプ④ 努力を見せない洗練されたプロフェッショナル 「目標を立て達成し成功する」ことを価値に置くタイプ③に、「人とは違う感性を持ち独特であること、特別感」を持つタイプ④の要素が加わるので、ウイング2よりも内省的、自分の美意識や、美的感覚にこだわる。個人的

魅力よりも仕事やキャリアの成功により自負心が持てる。自分の仕事が傑出していて、人からの高い評価を望み、自分のキャリアにかなりのエネルギーを費やす。プロ意識を守るため、個人的犠牲を払うことをいとわない。自分の仕事に誇りを持つ。そつなく魅力的、ウイング2よりもまじめで仕事志向。

　タイプ④「独特さ」　ウイング＝タイプ③　人とは違う貴族的趣味を生かして社会に関わる　「人とは違う感性を持ち独特であること、特別感」にこだわるタイプ④に「目標を立て達成し成功する」ことを価値観に持つタイプ③の要素が加わるため、創造性と野心、向上心、目的達成意識が加わる。社交的で、成功と同時にユニークであることを望む。自分自身を表現し、創造の成果を他の人に伝える必要性を感じ、喜んでくれる人がいることを意識する。そのための適切な表現様式を見出し、嫌な感じを起こさせるものや悪趣味を避ける。独特さを武器に、自分の分野で評価される位置を確立したい。

　タイプ④「独特さ」　ウイング＝タイプ⑤　社会規範に囚われない自由放浪的　「独特であること、特別感」にこだわるタイプ④に、ヘッドセンターである「知識が一番、賢くなければ生きられない」と考えるタイプ⑤の要素が加わるため、ウイング3よりもステータスや人の評価を気にしない。創造的、感情豊かで内省的。独特な自己表現をして人よりも自分のために創造する。創造のプロセスを楽しむ。探究心が強い。慣習や権威に挑戦的。自己表現のためにはルールを破る。

　タイプ⑤「知識」　ウイング＝タイプ④　洞察力で因習を打破する　ヘッドセンターである「知識が一番、賢くなければ生きられない」と考えるタイプ⑤に、ハートセンター「独特であること、特別感」にこだわるタイプ④の要素が加わるため内省的、創造的、感情的、芸術的。好奇心と洞察力の鋭さが組み合わさり独特なヴィジョンを表現したい。科学的思考よりも創造的活動を好む。情熱とクールさが入り交じる。他者が探究していない独自のものを求める。分析的、体系的な思考より想像力を活用する。

　タイプ⑤「知識」　ウイング＝タイプ⑥　観察し問題を解決する　「知識が一番、賢くなければ生きられない」と考えるタイプ⑤に、「人と調和して生きれば安心安全に生きられる」と考えるタイプ⑥の要素が加わるため、詳細な観察と様々な事実から安全を提供してくれるような場所を求め、化学、哲学、発明、修理などの専門分野に引きつけられる。協力的。実際的なことに興味を持ち才能を仕事に結びつけることができる。

　タイプ⑥「人に合わせて安心したい」　ウイング＝タイプ⑤　知識を使って

人々を守る　「人と調和して生きれば安心安全に生きられる」と考えるタイプ6に、「知識が一番、賢くなければ生きられない」と考えるタイプ5の要素が加わるため、専門知識に優れる。ルールや範囲が確定する知識、数学、法律、科学に惹かれる。政治や社会奉仕に関心がある。不利な立場にある人を擁護したい。分析家、評論家、教師に向いている。

　　タイプ6「人に合わせて安心したい」　ウイング＝タイプ7　魅力的なよき友　「人と調和して生きれば安心安全に生きられる」と考えるタイプ6に、「楽しくなければ人生じゃない、人生は明るさと喜びに満ちている」という価値観で生きているタイプ7の要素が加わり、魅力的で面白く、もう一つのサブタイプほど生真面目ではない。重苦しい話題を避け、仕事においては人との駆け引きに焦点を当てている。責任感が強く家族や友人の安全と幸福を確保するために犠牲を払う。仲間との付き合いを楽しみ人とのつながりを大切にし、ユーモアや体験への強い欲求がある。

　　タイプ7「楽しさ」　ウイング＝タイプ6　明るく賢い楽天的な働きもの　「楽しくなければ人生じゃない、人生は明るさと喜びに満ちている」という価値観で生きているタイプ7に「人と調和して生きれば安心安全に生きられる」と考えるタイプ6の要素が加わり、協調性があり組織力がある。頭の回転が速く生産的で陽気。多くを達成することができるがたいして努力していないように見える。ウイング8より前向き。変化を求め人付き合いが得意。

　　タイプ7「楽しさ」　ウイング＝タイプ8　頭の回転の速さとパワーで生き抜く　「楽しくなければ人生じゃない、人生は明るさと喜びに満ちている」という価値観で生きているタイプ7に「人生は弱肉強食、力を持ち、強くなければ生きられない」という価値観を持つタイプ8の要素が加わり、世界を楽しみたい。迅速で衝動的、物質的成功や力、名声を得ようとする。人生で欲しいものは何としてでも手に入れようと心に決めている。戦略的で自分の力量や手段を駆使し欲求を追求する。気取らず現実的。タフな心の持ち主。

　　タイプ8「力、強さ」　ウイング＝タイプ7　世界に挑戦し続ける　「人生は弱肉強食、力を持ち、強くなければ生きられない」という価値観を持つタイプ8に、「楽しくなければ人生じゃない、人生は明るさと喜びに満ちている」という価値観のタイプ7の要素が加わり、頭の回転の速さに現実的な可能性へのヴィジョンが組み合わさる。カリスマ的。人からのサポートを引き寄せる能力がある。行動思考で世界に影響を与えたい。能力を発揮し思っていた以上のことを成し遂げようと挑戦する。独立的。起業家精神が強い。

タイプ⑧「力、強さ」　ウイング＝タイプ⑨　心の温かい頼れるボス　「人生は弱肉強食、力を持ち、強くなければ生きられない」という価値観を持つタイプ⑧に「平和が一番、皆仲良くなり戦争なんてなくなればよい」と考える価値観のタイプ⑨の要素が加わるため、地に足がついていてリラックスした資質を持つ。着実で決断力がある。あからさまに攻撃的だったり気分を害することはない。心が温かく家族志向。人を保護することを通じて力とリーダーシップを主張する。自分なりのペースで独立していたい。人を安心させ、落ち着かせる能力がある。

タイプ⑨「平和」　ウイング＝タイプ⑧　大らかさとパワーで人を楽にする　「平和が一番、皆仲良くなり戦争なんてなくなればよい」という価値観のタイプ⑨に、「人生は弱肉強食、力を持ち、強くなければ生きられない」という価値観を持つタイプ⑧の要素が加わるので、感じのよさに加え、忍耐力や精神的強さがあり、人の気持ちを楽にする。パワフルで優しい。新しいプロジェクトを求め型にはまった生活のペースを時々変える。現実的。ウイング１より社交的。人と仕事をするのを好む。

タイプ⑨「平和」　ウイング＝タイプ①　平和で温かいワールドをつくる　「平和が一番、皆仲良く、戦争なんてなくなればよい」という価値観のタイプ⑨に、「正しさが一番、完璧であるためにコツコツと努力する」タイプ①の要素が加わるため、自分の理想について、はっきりした目的意識を持っている。様々な思想や視点を理想的な世界のヴィジョンにまとめて考えられる。価値判断を下さずに話を聞くことができ、見返りを求めず人の助けになりたい。理想的な世界に求める。ウイング８よりも冒険を好まず控えめ。

13.4　タイプの誤認を防ぐ質問票

　ここでは、タイプ誤認のチェックのための質問表を紹介する。これは1999年に鈴木秀子先生が国際エニアグラムワークショップで用いた質問票である。日本人だけではなく、様々な外国人を交えて行ったこのワークショップは、パネル式といって各タイプそれぞれ10名以上が壇上に上がり、各タイプごとに以下の質問をした。この質問群は、タイプの囚われに特化したものであり、他のタイプの人がタイプを間違えて壇上に上がったとしても、そのタイプでない人はこの質問群にうまく答えられないので、本人も、見ている人たちも、違うタイプであることに気づく。また、囚われに特化した質問は、自分の囚われについて深く見つめる絶好の機会になる。あなたは自分の想定タイプの質問内容を、すらすらと答えられるであろうか？　全部のタイプの質問を読んで、質問の意図が腑に落ちるようにわかり答えられるところがあなたのタイプの可能性が高くなる。重複するが、この質問のポイントが、各タイプの人にしかわからない囚われに特化してい

るからである。第一のチェック表が基礎編でのチェック、第二のチェック表がセンターからのタイプ分けチェックだとすると、この質問表はトリプルチェックとして確認のため使うとよい。

【ワーク】対象者：BCD

　できれば5人以上のグループで、質問役と答える人がいて周りは観察しているような状況が望ましい。周りも答える人がどの質問に一番生き生きして答えているか、よどみなく質問に答えられているかがチェックできるからである。そしてそのときには次の2項目を追加してワークをしていただきたい。①「どのような環境（学校生活、または職場環境）が最も心地よいですか？」②「あなたとうまくやっていくために私たちはどうしたらよいでしょうか。あなたをサポートするために、周りの人は何ができますか？」この2つの質問はとてもタイプの特徴が出る。もし、一人しかおらずセルフチェックする場合は、自分の想定タイプの質問の答えを、できれば声に出して、返答してみるとよい。頭で考えているだけよりさらに気づくことがある。想定タイプがいくつかあれば、それぞれのタイプの質問に答えてみる。以下がその質問表である。

タイプ①　怒り

① タイプ①は、仕事をミスなく正しく終わらせること、つまり完璧であることに焦点が合っていて、ほかのことには気がいかないといわれています。そのことについて話していただけますか。

② 完全さとは、あなたの人生において、どんな意味がありますか。あなたの人生にどんな影響を与えていますか。

③ 物事が正しいか正しくないか判断するとき、どんな基準を使っていますか。その基準はどこから来るものでしょうか。

④ タイプ①は、怒りを抱えても表に出さないタイプといわれています。なぜ表に出さないのでしょうか。日々の生活の中で、怒りは自覚していますか。

⑤ 怒りが湧いたときはどうしていますか。

⑥ タイプ①は自分の中に内なる批判者がいると言われています。批判者はいつもあなたに何と言っているのでしょうか。

⑦ 自分が、「しなければいけないこと」と、自分が「したいこと」があります。この2つを混同してしまっていませんか。あなたはやりたいことを、やっていますか。

答えられる質問（番号）：＿＿＿＿＿

タイプ② うぬぼれ・プライド

① タイプ②は、人を見ているだけで、その人が何を必要としているか、その潜在的な欲求までわかるといわれています。具体的な例を挙げて話してください。
② タイプ②は、深層心理では見返りが欲しいために人に何かを与えるといわれています。人を喜ばせると、あなたにどんな満足を与えてくれるのでしょうか。
③ タイプ②はプライドが高いといわれています。その点で思い当たることを話していただけますか。
④ 人に何かしてあげることができるという感覚について思い当たることを話してください。
⑤ もし誰かに何かをしてあげようとしたときに拒否をされたり、あなたがしたことが迷惑だと言われたらどうなりますか。どんな感情が湧き起こってきますか。
⑥ タイプ②は相手を喜ばすために相手に自分を合わせるといわれています。その人の関心事や、趣味、嗜好、欲求に自分を合わせて情報を集め、会話や行動を取ることはありませんか。
⑦ タイプ②は他の人の必要はわかるのに、自分自身の必要がわかりにくいといわれます。あなたの本当にしたいこと、向いていること、好きなことは何ですか。

答えられる質問（番号）：＿＿＿＿＿＿

タイプ③ 欺き・イメージ

① タイプ③は他者からのよい評価や賞賛、賛同など承認を求めているといわれます。褒められればとても嬉しくなり、褒められないと不安になるといわれます。それについて話してください。
② 一つのプロジェクトが完了したら、その後どうしますか。プロジェクトが完了したときの気持ちと、その後について話してください。
③ タイプ③は、効率を重んじ時間の無駄が嫌いだといわれます。そのエピソードを何か話してください。
④ あなたにとって成功とは何でしょうか。
⑤ あなたは失敗をしたことがありますか。失敗について話してください。
⑥ 人生の中で、競争とは何ですか。競争はあなたの人生にどんな影響を与えていますか。
⑦ タイプ③はスマートなイメージ、魅力的な好印象のイメージをつくれるといわれます。それについてはどう思いますか。また素敵なイメージが先に目立ってしまい、本心がわからないともいわれます。それについてどう思いますか。

答えられる質問（番号）：＿＿＿＿＿＿

タイプ④　羨望

① 羨望についてお聞きします。羨望とは何ですか。具体的な例を挙げて話してください。

② タイプ④は、喪失体験をかみしめているといわれています。これについて話してください。

③ タイプ④は、自分の手に入らないものに憧れ、過去のかつてあったもの、これから来るもの、今現在自分にないものに思いを巡らせるといわれていますが、これについて具体的な例を挙げて話してください。

④ あなたが誰かをあちらに押しやってしまって、その人が遠のき始めたらどうしますか。どう感じて、次にあなたは何をしますか。

⑤ タイプ④は、今の仕事は現在の生活を維持するためにあり、本当に好きな仕事やりたかったことは他にあるといわれています。これについて話してください。

⑥ 心が動かされるような強烈な体験、普通の人にわからない実はとても美しいことなどに心惹かれるといわれます。これについて話してください。このことはタイプ④は自分の価値を確かめようとしているといわれていますがそれについてはどうですか。

⑦ 刺激も変化もない、平穏な毎日が続く生活環境にずっといなければならないことになったら、どう思いますか。話してください。

答えられる質問（番号）：＿＿＿＿＿＿＿＿＿

タイプ⑤　出し惜しみ・けちくささ

① タイプ⑤は、感情を自分から切り離しているといわれます。それについて話してください。

② あなたの人生で、感情はどのようなものですか。

③ タイプ⑤の人々は、人と親密な関係を持つことがなかなか難しいといわれますが、それについてどう思いますか。このことがあなたの人間関係に、どんな影響を与えていますか。

④ ある人がひどく感情的になっている状況に居合わせることになったら、あなたは何を考えますか。そして何をしますか。

⑤ 人と境界を設けることは、あなたにとって大切ですか。

⑥ あなたにとって最も心地よい、あるいは満足できる環境とはどんなものでしょうか。

⑦ タイプ⑤はある意味では話しやすいともいわれます。これについてどう考えますか。

答えられる質問（番号）：＿＿＿＿＿＿＿＿＿

タイプ⑥　恐れ

① 人の集まりに参加したとき、そこにいる人を観察し周りを見回しながら、あなたは何を考えますか。
② タイプ⑥は、習慣的に他の人の意図や動機を詮索しているといわれています。それは本当ですか。そして何を詮索しているのでしょうか。
③ 頭の中で妄想が膨らむのを止めるにはどうしたらよいですか。このような状況からどうやって自分を解放していますか。
④ 権威とはあなたにとってどのようなものですか。権威との関係はどんなものですか。権威を認めて信頼しますか。それとも権威に挑戦しますか。
⑤ タイプ⑥は、気がつくと最悪の結果ばかりに意識が集中するといわれます。それについて話してください。
⑥ あなたにとってルールとはどんなものですか。
⑦ あなたが最も心地よく安心できる人間関係とはどんなものですか。

答えられる質問（番号）：＿＿＿＿＿＿

タイプ⑦　放縦

① タイプ⑦は、周りに魅力を振りまくことで、自分は害のない人間だとアピールしているといわれます。あなたにとってこれはどんな意味がありますか。
② タイプ⑦は、エニアグラムでは、楽しみを手当たり次第、体験していくといわれています。いつもスケジュールがぎっしりつまっており、次々と楽しい計画で頭がいっぱいです。これについて具体的な例を挙げて話してください。
③ あるプロジェクトに長期的に携わったり、ある特定の人と長い間責任ある関係を持つことは難しいですか。そのことについて話してください。
④ 失望したり、困難に直面したりすると、あなたの関心はどこへ向けられますか。
⑤ 痛みにはどう対処しますか。
⑥ 常に新しい体験や冒険を求める傾向が、あなたの人間関係にどんな影響を与えていますか。
⑦ たった一人の人との関係しか持てないという現実に直面したときの、自分の気持ちはどのようになりますか。

答えられる質問（番号）：＿＿＿＿＿＿

タイプ⑧　傲慢・力への渇望

① タイプ⑧は白黒はっきりしているといわれますが、それについて話してくだ

さい。
② タイプ⑧は、この世は弱肉強食だと感じているといわれます。そのことについて話してください。
③ 何かに対して復讐すること、あるいは復讐したいと考えることが、あなたの人生に影響を与えていると思えることがありますか。
④ タイプ⑧はすぐに怒りを表すことができるといわれています。どんなときに怒りが湧いてきますか。それは他の人にどんな影響を与えますか。
⑤ タイプ⑧は、外から見ると、攻撃的だとか、支配的だとか、怖い印象がありますが、タイプ⑧にも弱さもあります。あなたは、どんな人に対してなら、悲しいとか、傷ついたとか、弱さを持っているということを見せることができますか。またタイプ⑧は優しさを隠すといわれますが、なぜ優しさを隠そうとするのでしょうか。
⑥ タイプ⑧は、非常に強いエネルギーの衝動を過剰に持っているといわれています。これについて話してください。
⑦ タイプ⑧は親分肌、姉御肌といわれ、面倒を見てもらった人にはとことん尽くし、自分を慕ってくるものをとことんかばうといわれます。そのことについて話してください。

答えられる質問（番号）：＿＿＿＿＿＿

タイプ⑨　怠惰／ものぐさ
① タイプ⑨は、愛する人の関心ごとに自分を同一化してしまうといわれています。あなたの人生で他人との境界線（距離）とはどのような意味がありますか。
② タイプ⑨は、自分の興味や欲求がよくわからないといわれています。そのことについて話してください。また、欲求がわからないのに何かを一度やり始めると、今度はずっと続けてやめられなくなるともいわれています。これについてはどうですか。
③ あなたの人生で、怒りはどのように現れてきますか。怒るとどうなりますか。また対立を避けたい欲求があるといわれます。それについて話してください。
④ タイプ⑨は穏やかで焦らず、「明日やれることは明日やろう」と無理をしないといわれます。それについてどう思いますか。また周りで無理をしている人を見るとどう感じますか。
⑤ タイプ⑨は平穏な毎日を好み、人や外部の刺激がないとなかなか動けないといわれていますが、そのことについて話してください。
⑥ タイプ⑨は嫌なことがあってもゆっくり寝て、おいしいものを食べれば、「まあいいか」と忘れていくといわれます。これについて話してください。

⑦　タイプ⑨は、素早く迷わず決定を下すことをしないといわれています。これについて話してください。誰かから、何かを決めてくださいといわれたとき、あなたの心の中では何が起きていますか。

答えられる質問（番号）：＿＿＿＿＿＿

13.5　成長のレベル

13.5.1　愛の反対は怖れ[*5]

　鈴木先生に、愛の反対は怖れであると学んだ。愛のエネルギーに基づいて生きているときには、エニアグラムの自分のタイプは素晴らしさや長所、魅力が輝いている。反対に、怖れがベースになってくると、自分のタイプのネガティブな面が強調されていく。

愛・本質 とつながっているときの特徴

　愛に満ちている・自信がある・充足している・自分の使命を実現したいと感じる・ほかの人にも有利なことに興味がある・安心できる人間関係を築ける・汚れのない良心を持っている・愛に基づいて行動する・今この瞬間「今、ここ」に焦点を当てている・一貫性がある・温かく守られている感じがする・緊急事態でも楽観的・寛大である・地に足がついている

愛・本質とつながっていない（＝怖れがベースになっている）ときの人の特徴

　嫉妬深い・不安・何かが欠けていると信じている・自分の目的を先送りしようとする・自分が勝ち、相手が負ける競争を信じている・捨てられることを恐れている・罪悪感を持っている・たくらみ、操つる・「今ここ」ではなく、過去や未来に焦点を当てている・衝動的で一貫性がない・冷たく、怒りっぽい感じがする・命令するような声をしている・欲張りである・ぎこちなさがある。

　表 13.1 はエニアグラムセンター別の愛・本質とつながっているときといないときの表である。

13.5.2　成長のレベル 9 段階

　「成長のレベル」というものが各性格タイプにあり、9 段階に分けられる。レベル 1 に近づくにつれ、囚われない解放された人物像になることから解放のレベルとも言われる。エニアグラム研究家、D. R. リソが 1977 年に発表した。この表は、人間の複雑さを表現している。同じタイプでも、心を開いていてバラン

[*5]　D. バーチュー『エンジェル・ガイダンス』ダイヤモンド社、2008 年に掲載されている「高次の自己の特徴」「低次の自己の特徴」から引用。

表13.1 本質とつながっているとき・いないとき

	本質とつながっていない	本質とつながっている
（頭） ヘッド センター タイプ （5・6・7）	頭の中のおしゃべり 解明 戦略、疑い 不安と恐れ 予期 「今、ここ」にいない。 未来志向	頭の中の静けさ 内なる導き 知ること、明晰さ 支えと安定 内部志向（自己の基準に従う） 「今、ここ」にいる
（心） ハート センター タイプ （2・3・4）	自己イメージ ストーリー 感情 ムードへの執着 他の人に影響を与えるように、 適応する 「今、ここ」にいない。 過去志向	真正 真実 慈愛 赦しと流れ 内部志向（自己の基準に従う） 「今、ここ」にいる
（体） ガッツ センター タイプ （8・9・1）	境界 緊張、麻痺 防衛 分離する いらだち 「今、ここ」にいない 現在への抵抗	生命とつながっている リラックスしている、開いている 感じている 内なる力 落ち着いている 受容 「今、ここ」にいる

（出典：D. R. リソ、R. ハドソン『エニアグラム【基礎編】：あなたを知る9つのタイプ』角川書店、2001年を一部改変）

スが取れストレスをうまく切り抜けられる状況の人もいれば、悩み行き詰まっている状況の人もいる。そうなると一見同じタイプに見えない場合がある。タイプ内で、そのときによって状態が移り変わることを反映したこの表は、タイプの誤認を防ぐものになる。リソは、健全な状態とは、本質につながり性格構造や自我の習慣の制約から自由になり「今、ここ」の瞬間に居られる状態である、そして健全度が下がるにつれて、自由が制限され、自分にとっても周りの人にとっても苦しみが増える、と伝えている。また先ほど述べた「愛の反対が怖れ」という視点から考えると、愛、本質、サムシンググレート[6]、真我、仏性といった、人の

---

* 6　サムシンググレート：生命科学の現場で研究をし続けてきた筑波大学名誉教授である村上和雄氏は、研究をすればするほど、生命の本質は人間の理性や知性で説明できるようなものではないと感じるようになった。命は人間の理屈では到底作り出すことのできない崇高な人知を超えた大自然の不思議な力がかかわっている。その崇高なエネルギーを村上和雄氏はサムシンググレートと名付けた（村上和雄『人を幸せにする「魂と遺伝子」の法則』致知出版社、2011年）。

心の奥底にある尊いものにつながっているときが健全な状態のレベル 1 に対応し、心の奥底にある尊いものの存在を忘れ、この世を自分の自我だけに頼り生き抜かなければならないという、生きるために戦っている状態がレベル 9 なのではないかと考えられる。

　普通の状態から落とし穴に入り、囚われに入ってしまったときは、愛の反対である、怖れや恐怖からの発想や言動が多くなり、愛の状態にあれば解放され幸せを感じられ、自分の魅力を輝かす状態になる。その段階を示している表である。誤解しないでいただきたいのは成長のレベルというと優れているか優れていないかというように考えがちだが、それは違う、そうではない。これは本質につながっている度合いであり、極端に言えば、人生を幸せに感じられ楽に生きられる状態がレベル 1、人生はつらく苦しく生きにくいと感じるのがレベル 9 という考え方である。苦悩の中から美しい芸術を生み出し自ら命を絶った偉大な作家や芸術家は少なくない。自分の生き方は自分次第であるし、その生き方は自分で決めることである。しかしこの仕組みを知っておけば、自分で自分の状態をコントロールできる。苦しみから生まれる芸術はたくさんある。苦しいままで抜け出す方法を知らないのと知っているのでは大きく違うのではないかと思う。

　今の状態が「レベル 9」に近い状態にあり、息を吸うのも苦しいという段階にいる人は、諦めることはない。人間誰しもよいときと悪いときがあり、その間を行ったり来たりするものである。状態が悪いと気づいたときは、ゆっくり休んで後は少しずつこの表を目安にしながら、楽になる方向へ向かっていけばよい。土砂降りの雨の後は必ず陽の光が降り注ぐ。人の意識は固まりではないから必ず変容する。健全の状態、レベル 1 のような状態になると心は軽くなり、生きることに明るさと温かさを感じ、何が起こっても振り回されない軸ができる。与えられた命を大切に、自分らしく輝く方法を見つけ、無理することなく自分の個性を生かしていくと、喜びがうまれ、自分も他人も幸せにすることができる。これが囚われの反対、自分の持って生まれた素晴らしさを輝かせるということになる。

レベル 1 からレベル 3　健全な段階　健全であり続けるためには健全であることを目標としてそのことを意識し続ける。そして意識して「今、ここ」に存在し続ける。自分のタイプからくる正しさ、考え方がすべてだという思い込みからは脱出している。利己的ではなく利他的である。バランスがよく、成熟していて、能力が高く、信頼できる印象を与える。何が起きても悠然と構えられる余裕があり、穏やかで温かい。

レベル 4 からレベル 6　通常の段階　自分の性格タイプの正しさ、囚われとの同一化が進んでいく。自分の性格タイプの考え方が一番正しいと思っている。開放度が下がるにつれ自己中心性を強め、自分の自己イメージを支えてくれない多くの問題ある人間関係を生み出す。自分や他人を操作し、コントロールするとい

128

うことが強まり対人関係の葛藤は避けられない。自分と他人という分離が強まるので、人間はみな平等という考え方よりも自分より上か下かという差別の感覚が生まれる。

レベル7からレベル9　不健全な段階　本質とのつながりを失い現実感が喪失する。性格の自動反応と幻想の迷路に囚われ、自分軸のコントロールを失い、見ている焦点の矢印が完全に外界に向いている（焦点が自分の内面に向いていない）。外界の環境は恐れと葛藤、プレッシャーが山ほどある生きづらい大変な世界になっている（自ら創り出している）。周囲や環境に期待し裏切られ絶望するということを繰り返す。自分の持って生まれた性格の狭い思い込みに同一化してしまうために、ほかの解決方法が想い浮かばない。想い浮かんだとしても解決することは無理である。この状況が意志によってではなく、このメカニズムを知らない無知によって不健全な状態にとどまってしまう。不健全な段階は自己放棄の段階になってしまっているといっても過言ではない。外界から起こる問題によって、破滅しないように内面の力を育てるためには、不健全から通常へ、通常から健全へ、自分の性格タイプに振り回されることなく本質とつながることである。

レベル9になったとき　レベル1になるためには、必ず意識的な選択と努力がなければ到達できない。そして一気にレベル1の状態を目指すのではなく、自分のペースで、レベルを1段階ずつ焦らずに自分のペースで意識してあげていく。つらいときに、何とかしようとして努力してもうまくいかず、その努力が失敗だったと自分を非難してしまうと、逆にそれは再びレベルを下に落とすことにすらなる。どんなときでも自分を責めない（14章参照）。レベルの段階を上げる努力は自分の性格が持つパターンを捨て去る努力である。

　レベル9の段階は、どのタイプでも、この世に絶望するか、自分が生きるのに精いっぱいの状態で、楽になれるならと自殺も身近になる。自暴自棄になれば他人にも危害を加えかねない。これは誰もがなりうる可能性を持っている。鈴木先生も、素晴らしく健全な人格だった人がレベル9まで変化したのを見ていると仰っているし、筆者もレベル9も、レベル8も経験している。自分のタイプの囚われに突き動かされ、その自動反応に振り回されると状態は悪くなる。誰しもがその可能性は自分にもあると感じて、最悪の事態になる前に、自分の囚われの自動反応に気づき、振り回されないように、自分で自分の手綱を取る。エニアグラムでは自分がよい状態になれる方法がタイプ別に記されている。エニアグラムを多くの人が知り、自分自身の心を見つめ、心のあり方に取り組んでいくことで、絶望し苦しみの中にあっても、明るく温かく幸せだと感じられる状態に誰しもが変容する。エニアグラムをすべての人に知っていただき、幸せに生きていただきたい。**表13.2は、自分の今いるところの物差しとして使っていただきたい。**

表 13.2　性格タイプ別成長レベル：9 段階

健全	レベル1	各タイプ共通（各タイプの人物像は p.132 参照） ・自分の性格についての思い込みを手放すことから根源的欲求を満たす。 ・今の自分に感謝し、日々の小さなことに幸せを感じられる。 ・頭と心と体の機能が相互にバランスよく働いていて、「今ここ」に生きており人生を楽しむことができる。 ・自分軸で生きている。 ・自分の意識の焦点が自分の内面に向かっている。（意識の焦点の矢印→が自分以外の出来事である外の出来事ではなく、自分自身の内面に矢印→が向かっている。） ・本質から生きることを実感している。 ・自己イメージを手放し、根源的恐れや、囚われに取り組み、気づきを広げ、根源的欲求を適切に生かせる。 ・ここに至るプロセスの中で、バランス、知恵、勇気、不屈の精神、また自我の問題に関わる不安に打ち勝つ人格となった。 ・これまで探し求めていた資質を、実は自分がすでに持っていたことを知り大きな驚きと喜びを感じる。 ・このような開かれた生き生きした状態が、心地よいのでこの場（レベル1）にいたい。
	レベル2	レベル1では自分の内面を見つめていたものが、焦点が外界に向き始める。外から見える自分を意識しはじめる。レベル2からレベル9まで、各タイプの後には人からどう見えているかを人物像として記した。 タイプ①「正しさ」　理想的な人 タイプ②「愛・人とのつながり」　面倒を見る人 タイプ③「成功」　自信を持った人 タイプ④「独特さ」　自己認識を持った直観力の人 タイプ⑤「知識」　洞察力の鋭い観察者 タイプ⑥「人に合わせて安心したい」　人をひきつける友人 タイプ⑦「楽しさ」　心に束縛のない楽天家 タイプ⑧「力・強さ」　自信に満ちた人 タイプ⑨「平和」　受容性に富んだ人
	レベル3	自己イメージが強くなってくる。私はこんな人間だ。 タイプ①「正しさ」　節操の高い教師 タイプ②「愛・人とのつながり」　人を育てる助力者 タイプ③「成功」　優れた模範 タイプ④「独特さ」　自分をそのまま見せている人 タイプ⑤「知識」　的を絞った革新者 タイプ⑥「人に合わせて安心したい」　約束に背かない勤勉家 タイプ⑦「楽しさ」　実績を上げる万能選手 タイプ⑧「力・強さ」　建設的な統率者 タイプ⑨「平和」　協力的な調停者

表13.2 続き

通常	レベル4	レベル1では内面を見つめていたものが、焦点が自分軸よりも外側の環境の人間関係に当たり、もっとよくするために頑張らなければならないと焦りが生まれる。 タイプ① 「正しさ」 理想主義の改革者 タイプ② 「愛・人とのつながり」 大げさな感じの友人 タイプ③ 「成功」 競争心が強く地位を狙う タイプ④ 「独特さ」 想像力豊かな審美家 タイプ⑤ 「知識」 学究的な専門家 タイプ⑥ 「人に合わせて安心したい」 義務を忠実に果たす人 タイプ⑦ 「楽しさ」 経験豊かな世慣れた人 タイプ⑧ 「力・強さ」 進取的な冒険者 タイプ⑨ 「平和」 人に合わせて役割演技をする人
	レベル5	外側の世界に対してさらに不安や不満が増大し、自分の正しさがまかり通らないことからイライラや不満が募る。 タイプ① 「正しさ」 規律正しい人 タイプ② 「愛・人とのつながり」 所有欲の強い「親友」のような人 タイプ③ 「成功」 イメージ意識の強い実利主義者 タイプ④ 「独特さ」 自己陶酔の夢追い人 タイプ⑤ 「知識」 一心不乱に概念を作る人 タイプ⑥ 「人に合わせて安心したい」 アンビバレンスな厭世家 タイプ⑦ 「楽しさ」 異常に活動的な社交人 タイプ⑧ 「力・強さ」 支配的な権力で説得する人 タイプ⑨ 「平和」 表面だけで関わる人
	レベル6	自分はこれだけ努力しているのに、そうではない周りを愚かに感じる。 タイプ① 「正しさ」 善悪で判断しがちな完璧主義者 タイプ② 「愛・人とのつながり」 「聖人」のごとく振舞う尊大な人 タイプ③ 「成功」 自己中心な自分を売り込む人 タイプ④ 「独特さ」 放縦で異例な人 タイプ⑤ 「知識」 挑発的な皮肉屋 タイプ⑥ 「人に合わせて安心したい」 反抗的な権威主義者 タイプ⑦ 「楽しさ」 行き過ぎの快楽主義者 タイプ⑧ 「力・強さ」 敵対して対決する タイプ⑨ 「平和」 あきらめた宿命論者

表 13.2　続き

		自分は人生を失敗してるのではないかと思い始める。 タイプ①「正しさ」　人間嫌いで不寛容 タイプ②「愛・人とのつながり」　自己欺瞞の人 タイプ③「成功」　不正直なご都合主義 タイプ④「独特さ」　疎外された鬱状態の人 タイプ⑤「知識」　空虚感を抱える孤立した人 タイプ⑥「人に合わせて安心したい」　過剰反応する依存者 タイプ⑦「楽しさ」　現実逃避する衝動的な人 タイプ⑧「力・強さ」　無情なならず者 タイプ⑨「平和」　要求に応じない弱者
不健全	レベル7	
	レベル8	絶望の一歩手前。自分の考えていることをほかの人に知られてはいけない、分離感が強くなり孤独。 タイプ①「正しさ」　強迫観念に囚われた偽善者 タイプ②「愛・人とのつながり」　高圧的な支配者 タイプ③「成功」　悪意のあるだます人 タイプ④「独特さ」　感情で苦しんでいる人 タイプ⑤「知識」　怖がりの異邦人 タイプ⑥「人に合わせて安心したい」　被害妄想でヒステリーの人 タイプ⑦「楽しさ」　強迫神経症からの躁状態 タイプ⑧「力・強さ」　極度の誇大妄想家 タイプ⑨「平和」　自分と乖離し人形の様になっている
	レベル9	絶望の人生。世の中は希望のない世界。絶望にしか見えない、息を吸うのも苦しい。死んでしまい楽になりたい。もしくは世の中を恨み加害者にもなる。自分が生きることが精いっぱいの状態で、自殺や、他人に危害を加えることも起こしかねないくらい追い詰められている。 タイプ①「正しさ」　復讐を考える懲罰的な人 タイプ②「愛・人とのつながり」　心身症による犠牲者 タイプ③「成功」　執念深い精神病者 タイプ④「独特さ」　自滅 タイプ⑤「知識」　分裂病症状が内側で爆発する タイプ⑥「人に合わせて安心したい」　自滅的な被虐者 タイプ⑦「楽しさ」　恐怖にとりつかれた「ヒステリー患者」 タイプ⑧「力・強さ」　凶暴な破壊者 タイプ⑨「平和」　捨て鉢の亡霊

（出典：D. R. リソ、R. ハドソン『性格のタイプ』増補改訂版、春秋社、2000 年を一部改変）

132

レベルが下がるにつれ表現している人物像を強烈に感じると思うが、人物描写から言わんとしている内容を汲み取っていただきたい。自分の今の状態を知り、よりよく生きるための目標を立てる指針としてほしい。

13.5.3　各タイプ最高の状態

前項では不健全になるとどうなるかを見てきたが、以下は各タイプが、自分らしく輝き、魅力を発揮しているときの状態「成長のレベル」のレベル１の状態をタイプ別に表した。どのタイプもとても魅力的で輝いている。この状態を心に置いて目指して生きる。人は変容する。この状態はあなたが囚われから解放され本来の自分を生かしているときの状態である。

タイプ①「正しさ」 ⇒ 賢い現実主義者

非常に健全なタイプ①は、自分の衝動が、恐れていたほどには、支離滅裂でも、驚異的でもないことがわかるので、自分の人間性を全面的に表に出すことをはばからない。健全さが続く限り、自分の必要も、感情も、押さえつけることをしない。超自我[*7]の声が自分自身の中で非理性的で支離滅裂であるとした部分も、それ以外の心の部分と平衡を保つようになり、性格全体として統合される。主観と客観的な側面が同列なものになり、極めて現実的になって、人生と自分自身を受け入れる。健全なタイプ①は、並はずれて円熟し、分別がある。理想にひかれてはいるが、それを息苦しい命令としてではなく、個人として達成する意味を持つものだと考える。すべてを完璧にする必要も、自分が絶対的な完璧な存在になる必要も感じない。さらに超自我が命じる、厳格なルールや、主観と客観の区別などを外していくにつれ、あらゆる状況に適応できるような、理想とルールはないことを知る。

完全な人間になることは、十分にやりがいのあることである。完全な人間を目標にすることによって、人間として可能なところまで、完璧さに近づくことになる。ここまで健全なタイプ①は「天使も同然」の存在であり、偉大で気高い精神を具現化する。この状態では並外れた判断力を持つので、あらゆる性格タイプの中で最も賢明である。理想にではなく、現実に根ざしているので、彼らの判断はとびきり素晴らしい。どのような状況にあっても、論理的な理由づけなどを飛び越えて、なすべき最善の真理を見抜く。世界でどのような行動を取ることが正しく適切なのか、最も明晰な感覚を持ち、他者の指針となる。健全なタイプ①は、寛容で自分自身も他者も同じように受け入れ、他者に寛容である。真の寛容さと

＊7　超自我：超自我とは今まで生きてきた中で親や先生それに代わる権威からの厳しい言葉が自分を律する内面の声となったもの。子どものころ親や権威に従っていればよい子だと褒められ、従わなければ叱られた、その声が超自我である。特定の基準に沿っていなければなし、応えていれば自我を褒める。超自我を神の声と間違える人も多い。超自我はそれに乗っ取られないようにしなければ心の成熟が止まってしまう。

は、善意の人たちそれぞれの意見の差を尊重する能力である。健全なプロテスタントのタイプ[1]は、自分自身が選び取った神をあがめる自由と、同じ自由を、ユダヤ教にもカトリックにもイスラームにもヒンズー教にも認める。他者にもその人自身のやり方で真理を自由に発見することを受け入れているからである。この状態なタイプ[1]は他者が理解しやすいように心理を語ることができる。タイプ[1]が持つ理想によって、他者が脅かされることはない。

　非常に健全なタイプ[1]は、自分の考えよりも、究極の価値を大切にするので、このように寛容になることができる。卓越した精神を念頭に置いていることで、現実に対して大きな展望を持ち、それがすべてのことを正しく見る能力の源である。認識力が非常に深いので、どのような状況下でも、本当に最重要なことに焦点を合わせることができる。文字通りに一目で何が、「より大きな善」かを見分けられる。道徳的秩序に置いている信頼は非常に深いので、自分の目で見て他者の生き方が誤っていたとしても、思いやり深く何も言わず許容する、なぜなら誤りが最終的に真理に打ち勝つことはないと信じているからである。彼らは、真理は現実の本質そのものであり、真実は常に勝つと信じている。

タイプ[2]「愛・人とのつながり」　⇒　公平無私の利他主義者

　最高の状態のとき、驚くほど私心がなく利他的、無条件の愛を他者に捧げ続けることができる。自分を顧みることなく、お返しに愛されなくても人を愛す。タイプ[2]のレベル1にとって、お返しは重要なことではない。真に無条件の愛は自由なものである。愛するか愛さないかは自由だし、相手がそれに応えるか応えないかも自由である。自分が、他の人の人生の何か役に立てばよいし、それを相手が記憶していようがいまいが、関係ないというスタンスでいる。これはこの状態のタイプ[2]だからできることであり、自分の真の感情に焦点を合わせ、自分を育てることを学び取っている。自分は利己的だと感じたり、利己的になると他者を遠ざけてしまうだろうなどの怖れがなく、自分自身のために善であることをする。自分を真から愛することを学べば、他者から愛を得ようと努める必要はないとわかっている。自分の必要をきちんと対処することができるし、関わりを持つ人々の必要を客観的に考え対応することができる。時には何もしないことがよいことであるとも考える。

　タイプ[2]のレベル1は、人間がなりうる最も私欲がなく愛他的である。巨大な善意の泉を持ち他者の幸運を無条件に喜ぶ。自分のしたことが他者の手柄になってもいとわない。善いことがなされ、他者が幸せになることが重要なのである。それゆえ最高の状態であると、私欲が全くない。自分の必要に関心を向けると純粋に他者の幸福に向けられる。逆説的なのは、自分に与えれば与えるほど他者に与える喜びが無限になるのだと知ることである。他者からの愛を、期待しなければしなくなるほど、他者は彼らを必要とし愛する。非常に健全なタイプ[2]は善良で、幸福からあふれ出る喜びに満たされている。他者のために尽くす幸福

は、光輝き周囲を照らす。非常に謙虚なので自分自身が素晴らしいとは思わない。人間性が到達しうる頂点の実例である。自我（エゴ）を超えることに勝利したレベル1は真に愛することを学び取った。

タイプ③「成功」 ⇒ 嘘偽りのない人

　他者から認められたいという欲求を手放し、あるがままに自分を受け入れている。他者が自分をどう評価しているかという懸念や、喝采や賞賛を得たいという欲求で、動機づけられてはいない。自分の精神性や感情、主体性を尊重し自分の意志と判断で行動できる。外に向ける顕示欲ではなく自分の中に価値を発見する。真の内面思考になる。真の内面思考とは、他者の意見や価値観、道徳観に影響されることではなく、自分の心の真の真実に従い行動し語ることである。タイプ③のレベル1のこの行動は、人を奮い立たせその人の心の底から動かす。彼らが意思を通い合わせれば、他者を感動させ、より高い目標を追求するように彼らを動機づけ勇気づけることができる。彼らの自己表現は率直で嘘偽りがない。感傷的でも大げさでもなく、純粋な無邪気さからの思いやりを持ち相手に伝え、あるがままの自分と他者を深いところでつなげ合う。それはお互いの存在を喜び、褒めたたえることである。

　自分自身を受け入れるとは、自分の悪癖をないものとしたり、美徳として自分をごまかすことではない。自己受容とは、自分を十分に愛し、自分に関するそれが苦痛に満ちていたとしても、真実を受け入れることである。それが、自分自身を偽る誘惑を止めてくれる。栄光と問題をともに体験し、あるがままの自分自身を成長させ、身につけた多くの賜物と才能を実現しながら、弱点や、限界も認める。タイプ③のこの状態の人々はそれを実現している。あるがままの自分でいるので、常に謙遜し自分に対して率直で満足している。彼らはユーモアの感覚がある。それは、格好つけたいという衝動に気づいていて、笑い飛ばすことで行動に現さないようにしているからである。心優しく情愛に満ち、他者の言葉に耳を傾け、自分の気持ちを簡潔に伝える。見た目以上でも以下でもなく、実体とイメージは一つになり、人として成長するための基盤が整った。自分の感情、気持ちに向き合っているので、他者の愛に心を動かされ、受け入れることができる。非常に善意に満ち慈悲深くなる。それは他者からの好印象を意識しているのではなく、自分が心を開き、他者の幸福と成功に心から関心を抱いているからである。彼らはまだ成功の発展途上である他の人たちに、目標を持って進んでいけるように導いていく。出世することや、他者より抜きん出たいということには関心がなくなり、大きな人間家族の一員として、その中での責任ある役割を果たす気になっており、何か価値あるものに貢献できるよう、自分の持てる才能と立場を控えめに使っていく。

タイプ4「独特さ」　⇒　霊感を受けた創造者

　すべての性格タイプの中で、非常に健全なタイプ4は、自分の無意識からの衝動と最も接触している。彼らは自分の内心の声に耳を傾けることを学び取っている一方で、環境から得る感動を素直に受け入れるままにする。最も重要なことであるが、彼らは（タイプ4にとってはとても難しいことであるはずの）自己意識なしに行動することができ、才能があり訓練さえしていれば、その無意識の衝動を、芸術という名にふさわしい作品として現すことができる。自己意識を超越してしまえば、非常に健全なタイプ4は、世界に何か新しいものをもたらすことができるという意味で、意のままに創造的になる。もちろん創造力を持続させるのは難しいので、極めて創造的な瞬間は訪れてはすぐ消え去る。しかしタイプ4が最高の時は、自己意識を超越して霊感への道を開いているので、創造力を持続させることができる。彼らは様々な源泉から霊感のようなものを得て、経験という原材料を無意識というフィルターにかける。

　そのようなとき霊感を受けたタイプ4は、美しい真珠をつくる貝のように、すべての経験を、つらい経験さえも、何か美しいものに変容させる。霊感を受けて創造的な仕事をすることで、健全なタイプ4は他者に啓示を与える源泉になる。それは、崇高なものを世の中に出現させる導管のようだ。本質からの愛と叡智の宝庫から泉のように湧き出る美しさを表現する。創造性として最も重要なのは、自我（エゴ）を超越し本質につながり自己を解放すること。自分が世の中に生み出すものの中に自分を発見し、そして自分が何者であるかを自分の生み出すものの中から発見する。そして毎日の瞬間瞬間を人生の豊かさの中に生きる。人生を深いところで受け入れ、自分の核であるサムシンググレートともつながっており、世界ともつながっている。自分に起きるいかなる体験も新鮮に受け入れ、自然に真の自己主体性が現れる。このように自己（本質・サムシンググレート）とつながることが、最も高度な創造性であり精神形成でもある。この状態は絵を描くよりも書物を記すよりも舞踊を踊るよりも高度の状態を必要とする。これが他のタイプがレベル1のタイプ4から学ぶことのできる状態である。

タイプ5「知識」　⇒　先駆的に広く予見する人

　タイプ5のレベル1は、現実の世界を深く見通すと同時に、それを幅広く理解する。物事を全体として捉え、他者には混乱にしか見えないところに一定の様式を読み取ることができる。知識を総合し、例えば時間と空間や、脳の化学反応と人間の行動など、関連があるとは思えなかったものの間を、関連づけ解明することができる。芸術に心が向いていれば、新しい芸術様式を興したり、今までにないやり方で、形式を大変革するかもしれない。タイプ5レベル1は現実を非常に深く包み込むので、単なる理論によっては到達できなかった、予期せぬ真理を発見することができる。現実を観察している間は心を開いていて、偏った頭だけでは答えを知ろうとしないからこそ、様々な発見をする。自分の考えを押しつ

けないのでタイプ5レベル1は観察したものすべてから固有の論理、構造、相関様式などを発見することができる。その結果、あいまいな事柄の中からも、出来事を予言することができるようになる。他者は、後になってそれが正しいとわかる。タイプ5のレベル1は預言者のように見えるだろう。その先見の明は、並外れた明晰さで世界を見ているからである。織物が完成する前から、その模様が見えている織手のようである。タイプ5レベル1は論理的な思考を超えて客観的な事実を、非常に簡単な説明で明らかにする。その中で言葉では表現することのできない世界、レベル、水準への理解へと進む。自分自身を超えたところからくるように思える予見力で、複雑さと単純さを併せ持つ世界を、ありのままに読み取る。考える人というよりも観想する人という方が近い。これは仏教や霊的な教えの中で言及される「静かな心」の持つ性質である。

心が静穏になれば、心は鏡のように、すべてをその中におさめ、映し出す。もはや、現実に対して防衛するために、自分の頭を使うなどということはない。現実を受け入れているので、自分が世界から切り離された存在ではないことを理解する。タイプ5レベル1は現実を完璧に描写するので、その眼力と発見は、すでに皆も知っていたかと思うくらい、単純で自明の理のことのようにすら見える。すでに知っていることから未知のことへ極めて明瞭かつ正確に描写することは、稀であり、偉大な成果である。このようにタイプ5レベル1は、知力と創造力において、新しい領域を切り開く知的先駆者である。人類にとって驚くほど知的な発展をもたらす歴史的な天才になってもおかしくない。タイプ5レベル1の、その優れた頭脳には全く私心がない。ただ感じていることは、自分が世界の中でくつろぎ、平和でいると感じていることである。もはや、無力という怖れは超越してしまっているので、知識と技能を必要に追い求めることからも解放されている。他者や難題に圧倒された、と感じることなく、頭と心を結びつけて、自分の知識と才能を、人への思いやりをもって使うことができる。

タイプ6「人に合わせて安心したい」 ⇒ 勇敢な英雄

極めて健全なタイプ6は自分自身を信頼している。自分の内面の権威と接触しているので自分を信頼することができ、自己不信とは無縁である。他者と均衡の取れた関係を結ぶための、基礎を持ち、自分自身ともしっかりと結びついている。自分は安全で、守られていて、気楽であると感じられる。ひとたびこの結びつきが成立すると、極めて健全なタイプ6の頭は明晰になり、一瞬一瞬自分が、何をする必要があるか、正確にわかる。また、極めて健全なタイプ6は、人生で必要とするものは、なんでも成し遂げることができるという、精神的強さと意志を感じ取っている。極めて健全なタイプ6の自己信頼は、人の魂の最も深いところにしか現れない真の特性である。怖れから攻撃的に反応して出てきたものとは、はっきり異なる強さである。他の誰に頼らなくても、自分自身の持つ能力と真価が現実に現れる。その自己信頼は、権威者像の中に、保護と安全を探すことをや

め、自分自身の中に永続する信頼を見つけ出したことを示す。それは信じるというようなレベルではなく、深いところから感じ取った体験のものである。自分の世界は崩壊に向かってはおらず、人生に何が起ころうとも十分対処できると自分に信頼を抱いている。自分の存在の中心に居て、平静で気品を持った決断で、重大な危機に立ち向かうことができる。極めて健全なタイプ6は、自分の思考が前向きであり、自分の存在に安心感を抱いているので、他者に、自信と勇気を与えることができる。その振る舞いは人に、静けさと、快い必然を伝え、より大きな善のために、たゆまず努力する意思を伝える。自分の中に不屈の勇気があることを知る。

この状態のタイプ6は、他者の幸福を確保するために大きな危険に自ら立ち向かい、不正に対して堂々と反論する。挑戦の仕方には柔軟性があり、驚くほど他者と協力して働くし、気軽に問題に取り組んでいく。真の意味で相互依存の関係をつくり上げ、双方に最もよい結果をもたらす。優劣の差もなければ、他者を支え、また他者からも支えてもらう。愛すること、愛されることも、一人で働くことも他者と働くこともできる。不安なく他者と交流することができ、正真正銘、安全であると感じる。内面にある勇気の源を開発したので、最も深いところから自由に感情が出てくるようになる。その結果、自分自身を表現することができる。高い精神を、持続し、養うことが自分の力でできるようになったので、優れた芸術家や指導者になれるかもしれない。他者の、心細い感覚がわかるので、他者のために本当の安全を生み出すのを助けることができる。勇敢である。この勇敢さは、積年の不信に打ち勝って、獲得されたものなので、称賛に値する。健全なタイプ6は、いつも絶対に安全であるとは期待しない。それは不可能な目標だとわかっている。人間には不安がつきものであり、ある程度は避けられないものなので、それをうまく利用することを彼らは学んでいる。

タイプ7「楽しさ」　⇒　忘我の感謝を捧げる人

現実に十分な信頼を置き、何かを自分自身にもたらそうとするのではなく、環境との接触に、身を委ねるままにしている。自分の頭の中の「楽しさ」に逃げ込むのではなく、瞬間瞬間の体験とともにあることができる。人生の一瞬一瞬が精神的な糧と深い喜びの源になる。人生に存在するすべてのものが自分を満足させるもので、それを吸収すれば十分楽しいということがわかった。現実を深いところで体験するようになるので、人生をあるがままに肯定できるようになる。「私は無条件に人生を愛する」。人生を謳歌し肯定するので人間としての存在の神秘、そしてその不確かさから生まれるものも、タイプ7は容認する。人生をあるがままのものとして、褒めたたえる。人生の物質的な側面を超えて、形而上学的（感覚と経験を超えた世界の普遍的な原理について理性で認識しようとする）なところから、真実の可能性に至るものを認知することができる。まさか自分がそのように考えられるようになるとは思わなかった。魂の奥底から現実を肯定すること

は、タイプ⑦にとってとても特別な成果である。それは単なる精神的な幸福感以上の、言葉も感情をも超えた、恍惚感を味わうことができる。人生には、言葉では説明できない、敬われ、尊敬されるべき、何か神聖なものが存在すると彼らは感じる。そしてその驚異の念に満たされ、賞賛を掲げあらゆることに感謝の念を持つようになる。今まで自分を幸せにするとは考えもしなかったものの中にも、善なるものを見つけることができる。そのような物の見方になると、存在が持つあらゆる信じられないほどの豊かさが、彼らに深い影響を与え、内面からタイプ⑦を変容させていく。彼らの内面、霊的生命が彼らにとって現実のものとなる。もはや死を怖れることもない。

　逆説的だが、タイプ⑦が「人生は素晴らしい」と最も愛を込めて抱きしめることができるとき、人生に存在するすべてのものに執着がなくなる。あらゆるものが賜物であり、自分の満足のために存在するものではないと理解するので、彼らは物事に感謝することを学び取る。物事は、消費される対象物ではなく、物事自体に感謝する。彼らは、人生に条件をつけるのをやめる《例・新車が手に入れば幸せなのに》自分を幸せにするものを待ち望むことに関わるのではなく、今すぐ手に入るものと体験のすべてに感謝する。このように、非常に健全なタイプ⑦は、人生の持つ本質、物事の一番大切で優れたものを信頼する。結局のところ、何をしようとも、正しく用いれば、自分を心から幸せにするのには十分であることを悟る。どの一瞬も自分の最も深い必要を満足させる可能性を持っているので、体験や財産を手に入れるために無理をする必要はない。人生において真に最高のもの、本当に善なるもの、永続的に評価できる価値に焦点を合わせれば、彼らが不幸せでいることはありえない。かつて体験したことなどなかった特質が現実にはあふれていることに驚かされる。彼らは、楽しくしたいと渇望し、それに突き動かされ行動していたときには得られなかった、最大の高揚感を何度も体験することができる。自分が求めていたものは何もかもが十分に存在していたと悟った彼らから、この高揚感が奪われるはずがない。

タイプ⑧「力、強さ」　⇒　度量の広い人

　気持ちが大きく思いやりがあり、自分の居心地を追求するのではなく、自分の野心を超えた何か偉大なことに奉仕することができる。真に無私無欲になる。偉大な価値のために、何がなされる必要があるかを正しく捉え、利己心なく行動する。また、自己主張したいという自分の衝動に従って、行動することはしないと学び決めている。それ以上に、内面がより静かになること、より深い真実の衝動が、心の中から立ち上るのを待つことを学んでいる。その衝動は、恐れや反応に基づくものではない。自分がしようと決めれば、他者に対して、力ずくでねじ伏せることができるとわかっていても、そうしないことによって、自分の強みが持つ深みを証明する。逆説的だが、健全なタイプ⑧が、自制を持って行動するときほど、強く見えるときはない。彼等は我慢強くなり、支配ではなく、寛大な統治

というべき性質を成し遂げる。自分の存在の、最も深いレベルにおいて、自分は完全に自由で自立していると感じる。自分にはとてつもなく大きな、素質や能力、活力があると知り人生の難題をますます引き受けることができる。人は皆、持ちつ持たれつである。自分に助けが必要なときは実際それを求めるし、他者を助けるときは非常に寛大である。おかげで肩の荷はずっと軽くなり、生まれながらに持つ人生への喜びと、愛を湧き出させている。自制心は大きな勇気である。非常に健全なタイプ⑧は、肉体的な勇気だけでなく、道徳的な勇気も持っており、自分が信じる者のために、自分自身を危険にさらす。そのため彼らは英雄とみなされ、他者は彼らを仰ぎ見て、深く尊敬する。

　このタイプは心理的潜在能力を持っていて、最大多数の人のために最大の善をなしうる。非常に健全なタイプ⑧は、誰もがカリスマ的で、完璧な自制心と思いやりが醸し出す、独特のオーラを発していて、他者はそれに惹かれ、導きと、安全と保護を求めて彼の周りに人が集まる。心が広大なので、あらゆる人の士気と道徳心を高める。非常に健全なタイプ⑧は、何か真に偉大なことを成就させる、最高の立場にいる。なぜなら彼らは、自我を超えて、学校の建設、平和の達成、重要かつ具体的な方法で、他者を援助することなど、客観的価値を実現させていくからである。タイプ⑧の偉大さの本質は、他者の重荷を軽くする方法を見つけ、誰もがよりよい人生を生きられるようにする能力である。非常に健全なタイプ⑧は、公共の福祉のために、個人的な財産や能力でも、どんなものでも活用して問題を解決する責任を引き受ける。したがって必然的に彼らが直接関わっている集団、国家、世界にとっての、恩人として見られる。人々は、平和と繁栄のうちに、人生を豊かにできる機会をつくってくれたことに対して、彼らに大きな感謝の念を持つ。その結果人々は健全なタイプ⑧に対して、極めて忠実で、崇拝にも似た気持ちを込めて、献身的に彼らに応える。そのように注目の的になることが多いにもかかわらず、健全なタイプ⑧は、それに動じることがない。態度は素朴で誠実、純粋な心は人々の心を強く打つ。

　あまり健全でないときの姿と異なって、寛大で優しく、人生に対して深く揺るぎない信頼を寄せている。タイプ⑧は個人として自分の目標に成功しなくても、偉大であると評価されることがありうる。自分の理想が実現することはほとんどないかもしれないが、世界に対して大きな感銘を与え続ける。それは彼らの英雄的行為が基本となって、民衆が奮い立ち、彼の仕事を引き継いで偉大なことを達成するからである。このような力量を持つタイプ⑧が、人生をかけた仕事を完成する前に死ぬことがあったとすれば、人々はその死によって、心に穴の空く思いをすることになる。人々は自分たちの保護者が奪い取られたと感じ、彼がいなければ、運命の不確かさに対して無防備であると感じる。このように絶大で強烈な影響力を他者に及ぼす性格タイプは他にはない。彼らを慕った人々は彼らの信奉者と呼ばれることに、誇りを持つ。このように英雄的なタイプ⑧は、仲間の人間の心と記憶の中に永遠の棲み所（すみか）を得ていつまでも生き続ける。彼らは

非常に独特な深い感銘「愛され尊敬される人物だけに許される感銘」を世界に与える。

タイプ⑨「平和」 ⇒　沈着冷静な導き手

　最高に健全なタイプ⑨は、完全に機能し、独立した人間になっている。喪失と他者からの分離の怖れを克服して、沈着冷静で真に自律的になる。絶対に切り離されることのない人物、つまり自分自身と結合しているので、非常に満たされていると感じ、深い心の安らぎと揺るぎない平静さを享受する。自分自身と本当に一つになっているので、常に求め続けている平和を実現する。彼らが成し遂げた全人生、内面の無欠性は、まさに現世では稀有なもので、それが実現すれば、偉大なる美、真の創造性、そして穏やかな気分が全身に満ちあふれ周りを和ませる源泉となる。並外れて穏やかであっても、逆説的であるが、彼らは生気にあふれ、活力に満ち、自分の思考と感情、欲求に触れている。非常に健全なタイプ⑨は、自分の攻撃的な感情にも気づいていて、それに驚かされることがない。攻撃性を持つことは、攻撃的に行動することや、他者に対して破壊的になることとは同じでないことを理解している。沈着冷静であることで、これまで以上に、他者に対して自分自身の姿を見せることができ、さらにそれによって、人としての深みを身につけるので、人間関係はより満ち足りたものになる。自尊心があり、自己中心性や、自己満悦の気配など、全く伴わずに、自分の本当の価値に気づくので、驚くべき矜持[*8]を持つ。

　彼らは独立した個人として、しっかりと存在する。本当の自分を見ることができるので、他者のことも本当の姿として見ることができる。もはや人々を理想化することはなく、そのお陰でその人たちは、タイプ⑨にとっての本当の他人になる。そしてその理由によって、彼らはもっと本当に愛される。非常に健全なタイプ⑨は、自分自身の中心におり、躍動的で力強く、問題に対処する能力も極めて高い。世界にも、いかなる瞬間にも、いかなる人に対しても、しっかりと関わり自分が充実していると感じる。自分から能動的に、自分の人生を統御する。最高の状態のとき、非常に健全なタイプ⑨は、他の性格タイプへ、自己と一体であること、自己と他者との深い統合、そして世界と一体であることとはどういうことかを、模範として示す。彼らは私たちに神秘的な響きと崇高さを持つ自己放棄と冷静沈着さを教えてくれる。彼らは全く無理せずに、自分自身であり、完全に受容的である。結局のところ他者は私たちのために存在しているように、私たちは他者のために存在しているということを、彼らは思い出させてくれる。

---

*8　矜持：自分の能力を優れたものとして誇る気持ち。

活用上級編
エニアグラムによる霊性の成長

14.1　エニアグラムで成長するために

　エニアグラムは、タイプがわかれば、向いていることいないこと、興味を持つこと、力を発揮できるところが把握できるので、企業の研修や人事異動、受験合格のためのタイプ別勉強法などに使われている。各タイプの生きる動機が明確に現されているので、本人のやる気を引き出す言葉がけやサポートをすることによって、本来持っている力が輝き出し自分を成功への道へと導いてくれるのである。

　この章では、エニアグラムの本来の学びである「霊性の成長」*1 について考えてみる。初級では人にとって大切なものが9種類あり、その一つの価値観を持って生まれてきたという視点で見てきた。上級編では9つすべてを持つのは全能の神しかいないという全体像から見て、人はどのように生きればよいのかという回心という霊的成長の考え方に焦点を合わせた。霊的成長の学びは奥深く深遠なものである。しかし鈴木先生はその方法を一般の人々にも使えるようにわかりやすく工夫してくださった。この章ではそれを紹介する。その前に少々難しいかもしれないが、知的回心、情緒的回心、本能的回心を説明する。まず、「回心」は「改心」とは異なることを知っておこう。

14.2　バランスを失った自己

14.2.1　激情（図 14.1 参照）

　本来9つの性質をすべて持つと完全（全能の神しかいない）であるのに対し、人は9分の1の価値観しか持ちあわせていないため、自分の持って生まれた性質こそが善であると信じ、自分の性質の欲求を果たそうとする。そして個々の自

---

*1　霊性の成長：キリスト教の考え方では、人間は等しく肉体的側面と精神的側面を持っている。精神的側面は哲学、文学、倫理などの思考において最高の地位に達するが、いかに高くとも、人間の思考の産物であることを免れない。人間世界の困難な問題を解決するには、人々が無私にして完全、至高の思いに満たされることが必要であり、宗教的な神の思いを「霊的」（spiritual）あるいは「霊性」（spirituality）という。しばしば、精神が肉体を支配下におくという考えが一般的であるが、キリスト教は必ずしもそう言い切っているわけではない。

己実現の欲求が生まれ達成しようとしていくのだが、**ここでは、人の本来の生き方は本質につながり本質から生きることが目標である**、という人間の究極の目的から見ていく。するとこの個々の自己実現の欲求が「囚われ」であると考えられる。それは以下のことから説明される。人は4歳から6歳にかけて自分の感情と周りの世界とは同調しない、世界は自分の欲求を満たしてくれない危険なものということに気づく[*2]。そこで自分だけの人生をつくろうとし自力でやっていこうとし始めるのだが、このような**自分の自己実現のために、外の世界との助け合い、相互依存を拒否する態度を傲慢の罪という**。「本来人間としての自己実現とは、人はお互いに助け支え合い、人格的な交わりからなされるもの」という視点から考えるからである。

　したがって自分のタイプの欲求を追求すれば追求するほど、「自己愛が強く他との共存を考えない行動」という考え方になり、もっとそれが強調されていく**「情熱的な自己愛」**が、激情と呼ばれる。激情とは、自己実現を図る上で全体から見た9つを合わせた全体の善から考えるのではなく、自分の価値観だけが善だと考えてしまった偏った考えによるものである。最も囚われた状態と考えたらわかりやすい。以下に各タイプの激情を示す。

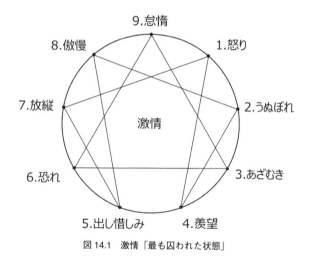

図 14.1　激情「最も囚われた状態」

＊2　オスカー・イチャーゾによる説：ボリビア出身。1970年代初頭スーフィーのエニアグラムを人間理解と教育の秘伝として研究し性格類型論として発表しアメリカに紹介した。

14.3　自分の囚われに打ち克つために

14.3.1　囚われに対抗して

　自己の囚われから解放されるためには3つの方法がある。①矢印の方向に流されず、統合の方向に向かって行動する。②友人からの助けをかりる。人はお互いに支え助け合うものだからである。③回心：神との人格的な関わり、神にすべてを委ねる（聖なる委託という）。神、サムシンググレートに自分を委ねることによって、存在のあらゆる活力が影響受け、軌道修正される。神、サムシンググレートの愛と叡智を信頼することを「回心」という。この信頼から生じる心の中からあふれ出る力によって、自分のあまり意識されない部分も変容する。自己制御力が働き、様々な災いにも脅かされないようになる。これからこの章のテーマである回心を解説していきたい。

14.4　回心

14.4.1　知的回心（図 14.2 参照）

　落とし穴から聖なる考えへ　エニアグラムの知的回心とは、頭でなされる。落とし穴「人として必要な価値観を9分の1しか持っていないことからくる、自分の価値観こそが唯一正しいと考える偽りの考え」から聖なる考えへ移行することをいう。落とし穴とは囚われたものであり、それ以外の選択の余地がないように行動させる。この落とし穴の深さに応じて自由を失い、人間の成長を妨げる。神、サムシンググレートに身を委ねるという聖なる考えを体得することによって、自己実現を達成するには、本当に神が必要だという事実を心から受け入れざるをえなくなる。これは真理に心を大きく開くことであり、自分に執着する意固地さから自由になるために是非とも必要なことである。本当の自分の自己実現に必要なのは、自我だけでは実現できない。神とつながる自分の本質とつながりそこからものを見、考え行動することで、自己実現は達成する（自我だけで行動しようとしている、「成長のレベル」での通常の段階ではなく、神の力と共に生きるという健全の段階から自己実現は可能となる）。人は自分の力だけで自分をよい状態、望むような状態にしようとしてもその望みは叶わない。サムシンググレートに対して無条件の信頼をすることで、一切の囚われから解放される。次の図はエニアグラム各タイプを9つの落とし穴に関連させ、次にそれら9つの落とし穴がどのように、9つの聖なる考えによって置き換えられるかを示した。

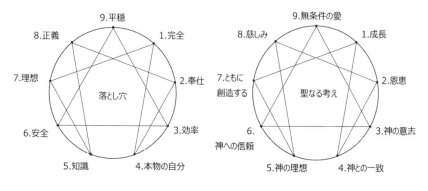

図14.2　知的回心の方向：「落とし穴」から「聖なる考え」へ

知的回心【落とし穴から聖なる考えへ】

タイプ①「正しさ」　＝　完全⇒成長

　タイプ①の落とし穴は、完全主義についての彼らの誤った考え方である。彼らは今だけを見ていて、過程を経て進んでいくという見方がタイプ①には難しい。成長という聖なる考えを持つことによってタイプ①は落とし穴から解放される。サムシンググレートは、進化を見ている。世界のよりよい善を達成するためには過程を踏むことにある。真の完全さとはそれぞれが成長のふさわしい段階にあること。生きているものはそれぞれの発達段階で「完全」な状態であると言える。それを理解すると、心は平和で穏やかでいられるようになる。そして、完全主義を相手に押しつける代わりに、成長の過程を見守ることができるようになる。

タイプ②「愛・人とのつながり」　＝　奉仕⇒恩恵

　自分が奉仕するから愛情を示してもらえると思っていてそれに依存している。人々への誠実な関心よりも愛情が欲しいという欲求から人を助ける。なので愛情の返礼がないと恩知らずに感じる。サムシンググレートはタイプ②が何もしなくても自分自身でいるだけで、無条件に愛し抜いている。愛は自分の力で勝ち取るものではない。愛はすべての人に無条件で与えられる。この無償の愛こそ、タイプ②を愛に価するもの、タイプ②の深い存在意義となる。このことからタイプ②は自分を受け入れられるようになり、自分のためには何もしなかったタイプ②がこの回心で自分の幸福のために、時間とエネルギーを使うようになる。

タイプ③「成功」　＝　効率⇒神の意志

　人として価値あるために効率的でなければならないと思っており他人についても同様に考える。人生は競い合い、達成していくことであり時間はそのための貴

重な時間である。「神の意志」という聖なる考えによって、タイプ③は自分だけ
が成功しなければならないということを手放す。自分の人生を神の仕事の達成の
ために捧げる。自分の計画を神の計画と考え目標達成にたとえ失敗したとして
も、そこから善を導き出すことが神の意志だと考える。神を信頼することによっ
て激しい競争から自由になる。世界を、神の国として考えれば、他の人と協力し
てこの国を築く使命に気づき、競争心が潜まり、それぞれの目標達成を心から喜
ぶ。

タイプ④「独特さ」　＝　本物の自分⇒神との一致

　タイプ④は本物の自分でありたいという囚われから自分の最も深い感情を表現
する方法が習得できればそうなれると思っている。そのため現在の満ち足りた生
活を送ることが妨げられる。自分の体験は特別で誰も理解できないと思ってい
る。今は本物の自分ではないが、いつか「本当の人生」を生きられるようになる
と考えている。「神との一致」という聖なる考えは、本物の自分という考えにと
りつかれていることから解放してくれる。神は、世界でたった一人のかけがえの
ない特別な存在として人間を創造した。心の奥底には神がいることを実感するこ
とによって、過ぎ去った悲劇よりも「今、ここ」を大切に生きるようになる。今
この瞬間に生きると、神とともにいて人生が美しさで輝いていることを実感でき
自分の独特さを発揮できるようになる。無限の恵みと力を実感できる。

タイプ⑤「知識」　＝　知識⇒神の摂理

　タイプ⑤にとって人生は、遠くから離れて見るには面白いが個人的に関わるに
はあまりにも恐ろしい。他の人から遠ざかり一人で知識を詰め込むというタイプ
⑤の落とし穴は、「神の摂理」という聖なる考えが解放してくれる。神の摂理と
はサムシンググレートは私たちのすべての必要を満たしている、ということであ
る。この必要の中には、知らなければならない知識もすべて含まれている。私た
ちにとって必要な知識は、他者と生きる、人生における出来事の中に備えられて
いるものであり、そのことがわかればタイプ⑤は人生を傍観し自らを内省するよ
り、人生と関わることを選ぶはずである。いろいろな出来事を通して状況に適切
に対処できるよう、神は機会を与えてくださっている。このことに気づけば、タ
イプ⑤は、人生を師としてそこから学ぶようになる。

タイプ⑥「人に合わせて安心したい」　＝　安全⇒神への信頼

　タイプ⑥は安全に囚われている。「神への信頼」という聖なる考えを持つこと
によって、タイプ⑥は「安全」という落とし穴から解放される。絶対的な愛と叡
智であるサムシンググレートは人々を自分の子どもとして愛し抜いている。神は
裏切らない。タイプ⑥は自分が神から生まれ神に帰ることを悟る。そこには何も
危害を加えるものはない。サムシンググレートが、人を自分の子どもとして愛し

抜き常に見守ってくれているということを実感したときに、この世から不安がなくなっていく。神から生まれたということは、法律や慣習よりもはるかに優先することである。人生の最終的な安全を神の愛に委ねる。

タイプ[7]「楽しさ」　＝　理想⇒ともに創造する

　タイプ[7]は自分の理想にとりつかれている。彼らは何でもつらいことを回避し、否定し、現在に生きておらず過去がどんなに素敵だったか、将来はどんなに素晴らしかろうかと夢見ている。「ともに創造する」という聖なる考えが、タイプ[7]を「理想」という落とし穴から自由にする。この世は神がよりよい善をもたらすために働いている、それに力を添えるということである。人が生まれるときには苦しみがある。陣痛を通して子どもが生まれる。生み出す際には必ず痛みが伴う。神の創造に参与することは、当然苦しみや、つらい仕事や失望を受け入れることを意味する。価値あるものを創造するときには、苦しみという代価を支払わなければならないことを学ぶ必要がある。彼らにとってつらさや苦しみを受け入れ、耐えることこそ、神への委託の主たる内容である。

タイプ[8]「力、強さ」　＝　正義⇒慈しみ

　タイプ[8]は自分の正義に囚われている。「慈しみ」という聖なる考えはタイプ[8]の正義という落とし穴から自由にしてくれる。神の慈しみは、神の正義であり、神が世界をつかさどる基準を示している。神は悪人にもよい人にも、分け隔てなく太陽を昇らせ雨を降らせてくださる。慈しみによって悪と関わる神のなさり方に自分自身を委ねることによって、タイプ[8]は他人に対して裁く傾向から解放される。そして何が正しいか自分は知っているという自信過剰を放棄する。神の統治に、自分自身を委ねること、そして、世界を裁くことは神に委ねることがタイプ[8]には根本的に大切である。神の慈しみは、敵に対しても、暴力を使わず、憐れみを持ち、赦し、寛容であることによって表現されるのである。

タイプ[9]「平和」　＝　平穏⇒無条件の愛

　タイプ[9]は平穏でいたいという考え方のとりこになっている。「無条件の愛」という聖なる考えは、タイプ[9]を「平穏」でいたいという落とし穴から解放する。自分の平穏を願うことから生じる怠慢から脱出するには、自分は神から無条件に愛されているということを自分のものとして受け入れると、そのとき初めて彼らは外に心を開き、行動的に人を愛することができるようになる。自分が愛すべきものでなければ、他の人に愛を与えることはできない。神は、ありのままの自分を無条件に愛してくれていることを知り、初めて自分の中に生命を発見する。するとタイプ[9]は人生から遠ざかったり、活動から身を引いたりする代わりに、人々との真の交わりに至るようになる。彼らにとって自己を神に委託することは、無条件の愛がすでに彼らに向けられている事実を発見することである。

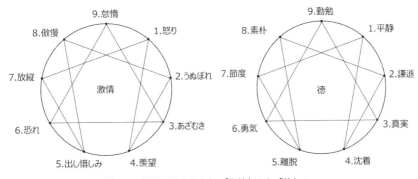

図 14.3　情緒的回心の方向：「激情」から「徳」へ

14.4.2　情緒的回心（図 14.3 参照）

　激情から徳へ　それぞれのタイプに必要な聖なる考えを通して、自分自身を神に委ねることにより知的回心が起こる。この知的回心の後に、心の回心である情緒的回心が続く。激情により歪み曲がってしまった考えが情緒的回心によって癒やされ「徳」に置き換えられる。心は、頭が、自己実現のために「よい」と思ったものを、情緒的に愛することができるからである。神に委ねる聖なる委託によって自己実現を神に委ね、サムシンググレートに自分自身を任せることで、自己は、自己救済（自分の力だけで自分を救い助けること）をしようとして歪み曲がってしまった激情から解放される。自己実現とは、サムシンググレートの働きでつくられている地球に関わり自分もその活動に参加することを通して、あがなわれる（「傲慢」の罪を償う）と理解できる。各タイプの**激情を癒やす徳とは、心の傾向と態度である。それぞれの性格タイプの情緒的回心は、自分のタイプの激情から自分のタイプの徳に移行することである。回心が起こるのは、激情が徳に置き換えられたときをさす。徳とは神の本質的な愛の現れである。**次にそれぞれの性格タイプが、どのように情緒的回心で変化するかを図で見ていく。

タイプ 1 「正しさ」　＝　怒り⇒平静

　聖なる委託を通して、彼らは怒りの激情から平静の徳に移行することができる。聖なる委託によって、彼らは物事が「いろいろな過程を経て成長するもの」であると学ぶ。この考えが理解できると、タイプ 1 はもっとたやすく不完全さを受け入れることができる。不完全さがまだ成長の過程にある特徴として見られるようになるからである。欠点ばかりを探す代わりに、わずかでも成長したことをよしとする。このようにして、心に静けさと安らぎが訪れる。

タイプ2「愛・人とのつながり」 ＝ うぬぼれ⇒謙遜

　情緒的回心を通して、彼らは、うぬぼれの激情から謙遜の徳に移行する。神から無条件に愛されていると知ったとき、自分自身を価値ある人間として受け入れることができる。愛されるために人々に仕えていた激情をやめ、謙遜が彼らの自己実現の手段になる。自分の限界と必要を認めて、人から助けられることを受け入れられるようになる。愛はいつも無条件に与えられるものだからである。

タイプ3「成功」 ＝ 欺き⇒真実

　タイプ3の情緒的回心は、あざむき、欺瞞の激情から真実の徳に移行することにある。聖なる委託によって、神に身を委ねるようになると、彼らは、真実であること、そして心を開くことを愛する。共同善は、各自が手の内をさらけ出して公明正大にすることによって、よりよく達成することを理解する。真実によってのみ、相互に信頼し共に支え合う精神をもって生きるのである。

タイプ4「独特さ」 ＝ 羨望⇒沈着

　聖なる委託によって、羨望の激情から沈着という徳に移行することができる。自分の洗練さゆえに相手の特別の注意を引こうとし、また自分でなく他人が注目されたときには羨望を感じていた。しかし、聖なる委託によって、ストレスがあっても、感情的に落ち着いた生活ができるようになる。神に身を委ねることによって取り戻した心の平静さは、かつては悲劇的な過去の人生を他人に認識させることで、自己実現を試みていたが、真の自己実現は、神がそこにおられる人生の神秘に引き寄せられることであると理解する。

タイプ5「知識」 ＝ 出し惜しみ⇒離脱

　神への委託による回心は、物惜しみの激情から離脱の徳へ移行させる。彼らは、自分の必要が知恵によって満たされ、無知や愚か者でいないように学び、内省するための時間として、孤独を切望した。彼らが「生きる」ということ自体を師とし、周りに起こっていることともっと関わるようにすれば、人を避けたいという気持ちに執着しなくてもよくなる。彼らは以前よりもっと、自分の内面の生活を他の人と分かち合うことができるようになる。それこそが、他の人々との心の交わりの神秘に到達する唯一の道であると理解したからである。これはそのことに身をもって参与してのみ、体験できる現実である。

タイプ6「人に合わせて安心したい」 ＝ 恐れ⇒勇気

　聖なる委託を通して、恐れの激情から勇気の徳に移行することができる。神の「子」になることによって、安全を見出したタイプ6は、かつて抱いた恐れが消えていくのを感じる。自然災害や、不確定な規則とか、規範を逸脱した行動でさえも、以前ほど彼らをおびやかさなくなる。神がタイプ6に求めているものは、

人間の制度や概念ではないことが理解できたからである。彼らは、既存の法や規範に依存するのではなく、真の価値をもっと追求するように、神が望んでいることを理解するであろう。何ものも自分を、神の愛から引き離すことができないことを知って、タイプ⑥は、自分から進んで何か新しいことを始める勇気を見出す。たとえ物事が不確かで、冒険的に見えても、自分で決断することができるようになる。

タイプ⑦「楽しさ」 ＝ 放縦⇒節度

　聖なる委託を通して、放縦の激情から節度の徳に移行することができる。快楽を最高善と考え、架空の世界に生きるために、これまで意にそぐわない現実を切り捨てていた。しかし神のみわざに協力するという困難な仕事に自分の人生を委ねることによって、彼らは放縦から目覚めることができる。こうして、具体的に実践できるような人生を生きるようになる。彼らは、自分で夢や理想を実現する際に欠かせない労苦に甘んじる体験を通して、真摯であることがいかに重要であるかを学ぶ。苦しみを回避し、瞬時の快楽を求める代わりに、つらいことや欲求不満があっても、もう負けることはない。さらに、彼らは人生の試練や、労働にあえいでいる人々の、真面目な態度を受け入れることもできるようになるのである。

タイプ⑧「力、強さ」 ＝ 傲慢⇒素朴

　神に委託することによって、タイプ⑧は、傲慢の激情から素朴の徳に移行することができる。すべての判断を神の手に委ね、彼らは人を疑ったり試したりすることなく、素直にそのまま物事を受け止めることができるようになる。彼らは他の人が必要としていることを鋭く感じ取り、他の人々もそれぞれ価値と才能を有していることを、もっとたやすく理解できるようになる。タイプ⑧の人々の内面にある、幼子のような無邪気な心の特性が前面に出てくるとき、特に当てはまる。神のやり方に自分の行動を従わせるとき、タイプ⑧はより一層、効果的に正義のために尽くすことができる。彼らは圧政に対決し、その正体を暴露する上で、受け身の抵抗というものが実際にどれほど知恵と力を持っているか悟るのである。

タイプ⑨「平和」 ＝ 怠慢⇒勤勉

　聖なる愛による回心によって、タイプ⑨は、怠慢から勤勉の徳に移行することができる。神の愛に目覚めると、タイプ⑨は自分の価値を再発見し、自己成長を渇望し始める。そして新たなエネルギーが湧き出るのを体験する。以前、彼らは、しばしば怠け心の誘惑に負け、何をしても大差はないと考えていた。しかし、ひとたび自分独自の価値というものに気づけば、技能を身につけようと努め、コツコツと毎日学び働きながら正規の資格を取るようになる。神の愛への感

150

謝として、彼らは世界を改善するために、何か貢献したいと切望する。なぜなら神の愛への応対は、奉仕の行動によって示されるからである。どのように彼らが、「怠慢な見物人」から「忍耐強い几帳面な働き手」に変身するか、それは驚嘆に値する。それも神の愛が、彼らを動かすからである。

14.4.3　本能的回心（図 14.4 参照）

　情緒的回心に続いて人間の本性が持っている本能的回心が起こる。サムシンググレートに対する信頼を通して、心の中の源から力があふれ出す。「もともと自分はこういう人間だ」と決めつけて、そんな自分に満足し、落とし穴から出ようとしないのは自分の行動に対する責任の回避と言える。生きる手段として、囚われ以外の方法を選択しない結果である。囚われの原因は、外界に対する自我意識が「私は人として十分に成長するために、外界など必要としない」と、自我が仕掛けた一つの策略なのである。人は相手や状況に、**反射的に反応（自動反応）するときを「囚われ」と呼ぶ。これに対し、相手や状況に応答（問いや話しかけに対して答えること）することができるとき、それは本能的回心、体から行動しているといえる。**「霊の賜物」というものがある。「愛、喜び、平安、寛容、親切、善意、誠実、平和、柔和、節制」である。

　この霊の賜物は、霊的な「慰め」*3 であり、反対の「荒み」*4 に対して自分を敏感にさせてくれる。そして知的回心と情緒的回心を使って、自分の内なる霊の動きに気づき、その善悪を「識別」*5 したいという望みが生じる。**神に自分を委ねるということは、心の中にある神の霊に本能的に導かれるということである。**霊を識別するというのは、何をなし、何を避けるべきかを選択するために霊的な「慰め」と霊的な「荒み」の動きを捉えることである。**神の霊に直感的に導かれて生きることによって、人は神の意志に対してもっと敏感になり、心は幸福と喜びで満たされるようになる。霊的慰めと、霊的荒みの動きは、体の中から自発的に湧き出てくるところに特徴がある。**善霊の特徴は、人を励まし、力づけ、慰めと涙、光と安らぎを与え、何でも容易にし、あらゆる妨げを取り除き、善の道に進歩を遂げることである。「善良であるためには善良さを感じよ」。これに対して荒みは、人を苛み、悲しませ、妨げをもうけ、根拠のない理屈をもって心を乱すことで、これによって霊が進歩しないようにするのである。霊の動きを識別することによって起きるのが回心である。**矢印の方向が荒みになり、矢印の逆方向が慰めになる。**

＊3　霊の慰め：キリスト教の教え。以下同。ここでの慰めとは、神を愛する喜びの気持ち、神への愛の心が増大しているときを「慰めのとき」という。
＊4　霊の荒み：ここでの荒みとは、神を愛する心を失う状態、神を愛する心が弱くなる状態。
＊5　識別：神の声と神でないものからの声を見分けることを霊的識別という。

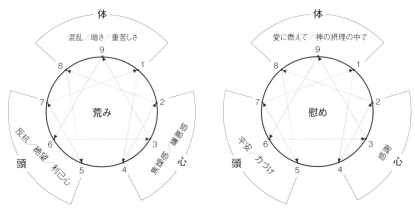

図14.4　本能的回心の方向：「荒み」から「慰め」へ

タイプ1「正しさ」

慰め：ヘッドセンターに向うと　平安、力づけ…完全性が達成されなくても、心を乱さず平安でいられる。

荒み：ハートセンター向うと　嫌悪感、焦燥感…私はやってみた。でももう一度やるしかない。

タイプ2「愛・人とのつながり」

慰め：ハートセンター向うと　感謝にあふれる…自分の必要事を自覚するようになる。自分に気を配ることができようになる。

荒み：ガッツセンターに向うと　混乱、暗さ、重苦しさ…誰一人、自分の努力を認めてくれない。

タイプ3「成功」

慰め：ヘッドセンターに向うと　平安、力づけ…私は成功しなくてもいい、成し遂げられなくてもいい。

荒み：ガッツセンターに向うと　混乱、暗さ、重苦しさ…どん底、のたうち回るような混乱、もがいてもどこにも行けない。

タイプ4「独特さ」

慰め：ガッツセンターに向うと　愛に燃えて、神の摂理の中で…気分屋ではなくなり、責任を引き受け、物事を成し遂げる。

荒み：ハートセンター向うと　焦燥感、嫌悪感…自己憐憫、祈りに対しても嫌悪感を覚える。

152

タイプ⑤「知識」

慰め：ガッツセンターに向うと　愛に燃えて、神の摂理の中で…確信に満ちる。大胆に行動する。

荒み：ヘッドセンターに向うと　反抗、絶望、利己心…現実から逃避し、頭の中に引きこもり、徹底して利己的になる。

タイプ⑥「人に合わせて安心したい」

慰め：ガッツセンターに向うと　愛に燃えて、神の摂理の中で…自己革新に満たされ、自発的で熱心になれる。

荒み：ハートセンターに向うと　焦燥感、嫌悪感…焦燥感、熱狂的な活動となって行動に現れる

タイプ⑦「楽しさ」

慰め：ヘッドセンターに向うと　平安、力づけ…不確かだった人生観に確信が持てる、力づけられる。

荒み：ガッツセンターに向うと　混乱、暗さ、重苦しさ…荒みは親しい人に対する激しい怒りとなる。

タイプ⑧「力、強さ」

慰め：ハートセンターに向うと　感謝にあふれる…愛と感謝に基づいた、預言者的な役割を果たし続ける。

荒み：ヘッドセンターに向うと　反抗、絶望、利己心…利己的になり、うちしおれ、不機嫌になり姿を消す。

タイプ⑨「平和」

慰め：ハートセンターに向うと　感謝にあふれる…自分は人から愛されるものであり、自分も人を愛するものであることを認め、受け入れる。

荒み：ヘッドセンターに向うと　反抗、絶望、利己心…絶望、自己不信、タイプ⑨のよさを覆い隠す。

【ワーク】対象者：CD

質問1　知的回心とは何ですか。

　答　（　　　　　）から（　　　　　）へ移行することである。

質問2　知的回心について自分の体験を分かち合ってください。

質問3　情緒的回心とは何ですか。

　答　（　　　　　）から（　　　　　）へ移行することである。

質問4　情緒的回心について自分の体験を分かち合ってください。

質問5　本能的回心で、自分のタイプの慰めと荒みがどのセンター（中枢）から
　来るのか記入してください。

　慰め：＿＿＿＿＿＿＿＿＿＿＿＿＿＿＿＿＿＿＿＿＿＿＿＿＿＿＿＿＿＿＿＿＿

　荒み：＿＿＿＿＿＿＿＿＿＿＿＿＿＿＿＿＿＿＿＿＿＿＿＿＿＿＿＿＿＿＿＿＿

質問6　慰めと荒みの自分の体験談を分かち合ってください。

14.5 鈴木先生による成長のヒント22項目

14.5.1 鈴木先生の22の教え

　ここでは鈴木秀子先生のエニアグラムワークショップから学んだ人間成長のためのヒント22項目を記した。鈴木先生は、人が成長するための、昔から伝えられているものから最新のものまで、よいと思われることを惜しみなく分かち合ってくださった。

1　どんなことが起きても自分を責めない、絶対に自己否定しない。

2　自分を大切にする、自分を愛する。

3　コップの水が半分のとき、「半分しかない、ではなく、半分もある」[6]と考える。

4　すべての物事に感謝をし「ありがとう」と言う。

5　目の前の人は自分の鏡である。

6　勇者のように振る舞う。行動から心が変わり、そして意識が変わる。

7　対人関係にはアクティブリスニング[7]が基本。アクティブリスニングを習得する。

8　目の前の人が世界で一番大切な人だと思って接する。

9　自分自身の心の声にもアクティブリスニングでセルフコーチング[8]をする。自分の未処理の問題と向き合う。セルフコーチングで出てきた心の声をホ・オポノポノ[9]をする。

---

[6]　このようなマイナス面をプラスに転じる思考法を陽転思考という（小田全宏「陽転思考」日本コンサルタントグループ，1994年）。

[7]　アクティブリスニング：鈴木先生は、コミュニケーションにおけるすべての基本はアクティブリスニングだと言っても過言ではないと仰っていて、鈴木先生から学ぶエニアグラムは必修で全員が学ぶ（NPOコミュニオン https://www.communion.ne.jp/al.html）。

[8]　セルフコーチング：コーチに頼らず自分自身で問題解決を図る手法。こちらも鈴木先生が名誉会長を務めるNPOコミュニオンで学ぶことができる（https://www.communion.ne.jp/al.html）。

[9]　ホ・オポノポノ：H.ヒューレン博士が伝える400年以上前からハワイに伝わる問題解決法。

10　頭と心と体を一致させ「今ここ」にいる。そのための訓練ヴィパッサナ
　ー瞑想*10 を取り入れてみる。

11　自分のタイプの素晴らしさ、長所を再認識し誇りを持ち輝かせていく。

12　自分の囚われに向き合ってみる。自分のタイプの思い込みや囚われに乗っ
　取られている瞬間に気づいて、その思いや行動、考えに疑問を持ってみる。

13　統合の方向のタイプとセンターに成長のヒントがある。自分なりの方法
　を考えてみる。

14　エニアグラムを用いて他者理解をする。

15　自分の感情には成長のヒントがある。自分の感情を見て紙に書き出して
　みる。

16　自分の心の中にいる番頭さんの声に振り回されない。

17　自分の中にある禁止令を書きだし自分の禁止令を把握する。

18　安心安全の場で、心の深いところを話せるとき、そこから気づきと癒し
　が生まれる。

19　人生に大切なことは「愛すること」と「学ぶこと」

20　命は永遠ではない、明日何が起きるかわからない。例えばあと 3 カ月で
　この世を去ると想定し、後悔のないように生きてみる。

21　ドゥーイングとビーイングを理解し、ビーイングから生きる。目に見える
　ものと見えないものがある。目に見えるものと同じように目に見えない部分
　を大切にし、目に見えない心を基盤に生きる（重要なので 14.5.3 で詳しく解
　説）。

22　「あなたはあなたのままでいい。ありのままのあなたでよいのです。」

＊10　ヴィパッサナー瞑想：仏陀がすべての悩み苦しみから離れることに成功した（悟りを開
　くことに成功した）無に至る瞑想。ノンストップの実況中継により思考を完全にストッ
　プする訓練。思考がストップすると今現在に頭が集中して働くようになる（参考文献：
　A. スマナサーラ『自分を変える気づきの瞑想法』サンガ、2004 年）。

14.5.2　22 の教えの解説

1　どんなことが起きても自分を責めない、自己否定しない。

　自分はダメだと思うことは神様を超える傲慢の罪である。神様は長所も短所もひっくるめて、世界でたった一人のあなたをつくり、親が子を思う気持ちの何万倍、何億倍の愛であなたを愛し抜いている。その自分をダメな人間だと思うことは神様を超えることになるからである。あなたは決して孤独ではない。自分はダメだと誰かになろうとするのではなく、与えられた命を自分自身で輝かせ、その命に感謝して生きる。失敗したら、起きた物事の問題点に焦点を当て反省し改善するのみ。自己憐憫に陥ると成長しない、前に進む。

2　自分を大切にする、自分を愛する。

　自分の心の奥底には崇高な部分（愛・サムシンググレート）があると信じ、そこにつながって生きる。愛、サムシンググレートが自分の中にあるのだと思い込んでみると意識が変わる。自分自身を愛し大切にしているように扱う（身体の五感が満足するように心がける。着心地のよい部屋着で過ごす。体によいおいしいものを食べる。十分な質のよい睡眠をとる、など）。

3　コップの中の水が半分のとき、「半分しかない、ではなく、半分もある」[*11]と考える。

　ものの見方を、マイナスなものでもプラスに転じて考える思考。ベースになるのは人生に起こる出来事をあるがままに受け止め、感謝の心でベストを尽くして生きるという考え方である。すべての出来事に無駄はない。起きたことを感謝して受け止め自分の糧にするという思いからなるもの。言葉は言霊と言われる。話している言葉は思いを変える。物事の何にでもよい側面が見られるようになれば、意識が変わってくる。また考え方は脳の癖でもある。マイナスの考えをしている脳の部位から、プラスに転じて考える脳の部位を新しく開発して使うようになると、使われる脳の部分が拡がり活性化する。脳はたくさん使えば使うほど健康で長寿になると篠浦伸禎先生[*12]は著書の中で仰っている。これは物事のプラス面が見えるようになり、健康にもなる一石二鳥の訓練である。

4　すべての物事に感謝をし「ありがとう」と言う。

　歩けたことに足に感謝、ご飯が食べられたことに感謝、景色を見られたことに目に感謝、おはようと言ってくれた家族に感謝、当たり前だと思っている事

＊11　このようなマイナス面をプラスに転じる思考法を陽転思考という（小田全宏『陽転思考：ほんとうの自分と出会うために』日本コンサルタントグループ、1994 年）。

＊12　篠浦伸禎：都立駒込病院脳神経外科部長。1958 年生まれ。東京大学医学部卒業。医学博士。脳の覚醒下手術では国内トップクラス。著書に『どんどん脳を使う』『逆境をプラスに変える吉田松陰の究極脳』等がある。

が明日も続くとは限らない。日々の小さなことにある、「有り難さ」に、気づき、感謝の思いで「ありがとう」という癖をつける。すると自分も周りも幸せになる。

　また、鈴木先生は「幸せ発信地*13 になりましょう。」と仰っている。幸せ発信地とは、難しいことではなく、笑顔でいること、ありがとうと感謝をしていること、それだけで周りは幸せな気持ちになる。

5　目の前の人は自分の鏡である。

　気になる人は、自分を映す鏡である。人は自分に持っていないものには興味も湧かないし、目にも入らない。気になる人というのは、良いところも悪いところも自分の姿を映し出してくれている。自分が相手に嫌だと感じるところは、自分も持っているというサインなのでそこに気づいて考える。反対に素敵だなと思う人の良いところは、自分の中にある素晴らしさである。自分にはそんな素敵なところは持っていないなどと思わずに、その面を輝かせてみてほしい。気になる人はそのためにあなたの前に現れている。

6　勇者のように振る舞う。行動から心が変わり、そして意識が変わる。

　「王子と乞食」*14 という童話がある。冒頭で王子に憧れる乞食の少年が、王子のようにふるまうことで王子のように立派になっていく姿が描かれている。行動をすると心が変わる。自分が憧れる立派な人の行動を真似してみる。5 の教えと重なるが、憧れるということは自分の中にその人と同じものを持っているということである。自分では気がついていなくても、よいと思う行動を真似してみると、次第に心は身体についてきて、自分のものになる。

7　対人関係にはアクティブリスニングが基本。アクティブリスニングを習得する

　アクティブリスニングはエニアグラムワークの基本となる。意識して人の話を聞くとき「アクティブリスニング」を取り入れる。相手の話の内容に同調や反論が湧き上がってもその気持ちを俯瞰して流し、自分を無にして相手の話を聞く。問題の答えは相手の中にすでにある。話を上手に聞くことさえできれば、相手は自分から解決策を話し出す。相手の話を壁打ちテニスのようにオウム返しに返しながら、「よいところに気がついたな」と思ったポイントをつかんでフィードバックをする。相手が「そうなのです」というときはうまく聞けているときである。アクティブリスニングを上手に使いこなすには練習が必要

＊13　幸せ発信地：コミュニオン学会のミッションステートメント。まず一番は自分を大切にし自分が幸せになること。次にその幸せが自然に周りの人にも伝播し周りも幸せになるという在り方。
＊14　王子と乞食：アメリカの作家マーク・トウェインが1881 年に発表した児童文学作品。

である。是非ワークショップでのレッスンをお勧めする。

8　目の前の人が世界で一番大切な人だと思って接する。

　これはアクティブリスニングをするときに必ず練習したもの。アクティブリスニングにかかわらず、すべての日常生活に使ってみる。そう思って、相手と会話をしたり話を聞いたりするだけで、相手にそのエネルギーが伝わるので心がつながり、とても温かい人間関係になる。初めてあった人、一度しか会わない人にもやってみると、以前より人間関係がうまくなっていることに気づく。そして是非家族、パートナーに意識して使ってほしい。家族間の絆は確実に深まる。

9　自分自身の心の声にもアクティブリスニングでセルフコーチングをする。自分の未処理の問題と向き合う。セルフコーチングで出てきた心の声を「ホ・オポノポノ」をする。

　心には子どものころから今まで生きてくる中で解決をしていない傷や、しこりとなって残っている問題がある。そのことを未処理の問題という。未処理の問題は解決するまで再び現実となって同じような問題が現れてくることもあれば、心の中に湧き起こる声でも現れる。そのような声を「また嫌な気持ちが出てきた」と打ち消したり、なかったことにするのではなく、一人の人の声としてアクティブリスニングのように聞いてみる。反論せず、「〜そう思っているのね」と温かく受け入れ語りかける。心の声もエネルギーである。エネルギーは変容する。温かく愛と思いやりを持って自分の心の中から出てきた声を、受け入れがたいと思うような種類のものも受け入れ育むことは、自分を否定しない、自分を受け入れ愛することにつながっていく。

　また未処理の問題や、心の中から湧き出るマイナスの想いに対しては、ホ・オポノポノを取り入れるとよい。「ホ・オポノポノ」は、すべての問題は自分の潜在意識の記憶が再生されて起きているものだから、その記憶を消去すればよい、というものである。消去の仕方は「ありがとう」「ごめんなさい」「許してください」「愛しています」の４つの言葉になり、この言葉を唱えることで心のマイナスの思いが消え潜在意識に振り回されなくなるというもの。未処理の問題が重いもので、まだ向き合うことが辛いと感じる場合には、先にホ・オポノポノをはじめるとよい。自分のマイナスの思いを、ホ・オポノポノの言葉でクリーニング[15]する。

10　頭と心と体を一致させ「今ここ」にいる。そのための訓練として「ヴィ

---

[15]　ホ・オポノポノのクリーニング例：「どうせ私にはできるはずがない」等のあらゆるマイナスの心の声を「ありがとう」「ごめんなさい」「許してください」「愛しています」のホ・オポノポノの４つの言葉でクリーニングする（H. ヒューレン『みんなが幸せになるホ・オポノポノ』徳間書店、2008 年を参照）。

パッサナー瞑想」を取り入れてみる。

「ヴィパッサナー瞑想」実況中継は、雑念をカットし「今ここ」にいる感覚、無である状態がどのようなものなのかが掴めるとても効果的なものである。ヴィパッサナー、歩く瞑想は、歩く際に「右足、左足、右足、左足……」と足を出す度に、出した足の状態を実況中継することによって、意識を足の動き（身体）に集中させる。（号令をかけながら歩くのではない。あくまでも歩いたときに出たほうの足を実況中継をする。歩くことが主、実況中継が後）しかし30秒歩いたくらいで、頭には「あ、カラスが飛んだ」とか「晩御飯は何にしようかな？」などと思考が湧き、歩く実況中継が出来なくなることに気付くはずである。**この自然に湧き出してしまう思考が曲者**で、嫌なことがあった日は、そのことが頭から離れず何時間も過ごしてしまうということを普通の人はやっている。**このパターンに気づき、手放すための瞑想**である。普通、人は身体を動かしながら頭や心は別のことを考えている。考えている内容は、エニアグラムの自分のタイプの欲求であったり、未処理の問題であったり、朝やってしまった夫婦げんかであったりさまざまである。エニアグラムでは頭や心が、身体から離れて勝手に動くことをやめ、ガッツとハートとヘッドを一致させ「今ここ」にいると自分の心の奥底にある本質につながる（無の状態になっているとき）と伝えている。

　そのためには、心や頭が身体から離れてしまう瞬間に気付くこと、無の状態になっている（本質につながっている）状態を経験し、体験することが必要である。その訓練がヴィパッサナー瞑想である。ヴィパッサナー瞑想の練習は自転車に乗る練習と似ている。自転車は練習してコツを掴めば乗れるようになる。そして一度乗れるようになれば乗れなくなることは無い。また自転車に乗って見る景色は、いつもの慣れた風景でも新鮮なものになる。ヴィパッサナー瞑想で無の自分がわかるようになると、自分の中に出てきた考えを俯瞰して眺められるようになるので、善い思いとそうでないものとを区別（識別）することができるようになる。自分の想いや考えを俯瞰して見ることによって、性格の持つ思い込みに乗っ取られているものと、そうでない本質、愛から出ているものを見きわめられるようになる。

　ヴィパッサナー、歩く瞑想は、人は毎日必ず歩くので、通勤などの時を利用すると毎日続けられる。まず始めてみてほしい。そして毎日10分でも足の動きを気を散らすことなく実況中継ができるようになれば、ここに書いてある内容がだんだん理解できてくる。スマナサーラ氏は歩く瞑想は30分は続けると良いと仰っているが、無理をして続かなくなるよりは10分でも毎日続けるほうが良い。個人差はあるが毎日10分続けて、休みの日は30分やってみるなど訓練を続けていると、ある日、この瞑想の意味が「わかる」日が来る。その時は、いつもの景色なのに、何か色鮮やかな崇高な美しい景気に見えたり、頭が研ぎ澄まされたような感覚を味わうことができる。その感覚と、普段歩きな

がら別のことを考えたり思い悩んだりするときの自分の違いを比べて実感して
ほしい。そうなると、外から来るストレスや様々な出来事に気持ちが乗っ取ら
れ、自動的に怖れや不満にさいなまれて生きていたときの自分よりも、自分自
身で、「物事を考えるタイミング」をコントロールでき、周りの環境に影響さ
れ振り回されない、自分自身にしっかりと軸がある状態でいるほうが、はるか
に色々なことが見え、聡明であるかに気づく。自分の想いや考えを「俯瞰」し
てみることがとても上手に出来るようになるので、先に述べたアクティブリス
ニングにも非常に役立つ。

　もう一つ、本質とつながり、無になる自分の状態が把握でき、気持ちや考え
を俯瞰して見ることができるようになる日常でできる簡単な訓練に「実況中継
訓練」がある。「**自分の思いと同化している自分自身**」を、「**自分自身**」と「**思
い**」を切り離す訓練である。方法は、例えば電車に乗りながら「目の前のサラ
リーマン、携帯で大声でしゃべってほんとに常識ない」と自然に湧き出た思い
に対して、「〜と私は思っている」と付け加えるだけである。訓練をし続けて
いくうちに自分の「思い」と同化している自分自身が切り離され、「思い」と
「自分自身」が区別できるようになる。

　【練習】　次の区別はどうでしょう。
「目の前のサラリーマン、携帯で大声でしゃべってほんとに常識ない。」
　　　　　↓
「目の前のサラリーマン、携帯で大声でしゃべってほんとに常識ない。〜と
私は思っている」

11　自分のタイプの素晴らしさ、長所を再認識し誇りを持ち輝かせていく。

　自分の能力はエニアグラムから考えると９人に１人しか与えられていない
才能である。自分のタイプの才能、素晴らしさを再認識し、輝かせ、誇りをも
って発揮し、自分の強みとセンターの美質を活かしていく。また、９分の９で
あるチーズケーキ全体から、９分の１である自分を見るようにし、全体のバラ
ンスを見て行動する視点も必要である。

12　自分の囚われに向き合ってみる。自分のタイプの思い込みや囚われに乗っ取られている瞬間に気づいて、その思いや行動、考えに疑問を持ってみる。

　人間関係で人とうまくいかないと思ったときは、自分の囚われに気づくよい
チャンスである。自分の囚われ、自分のタイプ特有の価値観の思い込みのせい
かもしれないと省みる。エニアグラムの他の人のタイプの悪いところは見える
のに、自分の囚われや悪いところには気づきにくい。他人の囚われを見る観察
眼で、同じように自分を見ると自分の囚われがわかってくる。また、自分が他
のエニアグラムタイプで生まれていたら、自分が今問題としていることは、問

題にならないのかもしれないという視点からも自分の囚われを考えてみる。

13　統合の方向のタイプとセンターに成長のヒントがある。自分なりの方法を考えてみる。

　自分には難しいと入り口で諦めない。統合の方向は自分にとっての宝の山ほどのヒントが隠されている。まずは統合の方向のセンターから練習する。センターのよい行動を身体、行動で真似してみる、すると心がついてくる。無理なく自分のやり方で楽しみながらやってみる。1カ月もすると何かが変わってくる。センターが習得できると統合のタイプの細かいところが前よりたやすく取り入れられるようになる。

14　エニアグラムを用いて他者理解をする。

　この他者理解が、もう一つのエニアグラムの神髄である。時には相手のタイプになってものを見、考えてみる。エニアグラムのワークショップでは、ロールプレイ[*16] といって、問題となった人間関係を短い寸劇にして、それぞれの立場を演じるワークをした。例えば学校に行けなくなってしまった子どもの親が、**子どものタイプを踏まえながら子ども役を演じる**ことによって子どもの気持ちが見えてくる。一緒にやる仲間がいなければ、一人二役の一人芝居でもよい（両方のタイプを踏まえて親と子ども二役を自分で演じる）。同じような他者を理解する方法の一つに、「俳優になったつもりで自分のタイプ以外のタイプになって行動してみる」というものがある。プロの俳優は、自分のタイプ以外の役柄を演じていることだろう。それに倣い、相手のタイプを身体で演じることで相手の気持ちがわかるようになる。自分以外のタイプの素晴らしさを少なくても 10 個は言えるようにしておき、相手のタイプがわかったらそのタイプのよさを相手の中に見て接してみる。

15　自分の感情には成長のヒントがある。自分の感情を見て紙に書き出してみる。

　自分の中から出てきた感情を把握して受け入れる練習。怒りやもやもやするような嫌な感情、自分でも認めたくない感情を**無かったことにしたり、蓋をして見ないようにするとその気持ちはもっと膨らみ強いものに成長していく**。そうしないためには、その気持ちがどんなに嫌なものでも、自分から生まれたものだからと逃げないで向き合ってみる。すると嫌な気持ちに変容が起きる。

　自分自身（筆者：片岡）のことになるが、エニアグラムを始めたばかりのころ、仕事場に、私自身が学生時代からずっとやりたいと思ってきたことを既に

[*16]　ロールプレイ：現実に起こる場面を想定して、複数の人がそれぞれの訳を演じ、ある事柄が実際に起きたときに適切に対応できるする学習方法の一つ。

やり終え資格まで取得しているパーフェクトに見えるスタッフがいた。私はその人のことが羨ましくてたまらなくなり、ついには妬みから意識をしすぎて挨拶もできないくらい不自然な態度でしか接することが出来なくなってしまった。嫉妬と羨望はタイプ4である私の囚われである。そのことを鈴木先生に相談したところ、「あなたはその人が憎いのですね。居なくなればいいと思っていますね。」と仰った。

　　私「憎くはありませんし、居なくなってほしいとも思いません。私は自分に
　　　こんな気持ちがあるのがいやなのです。私はこんな、人が羨ましくて仕方
　　　がないなどという醜いことを全く思わない、きれいな心の人間でいたいの
　　　です。」
　　先生「居なくなってほしいとは思わないというのは嘘ですね。もっと深く自
　　　分の正直な気持ちを見なければダメ。そして、醜いことを全く思わない、
　　　きれいな心の人間でいたい、そう思っていることは間違いです。人間は神
　　　様ではない。あなたは神様ですか？人間は良いところも悪いところも半分
　　　半分、50％は光を持ち50％は闇を持つ。そこからどう生きていくかが人
　　　間です。その闇の部分を否定しない、その気持ちを無いものとしたり切り
　　　捨てるのではなく、受け止めて光に当てる。今日から毎日、その人のこと
　　　を思って、その人への感情を紙に書きだしてみてください。こんな人居な
　　　くなればいい、死んでしまえばいいなど、強烈なものほどいい、自分の心
　　　の深いところを見て気持ちに一切嘘をつかず正直に湧き出てくる気持ちを
　　　残らず全部紙に書きだしなさい。そして気が済んだと思ったら丸めて燃や
　　　すか、びりびり破いて捨てればいい。そうすればだれに見られる心配もな
　　　い。とにかく気のすむまで毎日書き出してみてください」

　半信半疑だった私は、その晩からその人に対して、とても口には出せない気持ちを書き殴った。最初の日は1時間くらい書いたかもしれない。さすがに手も疲れてきたが抑えていた気持ちのエネルギーが溢れ1時間書き続けても飽きることがなかった。これが何になるのかと2日目も取り組み、4日、5日と続けていくと、だんだんと書く時間が短くなっていった。

　そして10日後、さすがにもの凄いエネルギーで書き綴っていたエネルギーが尽きて書く気力がなくなった。そして何よりも驚いたのは、毎日会社で顔を合わせるその彼女に対して5日目くらいから、少し挨拶ができるようになり10日後、もういいやと思った日を境に、彼女に対してあれだけ羨ましくてたまらなかった気持ちがどうでもよくなり、穏やかなさっぱりとした気持ちで彼女を見て話しかけられるようになった。「心は変容する」ということを知ったはじめての体験だった。

　それから鈴木先生のエニアグラムのワークに参加し続けて、何故彼女をそこまで羨ましく思ったのも理解できた。一つは先述したように私がタイプ4で、囚われである激情が「嫉妬」であること、残りは私はそれまで自分のやりたい

ことはずっと我慢して、生活のための仕事ばかりしてきた。誰から言われたわけでもないのに、やりたいことを我慢して、自分を追い込み自分を大切にしてこなかったから、やりたいことを優雅にやって生きてきたように見える彼女のことが羨ましくてたまらなかったのだとわかった。自分と喧嘩しない、自分を大切にしなさいと、先生が仰る理由がよく分かった。

　「喜びを自分に与えてあげてください。それが魂を喜ばせることです」（鈴木秀子先生日めくりカレンダーより・McKenzie　Media Japan）

16　自分の心の中にいる番頭さん*17 の声に振り回されない。

　先生は人は心の中には番頭さんがいて、その指図してくる内面の声に振り回されてはいけないと仰っている。「こうしなければだめですよ」「そんなことをしたら大変なことになりますよ」。これらの声は、大体が育ってくる過程での両親や教師などの声が内在化したもので、親や教師に怒られないようにしよう、愛されたいと思うことから、言われる前に気をつけるようになったその声が心に残ったものである。子供のころには必要だったかもしれないが、現在はあまり役にたたないのにもかかわらず、このような声は当時のままパワフルで、ほとんどのものは害となり本質から外れたことを命令していることが多いので、その声を聞き取り、番頭さんの声だと気づくようにして振り回されない。

17　自分の中にある禁止令*18 を書きだし自分の禁止令を把握する。

　16 に準ずるが、人それぞれあれをしてはいけない、これをしてはいけないと思い込んでいる事がある。その思いは果たして本当なのか。鈴木先生のワークでは「禁止令」についても丁寧に調べた。「禁止令」は交流分析の一つの心理学で、1950 年代エリック・バーンという精神科医によって提唱された。これらの禁止令の影響を強く受けていると、ネガティブな人生に自らが作り上げてしまう傾向がある。自分がどの影響を受けているか、考えながら読んで頂きたい。

　①「何もするな」「実行するな」
　②「お前であるな」
　③「子どもであるな」
　④「成長するな」「親から自立してはいけない」
　⑤「感じるな」「感情を表に出してはいけない」
　⑥「考えるな」
　⑦「近寄るな」
　⑧「成功するな」

* 17　鈴木先生は「超自我」の声のことを心の中の番頭さんの声として説明していた。p.132 で説明。
* 18　参考文献：鈴木敏昭『人生の 99％は思い込み』ダイヤモンド社、2015 年。

⑨「自分のことで欲しがるな」
⑩「健康であってはいけない」
⑪「重要な人になってはいけない」
⑫「所属してはいけない」「仲間入りをしてはいけない」「孤独になれ」
⑬「存在するな」

　これは時間がある時に丁寧に調べてもらいたい。自分の禁止令に気づき、そこに引っ張られないようにする。また、エニアグラムでは、無意識に子供時代に受けたメッセージ*19 として、以下の通り、各タイプが子供のころに受けたメッセージをまとめている。

　　タイプ①「間違えるのは良くない」
　　タイプ②「自分の欲求があってはよくない」
　　タイプ③「自分なりの気持ちや自分らしさがあっては良くない」
　　タイプ④「うまく生きられたり幸せすぎるのは良くない」
　　タイプ⑤「世界の中で心地よくいるのは良くない」
　　タイプ⑥「自分自身を信頼するのは良くない」
　　タイプ⑦「どんなことでも人に頼るのは良くない」
　　タイプ⑧「弱みがあったり、人を信頼するのは良くない」
　　タイプ⑨「自己主張するのは良くない」

　同じ親から生まれた兄弟でも、子どものころに親から受けたメッセージはタイプごとに異なる。
　自分の持って生まれたタイプの思い込みだからである。タイプごとのメッセージと禁止令を合わせて、自分の人生の足を引っ張る思い込みに気づき、振り回されないようにすることで、人生は生きやすいものとなっていく。

18　安心安全の場で、心の深いところを話せるとき、そこから気づきと癒しが生まれる。

　鈴木先生は国際コミュニオン学会を作られた。コミュニオンとは安心安全の場で、心の深いところを話せる場である。そこで信頼できる仲間と話をわかちあうことで本来の自分に気づき、自分の中から自然に知恵や力が湧いてくる。人は皆つながっているのだという温かさや絆を感じ癒しが生まれる。

　ジョハリの窓*20 というものがある。

---

*19　出典：D. R. リソ、R. ハドソン『エニアグラム【基礎編】：あなたを知る9つのタイプ』角川書店、2001年から引用。
*20　ジョハリの窓：1955年アメリカで催行された「グループ成長のためのラボラトリートレーニング」でサンフランシスコ州立大学の心理学者ジョセフ・ルフトとハリ・インガムが発表した「対人関係における気づきのグラフモデル」。

自分が知っている部分①③
他人が知っている部分①②
①自分も他人も知っている自
　分の部分「解放の窓」
②自分は気づいていないが他
　人は知っている部分「盲点
　の窓」
③他人は知らないが自分は知
　っている部分「秘密の窓」
④自分も他人も知らない部
　分「未知の窓」

図14.5　ジョハリの窓

　自分が知っている部分と他人が知っている部分を窓のように現したもので、
図の①は、自分が自分のことを話し、自己開示をすればするほど、窓は広がり
大きくなり、隠すことがなくなっていくことから人生が生きやすくなってい
く。④の未知の部分は、誰も知らない部分である。
　④のまだ見ぬ自分の窓には、自分の心の奥底にある本質につながって生きて
いる自分がいる。成長のレベル１の段階の自分の姿や、知的回心、情緒的回
心を経て無限の可能性を手にした自分の姿、何が起こっても人生の荒波に翻弄
されないこころを手にした自分の姿がある。

19　人生に大切なことは「愛すること」と「学ぶこと」

　鈴木先生は若いころに宿泊先の修道院の２階の階段から足を踏み外し、１階
の床にたたきつけられる大事故にあい、その際に臨死体験をされている。

　　「これで人の言うことに煩わされずにすむ」「人との競争で自分を擦り減
　らさなくてもいいのだ」と、解放感とうれしさ、やっとほっとすることが
　できたとやすらぎを感じ、天高く舞い上がっていきました。するとこれま
　でに見たことのないほど美しく、まばゆく白く輝く金色の光が私を包み込
　みました。限りなく優しい光でした。そして驚くことに、その光は人格を
　もっていて生命そのものなのです。至福に満たされ完全に自由で、同時に
　光と私は完ぺきにつながっていて、深い一体感を味わっていました。この
　世のすべての人や生き物は何もかもがつながっていて、この光の一部なの
　でした。最高の状態ですべてが調和していました。思考回路は理路整然
　と、しかも高速に稼働し、すべてが一瞬のうちに理解できるのです。光は
　私のすべてを知り尽くし、理解し、許し、受け入れてくれていました。私
　は明確に、疑いの余地なく理解しました。これこそが究極の愛なのだと。
　そしてこの至福の時間には時間がない、始まりもなく終わりもない、これ
　こそが永遠なのだと理解しました。「癒してください」とどこからか声が
　聞こえてきました。それに続いて光の存在から「現世に帰りなさい」とい

う声が聞こえてきました。そして光の存在は言いました。「おぼえておき
なさい。現世に戻ったとき、もっとも大切なのは、『知ること』と『愛す
ること』の２つです。」それは音として耳に聞こえるのではなく、言葉そ
のものが直接私の体の中に入ってくるのと同時に、魂と頭の両方の深い部
分で瞬時に「わかる」という感覚です。でも私は帰りたくありませんでし
た。この至福の、完全なる一体感の世界にいつまでもいたいと感じていま
した。

　意識が戻り気がつくと私は病院にいました。全身打撲の痛みで寝がえり
を打つのもつらい状態でしたが、光の存在の実感と記憶、至福に包まれた
感覚はまだ冷めやらず、心は高揚していました。あの体験以来、私のなか
ですべてが大きく変わりました。病室の窓から見える空の雲も、そよぐ風
も稲穂もすべてが呼吸し、脈打っています。すべてが生きているのです。
私は言いようのない感動に包まれました。そうした生命のなかで私は生か
されている。あの大いなる光の存在に守られている安心感があれば、日常
の悩みやストレス、怒り、プライドやこだわり、後悔や、嫌悪感、将来へ
の不安や心配は、全て取るに足らないこと。「今ここ」にある自分と、同
時に他者が愛おしく感じられました。大宇宙のすべての存在には生命が宿
っていて、それらは絶妙な秩序の中で調和し、それぞれの役割を果たして
いる。大いなる光の存在への感謝の思いがあふれ出てくるのです。

　11年後、鈴木先生がスタンフォード大学でエニアグラムの勉強会に参加し
ていた時に同じグループになったオーストラリア人のシスターに、その声に懐
かしい思いがして先生は尋ねられた。

　「10年位前、日本の奈良の修道院で２階からシスターが落ちたことを
　知っていますか？」「忘れもしません。私はその時そこで意識のない彼女
　が助かるように祈りを捧げていたのです。」

　長い間ずっと気になっていた「癒してください」の声の主との偶然の再会、ユ
ング[21]が提唱した、人の心の奥深くには個人の意識を超えた集合無意識があり、
そこでは人類のすべてがつながっているとするシンクロニシティー（意味のある
偶然の一致）としか思えませんでした。

　先生はこの体験から、「私たち人間は一人残らず究極の愛で、愛され、理解
され、許され、受け入れられている。皆深いところで、お互いにつながってい
て人は一人ではない。孤独でもない。一人残らず計り知れない価値を持ってい
る完璧な存在で、一人ひとりとても大切な命である。人は幸せになるためにこ
の世に生まれてきている。」と「わかった」と仰っている。

＊21　ユング：カール・グスタフ・ユング（1875〜1961）。スイスの精神科医・心理学者。深
　　層心理について研究して、ユング心理学を創始した。

　経営学者、飯田史彦[22]氏も著書「ツインソウル（完全版）」の中で自身の臨死体験の話を記している。飯田氏は、人は亡くなると、光の存在のもとに行き、光の存在とともに、生前の自分の人生をふりかえる時間があると伝えている。飯田氏が究極の光から尋ねられたことは、「充分に学んできたか」「充分に愛してきたか」そして「お前についてはもう一つ尋ねるべきことがある。充分に使命を果たしたか」と３つ質問をされたという。人生で大切なことはこの３つだけだというのである。この３つの目的が人として生きる本来の目的であり、純粋に、学ぼうとし、愛そうとし、使命を果たそうとすること、それだけが人生において重要なことで、あらゆる経験は学びのためにある。経験から空しさが生まれれば、その空しさから学びの目的である「真の成功」についての答えを求めていけばよい。「人生の真理」は人間の心の奥底でつながっている光の存在の世界にある。人はこのことを思い出せばよい。心の奥底にある世界につながればよい。

　これはリソとハドソンも述べているが、「知ること（学ぶこと）」と「愛すること」に向き合い努力して生きていると、人として生きる本来の目的に沿って歩んでいるので、人生が、充実し、生き生きとし、幸せを感じられる能力が高い。反対にこの２つをおざなりにして、念頭に成功や財産、地位や名誉を追い求めて生きてしまうと、人の本来の目的に沿っていないので、焦り、怖れ、不安感に苛まれるのではないか。

　「使命」に関しては、飯田氏のように明確な使命を持って生まれている人はわかりやすいが、縁の下の力持ち的な役割を持って生まれている人にはわかりにくいかもしれない。そこで12章で記したように、「エニアグラムの各タイプの力は持って生まれた自分の使命でもある。」ということを思い出していただきたい。自分の持って生まれたタイプの力は、自分でも全く意識せず、努力しないでも醸し出せる、雰囲気であり、良さであり、力である。他のタイプが真似しようとしてもなかなかできない特質である。与えられたタイプの力を自分の素晴らしさ、誇りだと思い、その部分を伸ばすことによって、自分だけでなく、まわりも豊かにすることができる。自分のエニアグラムタイプを活かすことが無理せず果たせる使命だと考える。

20　命は永遠ではない、明日何が起きるかわからない。例えばあと３カ月でこの世を去ると想定し、後悔のないように生きてみる。

　命は永遠ではない。100年後に生きている人は誰一人いない。３か月の期間があれば、仲たがいしてしまった友達に謝ることもできる。断捨離もできる。同僚やいつも行くコンビニの店員さんに笑顔で「ありがとう」と言い「幸せ発

＊22　飯田史彦：経営学者、福島大学元教授。1962年生まれ。大学で経営学を教える中、会社を構成する社員が生きがいを持って働けば会社は力のあるものとなり経営は上向いていくという理論から生きがい論を追求。生きがいについての数多くの書籍を出版。

信地」にもなれる。悔いのないように「愛すること」「知ること」を意識して生きる。

21　ドゥーイングとビーイングを理解し、ビーイングから生きる。目に見えるものと見えないものがある。目に見えるものと同じように目に見えない部分を大切にし、目に見えない心を基盤に生きる。（重要なので 14.5.3 に詳説）

22　「あなたはあなたのままでいい。ありのままのあなたでよいのです。」
現在の自分を丸ごと受け入れる。「命があり、生きている今の自分で完璧なのだ」と良いところも悪いところもひっくるめて自分を愛して受け入れる。本当に自分自身を心から愛し受け入れることができたとき、逆説的だが人は良いほうへ変容する。エネルギーは変化するし、人は成長する生きものだからである。

14.5.3　ドゥーイングとビーイング

目に見えるものをドゥーイング（doing）。見えないものをビーイング（being）という。鈴木先生は、このことを手で説明をしている。掌から下を隠し指だけ見ればみなバラバラで独立した存在に見えるが、掌を隠さず腕全体で見ると、バラバラに見えるのは先端の指だけで、掌から下は一つの腕である。人間は、この指のようにバラバラで独立しているように見えるけれども、潜在意識や集合無意識といわれるような意識は根底でつながっている。人は孤独ではない、みな根底でつながっている存在なのだ。目で見える世界、手の指の部分であるドゥーイングから見れば、世の中は人と比べる競争社会であるから、学歴は高いほどよく、容姿はよい方がよく、お金があった方がもてはやされる、平等ではない不公平な世界である。ドゥーイングに価値を置き、軸にして生きると、常に上か下か優越感か劣等感か、周りの状況に振り回され心が休まることはない。

これに対して目では見えない世界、指から下、腕の部分であるビーイングから考えれば、人は皆、尊い命を与えられ、世界で一人しかいない大切な存在であり、それぞれに役割や素晴らしさがある。その自分をどれだけ輝かせることができるか、それは与えられた平等なチャンスである。高学歴でどんなに頭がよくても、人間的には立派とは言えない人がいる。たまたま人格と、地位と名誉を持ち合わせている立派な人もいるが、先日アフガニスタンで銃弾に倒れ、死後その功績が知れ渡ることになった中村哲医師や、新大久保駅で転落した男性を助けようと線路に飛び降り、列車にはねられてしまった日本人カメラマンと韓国人留学生のように、無名で立派な人はたくさんいる。稲盛和夫氏は、著書『生き方』の中で、真に素晴らしい人間は「無名の野」にいる。本当に立派だと思う人は美しい心を持った人である。それは、ささやかな路地裏に住んでいる心優しい老婆であったり、都会の片隅で目標に向かって、努力を重ねている若者であったりする。

名誉と資産を得、功成り名を遂げた人よりも、そのような人たちの方がどれほど「上等」で思いやりに富んだ深い心を持っていることか、と述べている。

　目に見えないビーイングの世界を大切に生きると、世界の見え方は変わってくる。生かされている自分の命を尊く思い、よいところも悪いところも自分の個性（自分のエニアグラムタイプがよいところも悪いところも示してくれている）だと思い、自分は生きているだけで完璧な存在なのだとわかる。他人と比べることで生じる、人をうらやむことなど必要なく、自分はダメだと劣等感を感じることも、責めることもやってはいけないこと、生きているだけで尊い存在なのだと気づく。自分の個性はエニアグラムのタイプを参考にして把握する。エニアグラムの本来の目的は霊的成長にある。人は誰でも今よりよくなりたい、成長したいという欲求を持っている。エニアグラムで自分のタイプがわかれば、どうしたら自分らしく、よりよく成長できるか、人として豊かな人生を歩めるかの道標が示されている。

　その目標となるのが知的回心で得た聖なる考え、情緒的回心での徳の状態、成長のレベルの各タイプ最高の状態である。人間的に成長することを心に決め、焦らずゆったりと自分のペースで、自分の心と向き合い、どんな種類の気持ちでも否定せず（決して自分を責めない）温かく受け入れることから始まり、自分なりの方法を見つけながら歩むことで、その状態には誰でも到達する。自分に逃げずに向き合っていく行為は、それだけでも人として立派な姿である。それを積み重ねれば必ず自分の最高の状態になる。その状態を手に入れれば、もはやドゥーイングの価値観が羨ましいとも、あのようになりたいとも思わない、豊かな幸せを感じられる心を持ち、何が起こってもたいした動揺をせずに乗り越えられ、自分の人生を謳歌できる、囚われない自由な自分が待っている。

【ワーク】A～D対象（3人～5人）／鈴木先生の22の教え：3より

　陽転思考の練習。コップの水が半分のとき、「半分しかない、ではなく、半分もある」と考える。この考え方のように自分がマイナスに考えてしまうことを上げて、その後にそのマイナス面のプラス面を皆の力を借りてグループで話し合いましょう。

　　例：落ち着きがない→行動力がある　　麦茶でいい→麦茶がいい

【ワーク】　A～D対象（2人～）／鈴木先生の22の教え：7より

　二人一組でアクティブリスニングの練習をしてみてください。

【ワーク】　A～D対象（1人～）／鈴木先生の22の教え：10より

　ヴィパッサナー瞑想の歩くワークを行ってみましょう。

【ワーク】　A～D対象（3人～）／鈴木先生の22の教え：14より

　人間関係で困っている例、例えば、友人同士や先生に対してでも「こう言いたいのだけどうまく伝えられない」ような題材を考え、具体例を挙げて、ロールプレイを行ってみてください。

15

実践活用編
エニアグラムでいじめをなくす

×※❋※×❋×❋×❋※×❋×❋×❋※×

15.1　なぜいじめが起きるのか

　いじめ、家庭内の暴力、虐待、耳をふさぎたくなるような悲惨な事件は後を絶たない。人間関係が、妬み、怒り、憎しみなど、人間の心の闇の部分が原因となり生み出される陰湿な状況になったとき、どうしたら明るい方向へ転換していくことができるだろうか？　ここではエニアグラムの教えを使って、重苦しい人間関係から明るく健全な人間関係になるような方法を考える。

　「いじめの問題は、ドゥーイング[*1]の部分で生きていれば、いくらでもエスカレートしていきます。ですから、いじめの問題はビーイング[*2]から考える」（プロローグの鈴木先生の言葉より）

　目で見える世界であるドゥーイングから見れば、世の中は競争社会であるから、常に上か下か優越感か劣等感か、周りの状況に振り回され心は休まることはない。これに対して目では見えない世界であるビーイングから考えれば、人は皆、尊い命を与えられ、世界で一人しかない存在であり、それぞれに役割や素晴らしさがある。その自分をどれだけ輝かせることができるか、それは与えられた平等なチャンスである。いじめの問題はこのビーイングから考える。

　この本は、子どものころに知りたかった内容である。いじめや自殺、子ども同士の残酷な事件は、人生の神秘、生きることの素晴らしさ、なぜこの世に生まれ何のために生きるのか、いじめの仕組み、それらを理解する子どもが多くなれば、少なくなると思っている。子どもから大人になる過渡期、小学校高学年から中学、高校くらいの間は、自我の発達、感受性過敏な思春期の影響で人間関係は複雑になり、いじめやそのことを苦にして自殺をしたり、人の嫌な部分や意地悪に耐えられず、学校に行けなくなったりする。いじめなどのエネルギーに巻き込まれないようにするには、自分のやり方を変えてみる。自分のエネルギーを変化させることで、周りも変化の影響を受けていく。

本質に根差して生きる

　風に揺れる豊かな葉を誇る大木は、目に見えない土の中にしっかりと広がる頑

＊1　14.5.3 項のドゥーイング記述部分を参照。

＊2　14.5.3 項のビーイング記述部分を参照。

172

丈な根の上に立っている。根は大木の重さを支え、十分な養分を送れるように土の中で働いている。人間も同じで、外から見える部分と、外からは見えない内面の心と、両方を同じくらい育てていなければ幸せになることはできない。内面の心を育て健全な心の状態で生きれば、自分も周りも幸せにすることができる、そのことからいじめや自殺もなくなっていく。エニアグラムでは、大木が大地に根差すように、自分の心の本質に根差せばそこからエネルギーを得ることができると伝えている。本質とは、心の奥底にある、神の愛、サムシンググレート、真我など呼び方は様々であるが、要するに本質とは命そのものであり、すべての人が平等に心の奥底に持っている、愛と叡智のエネルギーである。そのエネルギーにつながることこそが、幸せに健全に生きられる方法だと教えている。本質には、自分も気づいていない計り知れない才能がある。それに気づいて伸ばしていくと、自分でも思いもしなかった素晴らしい未来が開けていく。

自分の本質につながって生きれば、いじめ、自殺、戦争もなくなっていく

　本質につながると、自殺、いじめはなくなる。鈴木先生はシスターである。エニアグラムが始まる前には、いつもこのような瞑想をした。『あなたの命は神様から与えられた尊いものです。神様はよいところも悪いところもひっくるめて世界でたった一つのあなたをつくりました。だから悪いところがあると悩むのは神様を超える傲慢の罪です。悪いと思うところはそこから学べばよいのです。決して神様を超えて自分を責めたりいじめたりしてはいけません。自分と喧嘩してはいけません。神様は、親が子を思う気持ちよりも、何万倍も、何億倍も、強い気持ちであなたを愛し抜いています。あなたは孤独ではありません。この神様の愛が、人間一人残らず一人ひとりの心の奥底に備わっているのです。』

心の中心に真理とつながる美しい核がある

　また、京セラの名誉会長稲森和夫氏も、著書『生き方』の中で、次のように述べている。

「人間の心は多重構造をしていて同心円状にいくつかの層をなしているものと考える。すなわち外側から、

1. 知性　後天的に身につけた知識や論理
2. 感性　五感や感情などの精神作用をつかさどる心
3. 本能　肉体を維持するための欲望など
4. 魂　　真我が現世での経験や業をまとったもの
5. 真我　心の中心にあって核をなすもの。真、善、美に満ちている

となっている。真我は文字通り中核をなす心の芯、真の意識のことである。ここに至る、つまり悟りを開くと宇宙を貫くすべての真理がわかる。仏や神の思いの投影、宇宙の意志の表れである。真我とは仏教でいう仏性そのものであり、宇宙

を宇宙たらしめている叡智そのものである。それが私たちの心の真ん中にも存在している。真我は仏性そのものであるがゆえに極めて美しい。愛と誠と調和に満ち、真、善、美を兼ね備えている。人はそれに憧れずにはいられない。それは心の真ん中に、その真、善、美そのものを備えた、素晴らしい真我があるからにほかならない。あらかじめ心の中に備えられているのであるから、私たちはそれを求めてやまないのである。」

　真実は死んでみなければわからない。

　しかし、鈴木先生、稲盛和夫氏の言葉は生きる上で大きな力になっている。

いじめの仕組み

　いじめなどの人間関係も、心の状態が、本質から離れ健全ではなくなってくると起こってくる。生まれたばかりの赤ちゃんは、命そのものの本質*3 とつながって生きている。本質は愛と叡智にあふれているので豊かな心のエネルギーで満たされているが、成長とともに、言葉が話せるようになってくると、本質からの声で生きていたものが、次第に自我が心の中心となる。14.2 節でも触れたが、エニアグラムをアメリカに紹介したのはオスカー・イチャーゾである。彼によると、4 歳から 6 歳にかけて内的な感情と周りの外界とは同調しないことを発見する。周りの外界とは、自分以外のすべてのもの、親、社会、神を指す。自分以外のものには緊張感を持って接しなければならない。そこで生きるために親や社会に受け入れられる方法を培っていく。ここで持って生まれたエニアグラムタイプのやり方が発揮される。何も考えず、本質だけで生きてきた状況から、人間関係の中で生きていくための自我の知恵を頼りにするようになる。成長とともに、自我を中心に生きるようになると、本質の愛と叡智のエネルギーで満たされていた状態から離れ、愛のエネルギーが不足しなくなっていく。するとエネルギーが低くなることから不満が生まれてくる。

　不満は本質から離れるほど大きくなり、心は幸せでないと感じるようになる。その感覚から逃れるために他人の注意をひきつけ、自分のエネルギーを満たそうとする。他人をうまく支配できたときは強くなったように感じ、エネルギーを奪われた相手は力を失う。これがいじめの始まりである。この現象は自分の内なるエネルギーの源、**本質とつながることで消滅**する。人は、愛である本質につながらないことから幸せな状態でなくなるため、人からエネルギーを奪い、満たそうとし、それが、人々の間のあらゆる争いの原因になる。

　自殺は、本質から離れてしまい愛と叡智の世界から遠く離れ、自我の世界だけで生きることで起こる。本質のエネルギーが枯渇し、息を吸うことも苦しくなり、生きるのに疲れ、生きることをやめたくなる。しかし命があれば、幸せな心の状態に必ずなる。現在が本質と離れてしまっているだけである。人は生きてい

---

*3　本質：キリスト教では愛。

る間に何度も生まれ変わる。内なる本質に再びつながるようになると、つながりを失ったときがわかるようになり、常に心地のよい健全な心の状態でありたいと思う。**健全な心の状態であれば自分も他人も幸せになる。**

健全な状態

　本質とつながり、愛を軸に物事を考えられるときの状態が「健全」な状態で、本質から離れて自我の意識が優位になっていくと「通常」「不健全」の状態になっていく。人は、素敵な人になりたいという向上心がある。子どものころに憧れたシンデレラもウルトラマンもとても魅力的だった。エニアグラムの知恵は、自分のよさを生かすことで誰でも「健全」な輝く人になると伝えている。そして自分のタイプと自分を照らし合わせると、自分のタイプの最高の状態は本質としっかりつながっているときの自分の姿だと発見するだろう。

健全な人間関係

　健全な状態になると、健全なものが集まってくる。楽しさ、豊かさ、温かさ、愛、ストレスがあってもリラックスして乗り越えられる力、健全なエネルギーは、健全な人に流れる。愛から考えて行動するので、平和や、人類にとってこのようなものがあったら幸せに感じるだろうと思うものを生み出していく。意地悪や、人を貶めるようなことは、この状態にあるときは考えない。この状態であることがいじめのない、争いのない、平和な世の中をつくっていく。

　現在、通常、不健全あたりにいると感じている人は、決して悲観することはない。成長とともに自我が成長し本質から離れてしまうことが自然だからである。ただこの人生を幸せに生きたいと思うのであれば変容を目指してほしい。人は日々変化する生き物である。大海を航海する船は、地図があるから目的地に着く。エニアグラムは自分の生き方の地図になる。状態が悪いときは、一歩一歩幸せを感じられる心の状態に進んでいけばよいのである。13章の成長のレベルを目安にしたり、目的地を幸せな自分に設定して進んでいけばよい。

15.2　エスカレートする巧妙ないじめ

　13章の「成長のレベル」の表を思い出してほしい。本質からますます離れ、「通常」の状態から「不健全」な状態が色濃くなり自我だけで生きるようになっていくと、幸せを感じるエネルギーがさらになくなりエネルギーを奪えそうな人を見つけ相手からエネルギーを奪おうとする。無視をしたり、意地悪をしたり、暴力を振るったり、実際の暴力ではなくても言葉の暴力で、相手がダメージを受けたのを見ると、エネルギーを奪ったことから自分は強い、力があるなどと錯覚し、満足し快感を得る。自覚している場合も、無自覚な場合もあるが、このように自分のエネルギーがなくなってきたため、人からエネルギーを奪う目的で起こる人

間関係のドラマは、中学、高校になると、ますます巧妙になっていく。自分が快感を得て元気になるために、いじめの対象に恥をかかせる話題をして困った姿を見て面白がる、皆には情報を共有するのに一人だけ情報を流さない、皆にはお菓子を配るのに、一人だけお菓子を配らないなど、年齢を重ねるごとに複雑になる。

　精神的にダメージを与えエネルギーを奪うやり方は、巧妙になればなるほど、やられている方も気づきにくく、ターゲットになった人は、自分のエネルギーが失われることから、なんだかこの人といると疲れる、孤独感を味うなど、嫌な気持ちになる。これが**モラルハラスメント**[*4]である。しかしこのように他人からエネルギーを奪い満足感を味わう方法では、幸せな心の状態を手に入れることはできない。**枯渇しないエネルギーを持ち続けるには自分自身が本質につながり健全な心の状態でいる以外方法はない。**この仕組みを知らないといじめを繰り返すことになる。

健全な人も巻き込まれると不健全になる負の連鎖

　人は皆、健全にも不健全にもなる。健全な心の状態であった人でも、意地悪や無視、いじめで不愉快なことをされることが続くと、エネルギーを奪われたことで疲弊し、自分もエネルギーが不足することから、いじめた相手に仕返しをするか、もしくは自分がエネルギーを奪えそうな別のターゲットを見つけて、自分も同じように、暴力を振るったり、意地悪を言ったり、ものを隠したり、相手が嫌がるようなことをするようになる。健全な状況にあった人も、負の連鎖で不健全な状態になることは少なくない。不健全な状態は人も不幸にするが、何よりも自分が不幸になる。この仕組みに気づいて、自分が連鎖を止めるしかない。自分を健全な心の状態に戻す努力をする。

エネルギーを奪う４つのタイプ

　人は誰もが成長過程において、他人からエネルギーを奪う（守る）方法を身につける。子どもが生きるためには親の愛情が必要で、子どもはその愛情を得るために人の気持ちをコントロールする自分なりのやり方を学習する。自分以外の人間が存在すると、そこにはエネルギーの交換や力関係が生まれる。欲しいものを買ってもらいたいために、知恵を使い親が買ってあげたくなるようなかわいらしいしぐさをするなど、これらはすべて人間関係のエネルギーのやりとりであり、知恵を使って人を操作する方法は、人をコントロールする最初の体験といわれている。**種類は４種類に分けられ、脅迫型、尋問型、傍観型、被害者型になる**[*5]。

[*4]　モラルハラスメント：フランスの精神科医、マリー゠フランス・イルゴイエンヌが提唱した精神的な暴力。

[*5]　J. レッドフィールド『聖なる予言』角川書店、1996年より引用。エニアグラムの各タイプの中でも脅迫型、尋問型、傍観型、被害者型がそれぞれいる。タイプ⑧は脅迫型が多いが脅迫型ばかりとは限らず、尋問型、傍観型、被害者型もいるので、こちらもタイプの誤認を防ぐ方法の１つになる。

この子どものころに身につけた術は、その後の人生にも色濃く残る。自分の心の状態が本質にあるとき、「人を操作するのはよくない」と考えるためこの力は潜められるが、本質から離れ通常から不健全なときには、身につけた方法で他人と関わり合う。

脅迫型　怒鳴ったり脅したりしてエネルギーを得る。怒られるのではないか、文句を言われるのではないかと他の人たちを恐怖で追い詰めることでエネルギーを得る（両親のどちらかに、あるいはそれに代わる養育者に脅迫型か、被害者型がいると引き起こされる）。

尋問型　暴力は使わないが、言葉で尋問することで、相手の行動や気持ちを心理的に追い詰め失敗や間違いを指摘しエネルギーを得る（両親のどちらかに、あるいはそれに代わる養育者に傍観型がいると引き起こされる）。

傍観型　焦点が、自分の心の中の悩み、恐怖、自分への不信感などに当てられており、自分の心の外の出来事に関しては無関心に神秘的な様子を漂わせて誰かが自分に注目し、引き出してくれるのを待っている。神秘的で近づきがたいと感じさせることによってエネルギーを得る。人との深い関係を築きにくく、誰にも本心を打ち明けない孤独な状況になっていく（両親のどちらかに、あるいはそれに代わる養育者に尋問型がいるとかなりの確率で引き起こされるが、脅迫型や被害型からも遠ざかる方法を取れば傍観型になる）。

被害者型　世界に立ち向かう力を自分は持っていないと感じており、か細くか弱いイメージで、同情を買いエネルギーを引き寄せる（両親のどちらかに、あるいはそれに代わる養育者に脅迫型がいると引き起こされる）。

誰しも自分の型が4つの中に必ずあるといわれている。この型は、人間関係を悪くしていく自分の癖である。自分の型を知って、他の人々からエネルギーを奪う行動をやめ、逆に自分の持ち味をプラスに生かしていく。

本質とつながり自分の型が健全な状態になったとき

脅迫型　困難に挑戦し、自信に満ち、主張すべきことは主張する、皆を守るリーダー的存在。

尋問型　尋問の癖を、頭が回りいろいろな角度から切り込める質問力にして、他人の持つ素晴らしさを引き出し、弱いものを助ける弁護士的存在。

傍観型　自分の中にある深い智慧を、自分の中だけでとどまらせず、外に出し

他の人にも分かち合う、小説家、芸術家、牧師、問題提起をする存在。

被害者型　弱者の気持ちがわかり、どうしたらそのような人が救えるかがわかる、思いやりを実行に移す存在。

自我のさまざまな性質に翻弄されず本質につながる

以上がいじめの仕組みである。まとめると、①目に見えないビーイングの世界を軸とせず、目に見えるドゥーイングの世界中心に生きる。②心の状態が本質と離れ健全な状態ではなくなり自我中心で生きる。③本質と離れ、幸せ感がなくなることから、自分のやり方で人からエネルギーを奪って幸せになろうとする、の3つである。

本質とつながって生まれてきた赤ちゃんは、言葉の発達とともにだんだんと本質の記憶は薄れ自我が強くなり、人間社会で生きて行くための知恵が発達する。それとともに生きるためには競争に勝たなければならない、という肉体の本能に組み込まれている心が発達していくといわれている。そして、成長する過程で自分なりに学んできた、世の中の生き抜く知恵を頼りに生きるようになる。本質を忘れ、愛と叡智からの考え方を失うと、限界のある人間の知恵だけに頼る生き方になり、自我と自我がぶつかり合い、重苦しい人間関係を生み出す原因になっていく。

心は、本質からの愛と叡智である部分を核とし、その上に人類共通の負の部分の記憶や、自分が育ってきた環境から生じた心の傷、癒やされていないトラウマなど、様々な矛盾したものが混在する。心のエネルギーはとても強い。自然が生み出す天気のように、暴風雨になったり、晴れたり、竜巻が起こったり、そのときの心模様と上手に付き合わなければ、気づかぬうちに暗く重たいエネルギーに占領され、いじめに巻き込まれたり、また自分も加害者になってしまう可能性もある。自分の心の奥底には本来持っている愛と叡智があふれる本質のエネルギーがある。このことを常に意識し、そこにつながって舵を取り、翻弄される心に、流されないでほしい。本質とつながって生きると決めて、いじめ、暴力、虐待、戦争のない世界をつくっていってほしい。

15.3　いじめられているときにどうするか

いじめの環境

いじめの環境にあるときどうしたらよいかを記した。何かのヒントになればと願う。

1　**チーズケーキのたとえ**　12章のエニアグラムのチーズケーキの話を思い出してほしい。私たちは人間にとって必要なエネルギーを全体の9分の1

の価値観しか与えられてこなかった。人は皆与えられた価値観である、つまり全体から見ると9分の1の価値観からものを見、考えている。その視点をチーズケーキのホール全体からものを見て考えるようにする。脳外科医の篠浦伸禎先生は、著書「どんどん脳をつかう」の中で物事を鳥瞰図[*6]のように全体から捉えることが人にとってとても必要であり、物事を広く見て考えることの重要さを述べている。相手の視点をずらし何が起きているかを全体から広く見てみる。そこから見えてくるものがあるはずである。

2　エネルギーのこと　いじめなどの嫌な人間関係のドラマは本質から離れたことによるエネルギー不足から、他人からエネルギーを奪い一時的に気分がよくなるための隠れた動機がある。そのことをベースにして考えてみる。自分自身は、自分の心の中にある本質にしっかりとつながり本質からの愛と叡智からの声を聞く。その声に基づいて、この嫌な状況を解き放すために行動する。エネルギーの奪い合いを続けるか、ほかの状態に変えるか、自分で選択する。大切なのは何が起こっているのか真実を見ることである。真実が理解できると変わり始める。

　人間関係はエネルギーを奪う人と、エネルギーを与える人がいる。エネルギーを与える人のエネルギーとは、自分の力や意志によるものではなく、自分が本質の愛と叡智につながっていることから流れてくるサムシンググレートのエネルギーである。本質とつながると、サムシンググレートのエネルギーはその人の体を導管のようなパイプにしてあふれてくる。健全な人たちは人を幸せにするエネルギーを出している。嫌な状況に巻き込まれても、感情的にならず冷静になり、自分自身はしっかりと本質の愛と叡智のエネルギーにつながる。そしてできることなら、理想は、エネルギー不足からなるこの事態を、本質につながり愛と叡智のエネルギーを相手に送る。これができるようになっていくと明らかに相手のいる成長のレベルの位置と自分の位置が離れてくるため、縁は薄くなっていくはずである。

3　合気道のたとえ　合気道はエネルギーを相手と合わせる武道である。いじめは本質につながらないことから起こる人間同士のエネルギーの奪い合いなので、合気道を参考にしてみる。いじめる側は相手の反応が面白いからいじめの対象に選ぶ。いじめてもつまらない、いじめても面白くなければエネルギーを奪えないので対象から外れていく。エネルギーを相手に合わせてみて面白みをなくさせるか、エネルギーを相手に合わさないことで面白みをなくさせるか、全体から見て見極める。合気道は相手の力、エネルギーを利用して勝っていく武道である。どんな状況のいじめなのか、タイミングを合わ

---

*6　鳥瞰図：地図の技法。飛ぶ鳥の目から見たように上空から全体を見る。

せるのがよいか、ずらすのがよいか、最終的にはいじめても面白くないと興味をなくさせることである。「目には目を」のような暴力などの力で返すと、健全から離れた負の連鎖になりとても危険な状態になるので避けなければならない。相手が、エネルギーを奪おうとするドラマに乗らない、波長を合わせない、自分だけは健全なエネルギーである本質につながろうと意識を強く持つ。心の内には本質である叡智が備わっている、そこには自分の軸がある。自分の軸にしっかりつながりそこから考える。

4　面白さと笑い　健全な面白さは絶大な力になる。現在「お笑い芸人」が司会をしたり、テレビ番組で幅を利かせているのは、健全な笑いは波動が高く人を幸せにしたり朗らかにして、陽のエネルギーが人々に伝わり明るいエネルギーがあふれるからである。自分の心が喜ぶ面白いものを見たり、聞いたり、話したりしてたくさん笑うこと、サムシンググレートを唱える村上和雄氏も、数ある著書の中で健全な笑いが人々に与える影響を記している。健全な笑いには陰湿なものを吹き飛ばす力がある。他人を明るく笑わせるような話題や技術を身につけることは大きな財産になる。人を小ばかにするような笑いは、健全ではないのでこの中には入らない。

5　武道の心と強さ　武道を学んでみる。武道はいじめ自体が卑怯なことと考えるので、健全な心を身体から体験できる。そして実際に強さを身につけることは大きな力になる。

6　信頼できる人　信頼できる大人に相談する。人は健全な状態ばかりではない。程度はどうであれ、いじめたりいじめられたりは大人は経験してきた道である。信頼できる人に心の内を話してみる。

7　今のままでよい　自分の中の強い心を育てる一番の方法は、「自分を丸ごと受け入れ愛すること」、ありのままの自分でよいと思うこと。自分は今のままでよいのだ、何も変わらなくても素晴らしい存在なのだと、心の底から自己受容できたとき、自分で自分が好きになり、自分を受け入れられるようになる。すると自然にエネルギーがよい方向へ変化する。つらかった経験は力となり、温かさと優しさの発信源になる。そして本質とつながり自分らしく輝くことで、人間関係は改善される。いじめのない世の中、それが最終的には戦争のない世の中をつくっていくことができる。以上7つをヒントとしたい。

対し方

いじめの状況よりは少し手前の状況になるかもしれないが、せっかくなので4

つの型が不健全になっているときの対処法を記そう。感情的にならず穏やかに愛をもって伝えられるなら、以下の方法は有効である。そのときの状況に適切かどうかということがあるので、状況を見て判断して用いてほしい。

脅迫型　「どうしてそんなに怒ってるの？」「あなたは私を怖がらせたいみたいですね」

尋問型　「あなたのことが好きだけれども、一緒にいるといつも批判されているように感じる」

傍観型　「あなたは自分の中に引きこもって関わってくれないように感じるけどどう感じているの？」

被害者型　「あなたの人生がうまくゆかないのを私のせいにしてるみたい」「そのつもりはないのかもしれないけど僕に罪悪感を持たせようとしてる？」

パターンを崩し一石を投じようとするのだからすぐにうまくいくわけはない。最初はぎこちなくても焦らず諦めずチャレンジしてみる。多くの場合人々が争っている問題は本当の問題ではない。表面に現れているものの下に隠されているエネルギーの流れを見て、裏にある真実を見てみる。

エニアグラムタイプからいじめる側のタイプを分析し相手を知る

各タイプとも自分のセンターを使った意地悪をする。すなわち、意地悪のされ方にいろいろとある。

タイプ①「正しさ」ガッツセンター　身体、存在を使った意地悪。無視をする。あからさまに避ける。見下す。

タイプ②「愛・人とのつながり」ハートセンター　ハートを使った意地悪。無視をしたり、相手の気持ちがわかるので相手がダメージを受けるポイントでの嫌がらせ。

タイプ③「成功」ハートセンター　ハートを使った意地悪。スマートではない、格好悪い人を下に見る。

タイプ④「独特さ」ハートセンター　ハートを使った意地悪。どれだけ美意識がないか、あなたは取るに足らない人間だという気持ちにさせる。

タイプ⑤「知識」ヘッドセンター　頭、知恵を使った意地悪。相手を頭が悪いとばかにする。

タイプ⑥「人に合わせて安心したい」ヘッドセンター　頭、知恵を使った意地悪。仲間外れにする。

タイプ⑦「楽しさ」ヘッドセンター　頭、知恵を使った意地悪。相手を面白みのないつまらない人間だとみなす。

タイプ⑧「力・強さ」ガッツセンター　身体、存在を使った意地悪。暴力を振るう。力を使い自分の命令に従わせようとする。

タイプ⑨「平和」ガッツセンター　身体、存在を使った意地悪。話しかけても無言。無視、相手の存在があたかもいないようにふるまう。

　それぞれのセンターからの嫌がらせは、前に記した「ヒント１」と同じようにまずは合気道の原理で相手のセンターと同じセンターで対応するか、反対の原理で、センターを同調させないかを相手によって考える。そしてセンターの説明のときのマンモスの進化の話を思い出してほしい。ガッツからハートが育ち、ハートの後にヘッドが育った。この流れから、ガッツはハートの温かさ、優しさに一目置きどこかかなわない感覚を持つ、同様にハートはヘッドの頭の回転に一目置き、かなわない感覚を持つ、ヘッドは考えずに行動できるガッツに一目置き、かなわない感覚を持つ。いじめの加害者である人のセンターを見て、そのセンターが一目置いてかなわない感覚を持つセンターを使うのも一つの手である。すると相手はいじめてすっきりするはずなのにどこかしっくりこない何かが残る。高度だが是非頭に入れておいてほしい。そして各タイプとも自分がされたら最も嫌なことを相手にする。相手の心の内がわかると、一歩進む。相手のセンターとタイプがわかることで整理がつく。13章の各センターの説明をもう一度復習し、相手を観察することによって相手のセンター、タイプを分析してみる。

相手のタイプを見分ける

　まず先に注意していただきたいのが、エニアグラムでは他の人のタイプを決めつけることは絶対やってはいけない。このことはエニアグラムを学ぶもののタブーである。人のタイプを決めつけることで生まれるよいことは何もない。嫌な思いをするだけである。エニアグラムは自分自身の気づきを深め、他人との違いを理解し、その違いを認め合い、愛し受け入れ合うことが本筋である。だからこのテストはあくまで自分が人を見るときの指針であり、自分だけが考えるときに使うものにしてほしい。そのことを踏まえて相手のタイプチェックの参考に以下のテスト表を作った。しかしこのテストよりも一番大切なのは相手をよく観察することである。まずは相手のセンターを把握する。身体から動いているか、気持ちを重視しているか、頭で考えることに頼っているか。そして次にタイプ①からタイプ⑨までの９種類の価値観と照らし合わせて相手が何に突き動かされて生きているかを見ていく。

実践活用編タイプチェック表 （ⓒ片岡由加）

【1】相手のセンターを考える。1〜3で当てはまる番号に〇をつけましょう。

1. ガッツセンター（体）　体と本能を軸にしている。飾らず自然体。周りを気にせず自分のやりたいことをしている。感じ過ぎたり、考え過ぎたりせず、身体が軸のように見える。
2. ハートセンター（心）　自分の気持ちを軸にしている。人に興味があるように見える。人にどう思われているか、どう見られているかを気にしているように見える。自分自身も人の好き嫌いがありそうである。気持ち中心で動いているように見える。
3. ヘッドセンター（頭）　自分の考えを軸にしている。成績のよし悪しは関係なく頭で考えることを軸にしている。頭で考えていること中心で動いているように見える。

答　1. ガッツセンター　　2. ハートセンター　　3. ヘッドセンター

【2】次にバランスタイプかどうかを考える。1. はい　か　2. いいえ　に〇をつけましょう。

Ⅰ. 皆の意見も取り入れながら全体と調和してうまくやっているか？

1. はい（バランスタイプ）　　2. いいえ（改革者タイプ）

【1】と【2】の組み合わせで見ていくと、【2】のバランスタイプと【1】のタイプ③、タイプ⑥、タイプ⑨はここでタイプがわかる。

【1】の1. と【2】の1. は⑨、
【1】の2 と【2】の1. は③、
【1】の3. と【2】の1. は⑥
となる。

【3】　②に〇がついた場合

【2】で2. ならば、場合は分かれて、

【1】の1. と【2】の2. では
　　力で支配しようとする⑧、
　　まじめで神経質は①、
【1】の2. と【2】の2. では
　　皆で一緒にいたい、エネルギーは②、
　　人から離れ控えめで内向的は④、
【1】の3. と【2】の2. では
　　明るく楽し気で行動的は⑦、
　　独りで本を読む思索的は⑤
となる。

　先にも述べたが、これは相手のタイプ判断の目安である。まずは各タイプの特徴を把握して観察してほしい。各タイプの特徴は、各タイプが生きるために求めているものである。タイプがわかれば何を求めていじめの行動に出ているかも推測できる。相手を知るとこちらの対処の仕方を考えられる。

[資料] 実践活用編タイプチェック表 （©片岡由加）

　このチェック表は基礎編のタイプチェックのダブルチェック表となります。センターを重視して考え、次にバランスタイプか改革者タイプかをみていきます。では始めます。

　人は「体」と「心」と「頭」を使って生きています。そのうちの、どこを優先に基盤として使っているかの質問です。まず次の(1)〜(3)の記述を読んでください。

(1)　自分は本能、身体の感覚、経験したことが基盤になっており、食べること、寝ることが満たされ、快適な住まいがあれば、ある程度満足した生活を送ることができる。自然や、自分も自然体であることを好む。居心地のよさや、自分の存在を感じられるところが自分の生きる場所になる。本能に従って行動すると、たいていその直感が当たる。体がバロメーター、体を使って生きているという感覚がある。

(2)　自分は、心を優先に生きている。人が好きで、自分が大好きな人には、その人が喜んでくれるように接するし、嫌いな人や、気持ちが通じない人とは、話していてもつまらない。人からどう見られているかは重要で、自分の考えていることの大半は、自分の気持ちや、気になっている他人など「人」についてのことである。ワクワクしたり、綺麗だと思ったり、自分の気持ちが盛り上がると、そのイメージを実現しようとするし、実際実現できる。

(3)　焦点、関心ごとは「好きか、嫌いか」などの気持ちではなく「状況」や「出来事」。情報があればどうしたらうまくいくかある程度計算できる。観察し情報を得て考え、計画する。ルールや規範は大事。ルールがあるとまとまりやすいので、ルールがないところではルールを決める。情報がないと不安に感じるので的確な情報はできるだけ集めたい。頭で整理できればすっきりする。思考に頼り、考えてから行動するので、考えずに行動している人を見ると自分とは違うと感じる。

質問1　あなたは(1)〜(3)のどれに当てはまりますか？
　(1)　ガッツセンター　身体の感覚、本能を優先に生きている
　(2)　ハートセンター　心、気持ちを優先に生きている
　(3)　ヘッドセンター　頭で考えることを優先に生きている
答　○で囲んでください。　　　　　　　　　　　（　1　　2　　3　）

　次に自分がバランスタイプかどうかを考えていきます。人々と共存することを基盤に生きている人たちをバランスタイプと言い、自分の意見がはっきりしていて、他人に迎合したり、長いものに巻かれることを嫌う改革者タイプかどうかのチェックです。次のAとBのどちらがあなたに近いですか？

A. 人は人と共存して生きている。なので、例えば、多数決で、10人中、自分の意見がたった1人になってしまった場合には、皆と生きていくために、自分の意見を変えることは仕方がないと思う。よくも悪くも「長いものには巻かれる」ことは、共存していく社会において、時には必要なこと、わがままはよくない。人と共存するためのバランス感覚はあると思う。

B. 10人中、自分の意見がたった1人になってしまった場合、他の人は、物事の一番大切なことが見えていないと思う。自分が多くの意見に合わせてしまったら、事の本質や正しさ、大事なことが失われてしまうと反発を感じる。多数決は、本当に大切なことが失われ、真実が消される危険があると思う。多数派の意見には心の底からは納得はできないので状況が許すなら自分は退くか、やめられない状況であれば、納得していないのでやる気や士気が失せる。自分には他の人が何と言おうとも大切にしている信念のようなものがあると思う。

　　（A. バランスタイプ　　B. 改革者タイプ）

質問2　あなたは次のA、Bのどちらに当てはまりますか？
答　○で囲んでください。（　A　　B　）

　このチェック表は、まず「ガッツ（体）」「ハート（心）」「ヘッド（頭）」の、どのセンターを重心に使っているかを決め、その次にバランスタイプか改革者タイプかを決めます。**センターが決まり、バランスタイプと答えた人はここで自分のタイプが決まります。**各センターにはそれぞれ残り2タイプが存在し、両方とも改革者タイプです。改革者タイプのエネルギーの性質が外に出るエネルギーか、内に向かうエネルギーか、2択で判断し自分のタイプを割り出していきます。

質問3　質問1と質問2の組み合わせはどうなりましたか？
　（　⑴A　　⑴B　　⑵A　　⑵B　　⑶A　　⑶B　）

⑴A、⑵A、⑶Aを選んだ方へ
「体」「心」「頭」のうちどこのセンターを使っているかが確定し、バランスタイプを選んだ人のタイプは下記の通りです。

(1) Aは、タイプ⑨「平和」「体」ガッツセンターのバランスタイプ

(2) Aは、タイプ③「成功」「心」ハートセンターのバランスタイプ

(3) Aは、タイプ⑥「人に合わせて安心したい」「頭」ヘッドセンターのバランスタイプ

⑴B、⑵B、⑶Bを選んだ方へ　　　さらにおたずねすることになります。

⑴Bを選んだ方へ

再質問　次の文章を読んで当てはまるものを選んでください。

Ⅰ　弱いものを助け強いものには立ち向かう。自分は白黒はっきりしたさっぱりとした性格だと思う。弱い者いじめは卑怯だと思う。おかしいと思ったことは抗議する。豪快だといわれる。小さなことでくよくよするのはみっともない。姉御肌、親分肌といわれることがある。やることは大きいことが好きだ。屈強に立たされるとチャレンジ精神が湧いてくる。負けてなるものか、なにくそと思うことで何度も立ち上がってきた。

Ⅱ　自分は、生真面目で、融通が利かない方だと思う。リラックスするのが苦手、毎日やらなければならないことがたくさんあるので忙しい。物事がきちんと整然としている状態をよしとする。臨機応変な対応が苦手、自分は不器用な人間だと思う。自分は手を抜かず一生懸命やっているのに、やらない人を見ると怒りが湧いてくる。車からタバコを投げ捨てたり、間違っていると思う人や出来事をよく目にする。

答　○で囲んでください。（　　Ⅰ　　　　Ⅱ　　）

Ⅰは、タイプ⑧「力、強さ」、　　Ⅱは、タイプ①「正しさ」

⑵Bを選んだ方へ

再質問　次の文章を読んで当てはまるものを選んでください。

Ⅰ　困った人を見ると放ってはおけず、自分の気持ちが行動に出る。マザーテレサがこのタイプだといわれるが、インドに派遣されたとき、路上で着るものもままならず、ひもじい思いをする人々を見て、「お腹がすいていないか」「寒くはないか？」一人ひとりの声を聞きながら実際にその人に必要な、食べ物や衣服を持ってくるという行動に出る。

Ⅱ　気持ちが行動に出るのではなく、自分の内に向かう。同じようにインドに派遣されたとしたら、路上で着るものもままならず、ひもじい思いをする人々を見たら、心に強い衝撃を受け、その悲しみや苦しみを自分のことのように感じる。その中でも、特に自分の心惹かれる人がいれば話しかけ、その人の話を聞いて、その人に何かできることはないか、会いたい人がいるのなら探してあげたいと、その人の気持ちが自分の奥深くに染み込んでいく。太宰治がこのタイプだといわれ、その深い気持ちを文学に表現した。

答　○で囲んでください。（　Ⅰ　　　Ⅱ　）
　　Ⅰはタイプ2　愛、人とのつながり、　　Ⅱはタイプ4　独特さ

　(3) B を選んだ方へ
再質問　次の文章を読んで当てはまるものを選んでください。
　　Ⅰ　人生明るく楽しく生きていきたい。楽しくないとエネルギーが下がる。暗
　　　いこと、苦しいことは自分には合わない。
　　Ⅱ　本を読むか、ネットで情報を集めるか、人から離れてゆっくり一人で考え
　　　る時間がないと疲弊する。
答　○で囲んでください。（　Ⅰ　　　Ⅱ　）
　　Ⅰは、タイプ7　楽しさ、　　Ⅱは、タイプ5　知識

センター別チェック表まとめ。

　センター別タイプチェック表は、まずセンターを重視し、その次にバランスタ
イプか改革者タイプかを考えます。バランスタイプであれば、2回の質問で答え
が決まります。改革者タイプであれば、各センターには改革者タイプが2タイ
プ存在するので、それぞれのエネルギーの性質が外に出るか、あるいは内に向か
うか、いずれかの2択で判断し自分のタイプを割り出すことになります。

　質問　センター別タイプチェック表ではあなたは何タイプになりましたか？
　答　私は＿＿＿＿＿＿＿タイプです。

　　したがって、次のことがわかりました。
　　基礎編タイプチェックでの私のタイプ＿＿＿＿＿＿
　　センター別チェック表での私のタイプ＿＿＿＿＿＿

　質問　基礎編タイプチェックと、このセンター別チェックの答えは同じでした
　　か？　それとも異なりましたか？
　答　○で囲んでください。（　同じ　　　異なる　）

　さてどうでしたか。同じだった人は、このタイプの確率は高いです。違う人
は、もう一度自分のタイプを考えてみましょう。タイプ探しには客観的に自分を
見ることが必要です。あなたを知る、両親、親しい友人にこのチェックを通し
て、自分はどう見えているかを尋ねるのも新たな自分が発見できて気づきがある
はずです。

＜この質問紙は無記名です＞

　　以下の質問について、答えられる範囲でお書きください。なお、答えられない場合は空欄でもかまいません。
　　ここに書かれた内容は統計処理を行い個人が特定されることはありません。

※残しておきたい方は、コピーして保存しておいてください。

Ⅰ. 「1.5　メタ認知能力（＝問題解決をするときの傾向）を生かそう」（p.21）をもう一度読んでみましょう。

Ⅱ. あなたの「メタ認知能力」について、以下の8つの質問について、選択肢で最も近い番号を解答欄にお書きください。

①あてはまる	②ややあてはまる	③どちらでもない
④あまりあてはまらない	⑤あてはまらない	

回答欄

Q1.　何かを解決するとき、自分なりの解決方法を持っている。

1

Q2.　十分考えてから、私は物事に取り組む。

2

Q3.　物事の肝心な部分が、どこかすぐわかる。

3

Q4.　問題解決をするときに、自分なりのパターンがある。

4

Q5.　何かに取り組んでいるとき、うまくいっているかどうか定期的に自分でチェックしている。

5

Q6.　勉強するときや問題を解決するとき、その目的に合わせてやり方を変える。

6

Q7.　勉強したり何かをしたりするときには、計画を立てる。

7

Q8.　考えが混乱したときにはすぐに反応せず、立ち止まって最初から考えてみる。

8

190

(1) 過去の自分のよさを認識する（メタ認知）について、今までのことを振り返って、自分のよい点や長所、褒められたことなど、思い出せればお書きください（最大3つまで）。

＜中学校まで＞

1.

2.

3.

＜高校まで＞

1.

2.

3.

(2) 今までのよさを踏まえて、現在の自分のよさを認識（メタ認知）しましょう。現在の自分について、よいと思う点をあげてみてください（最大3つまで）。「特にない」という方もどんな小さなことでもいいので見つけてみましょう。

現在の自分に対する認識（メタ認知）を記録しておきましょう。年月日も記録しておきましょう。

＜自分のよい点・長所＞　記録日：　　　年　　　月　　　日

どうもありがとうございました。　　　　　　　　　　（　　　　　）

あとがき

聖なるものとは勝りたるもの

　皆さんどうでしたか。心が洗われましたか、あるいは自分が広く成長したように感じられましたか。何か新しい気持ちになった、新しい自分になった気持ちですか。そうならいいですね。監修いただいた鈴木先生はカトリック（キリスト教）のシスターですから、神（神様）のことばで表されていますが、鈴木先生のお話のし方ならよく心に響きます。混乱の世の中でも平和に幸せに生きていけるかも知れないと、元気も沸きます。この本だけの価値もそこにあります。

　人生を一生懸命生きる　小林一茶という人がいます。人柄は優しい人でしたが、松尾芭蕉と比べると人生の苦労や悲しみも多かったらしく、「露の世は露の世ながらさりながら」という俳句があります。これもすごいですね。文として終わっていない。「さりながら」はそう（はかないの）だけどね、でもね……といいつつ、結論が出ていない。人間は限りある存在だから出せるはずがないが、一生懸命生きていれば不思議に生きがいがある。だからこの句には暗さがない。どう一生懸命生きるかはその人次第、そこに自己発見があるということでしょう。これもエニアグラムの世界です。

　考えてみると、人の一生は限られていますから、一日生きることは一日死に近づくことですね。ふだんは忘れていますが、人生とは本当は悲しいことでもあるのです。鈴木先生はシスターとして人生の終りである「死」について語られていますが、もし「死」も入れてみると、人生は何か喜びと悲しみが入り混じったもので、いくら考えてもよくわからないのが本当のところです。鈴木先生のメッセージは、でも一生懸命生きるなら、神様が一緒に横を走ってどこまでも導いてくれる、そこに聖なる救いがある。「聖なる」は永遠ということではと思います。本書の所々にある「ゆり」は聖書の中にあり「聖なるもの」「永遠」の象徴です。

　「愛」には三種類　「愛」について。人間にとって「愛」は最高の価値で、最高の関心事です。誰でも例外なく「愛される」ことを願う。エニアグラムでも共通の根底は「大切にされたい」「理解されたい」に通じているといってもよいでしょう。そうであるなら「愛する」ことはさらに価値あることになりましょう。愛されたいならまず愛しなさい、ですね。でも人間はなかなかそうはいきません。

　そこで「愛」に三種類あるといわれます。神の完全な無私の愛を「アガペー」といいます。実は「アガペー」の像が東京駅の丸の内の真正面に建っていて私たちを招いています。サン・テグジュペリの『星の王子さま』にもあるように、完全なものは目に見えず形もありませんから、これはシンボルです。次に、知識や知恵を愛する「フィリア」があります。フィロソフィーはソフィア（知恵）を愛

アガペー像（東京駅）の台座には
ギリシア文字で「アガペー」とある

すること、つまり哲学です。最後に、ふつうの異性間の愛を「エロス」と言っています。もっとも、昔の日本では、「愛」といわず「色」と言っていました。

さて「人類愛」といえば、人種とか性別とか地位などにかかわりのなく、混じりけなく高められた愛で、エニアグラムはこのような理想の愛をめざしているのかも知れません。それだけでも大変なことですが、まだ上があります。神のこの上ない無限の愛「アガペー」です。鈴木先生がおっしゃる「聖なる」はこれでしょう。「霊性」（スピリチュアリティー）といってもいいかもしれません。人は心から幸せで、平和の中に憩い、「死」も怖くありません。多分、われわれの知る世界的な宗教は同じことを願っているのでしょう。極端な唯物論や無神論でない限り、日本人のかなりのパーセントの人々が「死後の世界はある」と答えているという統計調査もありますから、何も不思議なことでありません。

『狭き門』　最後に、ジイドというフランスの作家の『狭き門』という有名な作品があります。もとは聖書にあるたとえ話です。二通りの門がある。人生の成功、栄華、富、地位は楽しく快いから多くの人が求め、そこに至る門（入口）は広い。でもやはりそれだけでは空しい。かといって、逆に人生の本当の「真実」や「価値」はどうしてか人気もなく地味だから、残念だが、入ってゆく人も少なくそれに至る門は狭い。だからこそ、人はしかと人生を定め「狭き門より入れ」と勧められる。そうなら、貧富や名誉や地位・肩書にかかわりなく、人生を楽しめるでしょう。

アリサは純粋でかわいい多感な女性、ジェロームは素直で心優しい好青年でした。たがいに心から愛し合い、もちろん愛は理想的な精神的愛でした。二人は結婚して幸せな家庭を作っていいはずで、ジェロームには何の疑いもありませんでした。さあ結婚しよう、と問いかけるのですが、アリサはいつもちょっと、といって承知してくれません。もちろん、あなたを愛しているという言葉は誠実で嘘偽りはありませんでした。ジェロームには正直よくわかりません。ただアリサが、互いに向き合って好きということは最高の価値ではない、と言っているらしいことは何となく感じられました。でも何で？というわからなさは解けず、なかなか納得まで行きません。

ある日、病身のアリサが亡くなったという知らせが、妹から届きます。手紙が添えられていました。ジェロームさん、心からあなたが好きです。ほんとうにありがとう。私はたがいに向き合って愛するよりもすばらしい愛がある。それは二人で同じある方向を向き、勝りたるものを見ることで、二人の心は強く結びつく

のです。私は独りで狭き門に入り、その勝りたるものを求めてまいります。ジェロームさん、心からあなたが好きです。どうかお幸せに。

　あとは皆さんでお考え下さい。これを以て本書のあとがきといたします。読者の皆さん、お元気で幸せに。

2020 年 9 月

片岡由加
植田栄子

＊　　　＊　　　＊

※本書についてのお問い合わせ、質問は以下までお願いします。
　株式会社アゴラ
　港区赤坂 6-19-40 赤坂レジデンス 601 号
　電話 03-5797-7333　FAX03-5797-7553
　http://www.agora-japan.co.jp
　e-mail：agora@kiu.biglobe.ne.jp
　YouTube：片岡由加エニアグラムサロン

参考文献 （※原著、訳書の順、順不同）

鈴木敏明『人生の 99％ は思い込み：支配された人生から脱却するための心理学』ダイヤモンド社、2015 年

鈴木秀子『9 つの性格に贈る言葉：エニアグラムで変わるあなたの生き方考え方』PHP 研究所、1999 年

鈴木秀子『イラスト版「9 つの性格」入門：エニアグラムで、個性や能力を最大限に生かす！』PHP 研究所、2014 年

鈴木秀子『幸せ革命：日めくりカレンダー』Mckenzie Media Japan、2015 年

鈴木秀子『死にゆく人にあなたができること：聖心会シスターが贈るこころのメソッド』あさ出版、2020 年

中島真澄『本能タイプでわかる！上手な人との付き合い方』絶版／刊行予定：エニアグラムアソシエイツ enneagramassociates.com

稲盛和夫『生き方：人間として一番大切なこと』サンマーク出版、2004 年

村上和雄『人を幸せにする「魂と遺伝子」の法則』到知出版社、2011 年

飯田史彦『ツインソウル：死にゆく私が体験した奇跡』PHP 研究所、2006 年

飯田史彦『生きがいの創造：スピリチュアルな科学研究から読み解く人生のしくみ』PHP 研究所、2006 年

オリアリー，P. H.、ノゴセック，R. J.、ビーシング，M.『エニアグラム入門：性格の 9 つのタイプ』堀口委希子、鈴木秀子訳、春秋社、1998 年

カバルス，C. R.『深い望みとの踊り：霊的成熟のために』夢窓庵、2008 年

グルジェフ，G. I.『エニアグラム講義録』郷尚文編集・翻訳、オンライン版

スマナサーラ，A.『自分を変える気づきの瞑想法：ブッダが教える実践ヴィパッサナー瞑想』サンガ、2004 年

バーチュー，D.『エンジェル・ガイダンス：真のスピリチュアル・メッセージを受け取る方法』奥野節子訳、ダイヤモンド社、2008 年

ピエラコス，E.『パスワーク：自己のすべてを受け入れ統合された意識で生きる』中山翔慈訳、ナチュラルスピリット、2007 年

ヒューレン，H.『ハワイに伝わる癒しの秘宝 みんなが幸せになるホ・オポノポノ：神聖なる知能が導く、心の平和のための苦悩の手放し方』徳間書店、2008 年

リソ，D. R.、ハドソン，R.『性格のタイプ：自己発見のためのエニアグラム』増補改訂版、橋村令助訳、春秋社、2000 年

リソ，D. R.、ハドソン，R.『エニアグラム【基礎編】：あなたを知る 9 つのタイプ』高岡よし子、マクリーン，T. 訳、角川書店、2001 年

リソ，D. R.、ハドソン，R.『エニアグラム【実践編】：人生を変える 9 つのタイプ活用法』高岡よし子、マクリーン，T. 訳、KADOKAWA、2019 年

レッドフィールド，J.『聖なる予言』山川紘矢、山川亜希子訳、角川書店、1996 年

索 引

対人コミュニケーションの人間学
エニアグラムによる自己分析と他者理解

令和 2 年 10 月 30 日　発　　　行
令和 5 年 11 月 20 日　第 4 刷発行

監 修 者　鈴　木　秀　子

著 作 者　片　岡　由　加
　　　　　植　田　栄　子

発 行 者　池　田　和　博

発 行 所　丸善出版株式会社
〒 101-0051 東京都千代田区神田神保町二丁目 17 番
編集：電話(03)3512-3264／FAX(03)3512-3272
営業：電話(03)3512-3256／FAX(03)3512-3270
https://www.maruzen-publishing.co.jp

組版印刷・株式会社 日本制作センター／製本・株式会社 松岳社

ISBN 978-4-621-30552-2　C 3011　　　　　Printed in Japan